Alexandre Dumas

Le comte de Monte-Cristo

Abrégé par Boris Moissard

Illustrations de G. Staal, J. A. Beaucé, etc.

Classiques abrégés
l'école des loisirs
11, rue de Sèvres, Paris 6e

Alexandre Dumas (1802-1870). D'abord clerc de notaire, puis commis au secrétariat du duc d'Orléans, il devint l'écrivain le plus fertile et le plus lu de son temps. Aidé de plusieurs collaborateurs, il publia près de trois cents ouvrages, dont certains – tels *Les Trois Mousquetaires* ou *Le Collier de la reine* – sont encore aujourd'hui aussi populaires que de son vivant. Il eut une vie brillante et fastueuse, fut directeur de théâtre, fonda des journaux (éphémères) et, malgré des gains fabuleux, se trouva ruiné à la fin de sa vie.

Composition : Serge, Paris
Loi numéro 49.956 du 16 juillet 1949 sur les publications destinées à la jeunesse : septembre 2000
Dépôt légal : juillet 2008
Imprimé en France par Bussière à Saint-Amand-Montrond
N° d'édit. : 8410. N° d'impr. : 082266/1.

ISBN 978-2-211-05630-4

Marseille. – L'arrivée

Le 24 février 1815, la vigie de Notre-Dame-de-la-Garde signala le trois-mâts le *Pharaon*, venant de Smyrne, Trieste et Naples.

Ce bâtiment s'avançait, mais si lentement et d'une allure si triste, que les curieux se demandaient quel accident pouvait être arrivé à bord ; et près du pilote qui s'apprêtait à diriger le *Pharaon* par l'étroite entrée du port de Marseille était un jeune homme qui surveillait chaque mouvement du navire et répétait chaque ordre du pilote.

La vague inquiétude qui planait sur la foule avait particulièrement atteint un des spectateurs de l'esplanade de Saint-Jean, de sorte qu'il sauta dans une petite barque et ordonna de ramer au-devant du *Pharaon*.

En voyant venir cet homme, le jeune marin quitta son poste à côté du pilote, et vint, le chapeau à la main, s'appuyer à la muraille du bâtiment.

– Ah ! c'est vous, Dantès ! cria l'homme à la barque ; qu'est-il donc arrivé, et pourquoi cet air de tristesse répandu sur tout votre bord ?

– Un grand malheur, monsieur Morrel ! répondit le jeune homme. À la hauteur de Civita-Vecchia, nous avons perdu ce brave capitaine Leclère.

– Et comment ce malheur est-il donc arrivé ?

– Mon Dieu, de la façon la plus imprévue : après une longue conversation avec le commandant du port, le capitaine Leclère quitta Naples fort agité ; au bout de vingt-quatre heures, la fièvre le prit ; trois jours après, il était mort… Et maintenant, si vous voulez monter, monsieur Morrel, dit Dantès voyant l'impatience de l'armateur, voici votre comptable, M. Danglars, qui sort de sa cabine, et qui vous donnera tous les renseignements que vous pouvez désirer.

Le nouveau venu était un homme de vingt-cinq à vingt-six ans, d'une figure assez sombre.

– Eh bien, monsieur Morrel, dit Danglars, vous savez déjà le malheur, n'est-ce pas ?

– Oui, oui. Pauvre capitaine Leclère ! c'était un brave et honnête homme !

– Et un excellent marin surtout, vieilli entre le ciel et

l'eau, comme il convient à un homme chargé des intérêts d'une maison aussi importante que la maison Morrel et fils, répondit Danglars.

– Mais, dit l'armateur suivant des yeux Dantès qui cherchait son mouillage, il n'y a pas besoin d'être si vieux marin que vous le dites, Danglars, pour connaître son métier, et voici notre ami Edmond qui fait le sien en homme qui n'a besoin de demander des conseils à personne.

– Oui, dit Danglars en jetant sur Dantès un regard oblique où brilla un éclair de haine, oui, c'est jeune et cela ne doute de rien. À peine le capitaine a-t-il été mort qu'il a pris le commandement sans consulter personne, et qu'il nous a fait perdre un jour et demi à l'île d'Elbe au lieu de revenir directement à Marseille.

– Dantès, dit l'armateur se retournant vers le jeune homme, venez donc ici.

Danglars fit un pas en arrière.

– Je voulais vous demander pourquoi vous vous étiez arrêté à l'île d'Elbe.

– Pour accomplir un dernier ordre du capitaine Leclère, qui m'avait remis un paquet pour le grand maréchal Bertrand.

Morrel regarda autour de lui, et tira Dantès à part.

– Et comment va l'Empereur ? demanda-t-il vivement.

– Bien, autant que j'aie pu en juger par mes yeux.

– Et vous lui avez parlé ?

– C'est-à-dire que c'est lui qui m'a parlé, monsieur, dit Dantès en souriant.

Le jeune homme s'éloigna, et, comme il s'éloignait, Danglars se rapprocha.

– Eh bien ! demanda-t-il, il paraît qu'il vous a donné de bonnes raisons de son mouillage à Porto-Ferrajo ?

– D'excellentes, mon cher monsieur Danglars.

– À propos du capitaine Leclère, ne vous a-t-il pas remis une lettre de lui ?

– À moi, non ! En avait-il donc une ?

– Je croyais qu'outre le paquet, le capitaine Leclère lui avait confié une lettre.

– Il ne m'en a point parlé, dit l'armateur.

Danglars réfléchit un instant.

– Alors, monsieur Morrel, je vous prie, dit-il, ne parlez point de cela à Dantès, je me serai trompé.

Le père et le fils

Laissons Danglars essayer de souffler contre son camarade quelque maligne supposition à l'oreille de l'armateur, et suivons Dantès, qui, après avoir parcouru la Canebière dans toute sa longueur, s'arrête devant une porte entrebâillée, qui laisse voir jusqu'au fond d'une petite chambre.

Cette chambre était celle qu'habitait le père de Dantès.

– Mon père, mon bon père !

Le vieillard jeta un cri et se retourna ; puis, voyant son fils, il se laissa aller dans ses bras, tout tremblant et tout pâle.

– Qu'as-tu donc, père, s'écria le jeune homme inquiet ; serais-tu malade ?

– Non, mon cher Edmond, mon fils ! non ; mais je ne t'attendais pas, et la joie, le saisissement de te revoir ainsi à l'improviste... ah ! mon Dieu ! il me semble que je vais mourir !

– Voyons, voyons ! dit le jeune homme, un verre de vin, mon père, cela vous ranimera ; où mettez-vous votre vin ?

Et il ouvrit deux ou trois armoires.

– Inutile... dit le vieillard, il n'y a plus de vin.

– Cependant, balbutia Dantès, je vous avais laissé deux cents francs, il y a trois mois, en partant.

– Oui, oui, Edmond, c'est vrai ; mais tu avais oublié en partant une petite dette chez le voisin Caderousse : il me l'a rappelée, en me disant que si je ne payais pas pour toi, il irait se faire payer chez M. Morrel. Alors, tu comprends, de peur que cela te fît du tort... j'ai payé, moi.

– Oh ! mon Dieu, mon Dieu, pardonnez-moi ! s'écria Edmond en se jetant à genoux devant le bonhomme.

Et il vida sur la table ses poches, qui contenaient une douzaine de pièces d'or.

– Doucement, doucement, dit le vieillard en souriant, avec ta permission, j'userai modérément de ta bourse ; on croirait, si l'on me voyait acheter trop de choses à la fois, que j'ai été obligé d'attendre ton retour pour les acheter.

– Fais comme tu voudras ; mais, avant toute chose, prends une servante, père ; je ne veux plus que tu restes seul. Mais chut ! voici quelqu'un.

On vit apparaître, encadrée par la porte du palier, la tête noire et barbue de Caderousse. C'était un homme de vingt-cinq à vingt-six ans ; il tenait à sa main un morceau de drap qu'en sa qualité de tailleur il s'apprêtait à changer en un revers d'habit.

– Eh ! te voilà donc revenu, Edmond ? dit-il avec un accent marseillais des plus prononcés et avec un large sourire.

– Comme vous voyez, voisin Caderousse, et prêt à vous être agréable en quelque chose que ce soit, répondit Dantès.

– Ce bon Caderousse, dit le vieillard, il nous aime tant !

– Certainement que je vous aime, et que je vous estime encore, attendu que les honnêtes gens sont rares ! Mais il paraît que tu reviens riche, garçon ? Tant mieux, tant mieux ! cela fera plaisir à tous les anciens amis, et je sais quelqu'un là-bas, derrière la citadelle de Saint-Nicolas, qui n'en sera pas fâché.

– Mercédès, dit le vieillard.

– Oui, mon père, reprit Dantès, et maintenant que je vous ai vu, que je sais que vous vous portez bien et que vous avez tout ce qu'il vous faut, je vous demanderai la permission d'aller faire visite aux Catalans.

– Va, mon enfant, va, dit le vieux Dantès, et que Dieu te bénisse dans ta femme comme il m'a béni dans mon fils !

– J'y vais, dit Edmond.

Il embrassa son père, salua Caderousse d'un signe et sortit.

Caderousse resta un instant encore ; puis, prenant congé du vieux Dantès, il descendit à son tour et alla rejoindre Danglars, qui l'attendait au coin de la rue Senac.

– Eh bien ! dit Danglars. T'a-t-il parlé de son espérance d'être capitaine ?

– Il en parle comme s'il l'était déjà.

– Et il est toujours amoureux de la belle Catalane ?

– Amoureux fou. Il y est allé, mais ou je me trompe fort, ou il aura du désagrément de ce côté-là.

– Explique-toi.

– Eh bien, j'ai vu que toutes les fois que Mercédès vient en ville, elle y vient accompagnée d'un grand gaillard de Catalan, qu'elle appelle « mon cousin ».

– Ah vraiment ! et crois-tu que ce cousin lui fasse la cour ?

– Je le suppose : que diable peut faire un grand garçon de vingt et un ans à une belle fille de dix-sept ?

Les Catalans

Il faut que nos lecteurs nous suivent et entrent avec nous dans une de ces maisons auxquelles le soleil a donné au-dehors cette belle couleur feuille morte particulière aux monuments du pays, et au-dedans une couche de badigeon, cette teinte blanche qui forme le seul ornement des *posadas* espagnoles.

Une belle jeune fille aux cheveux noirs, aux yeux veloutés, se tenait debout adossée à une cloison.

À trois pas d'elle, assis sur une chaise qu'il balançait d'un mouvement saccadé, un grand garçon la regardait d'un air où se combattaient l'inquiétude et le dépit ; ses yeux interrogeaient, mais le regard ferme et fixe de la jeune fille dominait son interlocuteur.

– Voyons, Mercédès, disait le jeune homme, voici Pâques qui va revenir, c'est le moment de faire une noce, répondez-moi !

– Je vous ai répondu cent fois, Fernand, et il faut en vérité que vous soyez bien ennemi de vous-même pour m'interroger encore !

– Mercédès! cria une voix joyeuse au-dehors de la maison, Mercédès!

– Ah! s'écria la jeune fille en rugissant de joie et en bondissant d'amour, tu vois bien qu'il ne m'a pas oubliée, puisque le voilà!

Et elle s'élança vers la porte, qu'elle ouvrit en s'écriant:

– À moi, Edmond! me voici.

Edmond aperçut la figure sombre de Fernand, qui se dessinait dans l'ombre, menaçante; le jeune Catalan tenait la main sur le couteau passé à sa ceinture.

– Ah! pardon, dit Dantès en fronçant le sourcil, je n'avais pas remarqué que nous étions trois.

Puis, se tournant vers Mercédès:

– Qui est monsieur? demanda-t-il.

– Monsieur sera votre meilleur ami, Dantès, car c'est mon ami à moi, c'est mon cousin, c'est mon frère, c'est Fernand, c'est-à-dire l'homme qu'après vous, Edmond, j'aime le plus au monde, ne le reconnaissez-vous pas?

Et à ces mots la jeune fille fixa son visage impérieux sur le Catalan, qui, comme s'il eût été fasciné par ce regard, s'approcha lentement d'Edmond et lui tendit la main.

Mais à peine eut-il touché la main d'Edmond qu'il s'élança hors de la maison.

– Eh! le Catalan! eh, Fernand! où cours-tu? dit une voix.

Le jeune homme s'arrêta et aperçut Caderousse attablé avec Danglars sous un berceau de feuillage.

Fernand essuya la sueur qui ruisselait de son front et entra lentement sous la tonnelle, dont l'ombrage sembla rendre un peu de calme à ses sens. Et il tomba plutôt qu'il ne s'assit sur un des sièges qui entouraient la table.

– Ah! vois-tu, Danglars, dit Caderousse en faisant signe de l'œil à son ami: Fernand, que tu vois, et qui est un bon et brave Catalan, un des meilleurs pêcheurs de Marseille, est amoureux d'une belle fille qu'on appelle Mercédès; mais malheureusement il paraît que la belle fille de son côté est amoureuse du second du *Pharaon*; et comme le *Pharaon* est entré aujourd'hui même dans le port, tu comprends?

Danglars enveloppait d'un regard perçant le jeune homme, sur le cœur duquel les paroles de Caderousse tombaient comme du plomb fondu.

– Et à quand la noce? demanda-t-il.

– Oh! elle n'est pas encore faite! murmura Fernand.

– Non, mais elle se fera, dit Caderousse, aussi vrai que Dantès sera capitaine du *Pharaon*, n'est-ce pas, Danglars?

Danglars tressaillit à cette atteinte inattendue, et se retourna vers Caderousse, dont à son tour il étudia le visage pour voir si le coup était prémédité; mais il ne lut rien que l'envie sur ce visage déjà presque hébété par l'ivresse.

– Eh bien, dit-il en remplissant les verres, buvons donc au capitaine Edmond Dantès, mari de la belle Catalane!

Caderousse porta son verre à sa bouche d'une main alourdie et l'avala d'un trait. Fernand prit le sien et le brisa contre terre.

– Eh, eh, eh! dit Caderousse, qu'aperçois-je donc là-bas, au haut de la butte, dans la direction des Catalans? Regarde donc, Fernand, tu as meilleure vue que moi, je crois que je commence à voir trouble, et tu le sais, le vin est un traître: on dirait de deux amants qui marchent côte à côte et la main dans la main. Et les voilà qui s'embrassent!

Danglars regarda successivement ces deux hommes: l'un abruti par l'ivresse, l'autre dominé par l'amour.

– Je ne tirerai rien de ces niais-là, murmura-t-il. Voici un envieux qui se grise avec du vin, tandis qu'il devrait s'enivrer de fiel, voici un grand imbécile à qui on vient de prendre sa maîtresse sous son nez, et qui se contente de pleurer. Décidément, le destin d'Edmond l'emporte, il épousera la belle fille, il sera capitaine et se moquera de nous; à moins que je ne m'en mêle.

– Holà! continuait de crier Caderousse à moitié levé et les

poings sur la table, holà, Edmond! tu ne vois donc pas les amis, ou est-ce que tu es déjà trop fier pour leur parler? Eh! bonjour, madame Dantès.

Mercédès salua gravement.

– Ce n'est pas encore mon nom, dit-elle, et dans mon pays cela porte malheur d'appeler les filles du nom de leur fiancé; appelez-moi donc Mercédès, je vous prie.

– Il faut lui pardonner, à ce bon voisin Caderousse, dit Dantès, il se trompe de si peu de chose!

– Ainsi, la noce va avoir lieu incessamment, monsieur Dantès? dit Danglars en saluant les deux jeunes gens.

– Le plus tôt possible; aujourd'hui tous les accords chez le papa Dantès, et demain ou après-demain, le dîner des fiançailles, ici, à la Réserve. Les amis y seront, je l'espère; vous êtes invité, monsieur Danglars; tu en es, Caderousse.

– Et Fernand, dit Caderousse, Fernand en est-il aussi?

– Le frère de ma femme est mon frère, dit Edmond, et nous le verrions avec un profond regret, Mercédès et moi, s'écarter de nous dans un pareil moment.

Fernand ouvrit la bouche pour répondre; mais la voix expira dans sa gorge, et il ne put articuler un seul mot.

Complot

Danglars suivit Edmond et Mercédès des yeux jusqu'à ce que les deux amants eussent disparu à l'un des angles du fort Saint-Nicolas; puis, se retournant alors, il aperçut Fernand, qui était retombé pâle et frémissant sur sa chaise, tandis que Caderousse balbutiait les paroles d'une chanson à boire.

– Ah çà! mon cher monsieur, dit Danglars à Fernand, voilà un mariage qui ne me paraît pas faire le bonheur de tout le monde.

– Il me désespère, dit Fernand.

– Et vous êtes là à vous arracher les cheveux, au lieu de chercher remède à la chose !

– Je voulais poignarder l'*homme*, mais la femme m'a dit que, s'il arrivait malheur à son fiancé, elle se tuerait.

– Voyons, dit Danglars, vous me paraissez un gentil garçon, et je voudrais vous tirer de peine ; pour vous tirer de peine il suffit que Dantès n'épouse pas celle que vous aimez ; et le mariage peut très bien manquer, ce me semble, sans que Dantès meure. Supposez qu'il y ait entre Edmond et Mercédès les murailles d'une prison, ils seront séparés ni plus ni moins que s'il y avait la pierre d'une tombe.

– Oui, mais on sort de prison, dit Caderousse, et quand on est sorti de prison et qu'on s'appelle Edmond Dantès, on se venge.

– Qu'importe ! murmura Fernand. Mais, le moyen... le moyen ?

– Garçon, dit Danglars, une plume, de l'encre et du papier !

Le garçon prit le papier, l'encre et la plume, et les déposa sur la table du berceau.

– Je disais donc, reprit Danglars, que si, après un voyage comme celui que vient de faire Dantès, et dans lequel il a touché à Naples et à l'île d'Elbe, quelqu'un le dénonçait au procureur du roi comme agent bonapartiste...

Et Danglars, joignant l'exemple au précepte, écrivit de la main gauche les lignes suivantes, qu'il passa à Fernand : « Monsieur le procureur du roi est prévenu par un ami du trône, que le nommé Edmond Dantès, second du navire le *Pharaon* arrivé ce matin de Smyrne, a été chargé, par Murat, d'une lettre pour l'usurpateur, et, par l'usurpateur, d'une lettre pour le comité bonapartiste de Paris. On aura la preuve de son crime en l'arrêtant ; car on trouvera cette lettre ou sur lui, ou chez son père, ou dans sa cabine à bord du *Pharaon.* »

– À la bonne heure, continua Danglars ; ainsi votre vengeance aurait le sens commun, car d'aucune façon elle ne pourrait retomber sur vous, et la chose irait toute seule; il n'y aurait plus qu'à plier cette lettre, comme je le fais, et à écrire dessus: «À monsieur le procureur royal.» Tout serait dit.

Et Danglars écrivit l'adresse en se jouant.

– Oui, tout serait dit, s'écria Caderousse, qui comprenait d'instinct tout ce qu'une pareille dénonciation pourrait entraîner de malheur; seulement, ce serait une infamie.

– Aussi, dit Danglars, ce que je dis, c'est en plaisantant, et, le premier, je serais bien fâché qu'il arrivât quelque chose à ce bon Dantès! Aussi, tiens...

Il prit la lettre, la froissa dans ses mains et la jeta dans un coin de la tonnelle.

– Rentrons, dit Caderousse. Viens-tu, Fernand?

– Non, dit Fernand, je retourne aux Catalans, moi.

– Viens, Danglars, et laissons monsieur rentrer aux Catalans, puisqu'il le veut.

Lorsqu'il eut fait une vingtaine de pas, Danglars se retourna et vit Fernand se précipiter sur le papier qu'il mit dans sa poche; puis aussitôt, s'élançant hors de la tonnelle, le jeune homme tourna du côté du Pillon.

– Allons, allons, murmura Danglars, je crois que maintenant la chose est bien lancée, et qu'il n'y a plus qu'à la laisser marcher toute seule.

Le repas des fiançailles

Le lendemain fut un beau jour. Le repas avait été préparé au premier étage de cette même Réserve avec la tonnelle de laquelle nous avons déjà fait connaissance.

Ni Mercédès ni Edmond ne voyaient le mauvais sourire de Fernand. Les pauvres enfants étaient si heureux qu'ils ne voyaient qu'eux seuls et le beau ciel pur qui les bénissait.

Dès que les fiancés et ceux qui les accompagnaient furent

en vue de la Réserve, M. Morrel s'avança au-devant d'eux, suivi des matelots auxquels il avait renouvelé la promesse déjà faite à Dantès qu'il succéderait au capitaine Leclère. L'armateur et la jeune fille donnèrent l'exemple en montant les premiers l'escalier de bois qui conduisait à la chambre où le dîner était servi, et qui cria pendant cinq minutes sous les pas pesants des convives.

– Mon père, dit Mercédès en s'arrêtant au milieu de la table, vous à ma droite, je vous prie ; quant à ma gauche, j'y mettrai celui qui m'a servi de frère, ajouta-t-elle avec une douceur qui pénétra au plus profond du cœur de Fernand comme un coup de poignard.

Dantès avait exécuté la même manœuvre, à sa droite il avait mis M. Morrel, à sa gauche Danglars ; puis de la main il avait fait signe à chacun de se placer à sa fantaisie.

Fernand se tourmentait sur sa chaise, tressaillait au moindre bruit, et de temps en temps essuyait de larges plaques de sueur qui perlaient sur son front.

– Ma foi, dit Dantès, voisin Caderousse, Mercédès n'est point encore ma femme, c'est vrai... (Il tira sa montre.) Mais, dans une heure et demie, elle le sera !

– Dans une heure ! dit Danglars pâlissant lui-même ; et comment cela ?

– Oui, mes amis, répondit Dantès, grâce au crédit de M. Morrel, l'homme après mon père auquel je dois le plus au monde, toutes les difficultés sont aplanies. À deux heures et demie le maire de Marseille nous attend à l'Hôtel de Ville.

Fernand ferma les yeux ; un nuage de feu brûla ses paupières ; il s'appuya à la table pour ne pas défaillir.

– Ainsi, ce que nous prenions pour un repas de fiançailles, dit Danglars, est tout bonnement un repas de noces.

Danglars, qui ne perdait pas de vue Fernand assis sur le rebord de la fenêtre, le vit se lever comme par un mouvement convulsif ; presque au même instant, le retentissement d'un pas pesant, une rumeur confuse de voix mêlées à un cliquetis d'armes attirèrent l'attention générale qui se manifesta par un silence inquiet.

Le bruit s'approcha; trois coups retentirent dans le panneau de la porte; chacun regarda son voisin d'un air étonné.

– Au nom de la loi! cria une voix vibrante.

Aussitôt la porte s'ouvrit, et un commissaire, ceint de son écharpe, entra dans la salle, suivi de quatre soldats armés.

– Edmond Dantès, reprit le commissaire, au nom de la loi, je vous arrête!

– Vous m'arrêtez! dit Edmond avec une légère pâleur, mais pourquoi m'arrêtez-vous?

– Je l'ignore, monsieur, mais votre premier interrogatoire vous l'apprendra.

– Ah çà! qu'est-ce que cela signifie? demanda en fronçant le sourcil Caderousse à Danglars qui jouait la surprise.

– Le sais-je, moi! dit Danglars; je suis comme toi: je vois ce qui se passe, je n'y comprends rien, et je reste confondu.

Caderousse chercha des yeux Fernand: il avait disparu.

Dantès descendit l'escalier, précédé du commissaire de police et entouré par les soldats; une voiture dont la portière était tout ouverte attendait à la porte, il y monta; deux soldats et le commissaire montèrent après lui; la portière se referma, et la voiture reprit le chemin de Marseille.

– Adieu, Dantès, adieu, Edmond! s'écria Mercédès en s'élançant sur la balustrade.

Le prisonnier entendit ce dernier cri, sorti comme un sanglot du cœur déchiré de sa fiancée, il passa la tête par la portière, cria: Au revoir, Mercédès! et disparut à l'un des angles du fort Saint-Nicolas.

Bientôt cette rumeur, que Dantès venait d'être arrêté comme agent bonapartiste, se répandit par toute la ville.

– Eussiez-vous cru cela, mon cher Danglars? dit M. Morrel en rejoignant son agent comptable et Caderousse, car il regagnait lui-même la ville en toute hâte, pour avoir quelque nouvelle directe d'Edmond par le substitut du procureur du roi, M. de Villefort, qu'il connaissait un peu, auriez-vous cru cela ?

– Dame, monsieur ! répondit Danglars, je vous avais dit que Dantès, sans aucun motif, avait relâché à l'île d'Elbe, et cette relâche, vous le savez, m'avait paru suspecte.

– En attendant, dit M. Morrel, voilà le *Pharaon* sans capitaine.

– Eh bien ! me voici, monsieur Morrel, dit Danglars ; vous savez que je connais le maniement d'un navire.

– Merci, Danglars, dit l'armateur ; voilà qui concilie tout. Prenez le commandement, et surveillez le débarquement : il ne faut jamais que les affaires souffrent.

Et il quitta les deux amis pour prendre le chemin du palais de justice.

Le substitut du procureur du roi

Rue du Grand-Cours, en face de la fontaine des Méduses, on célébrait aussi le même jour, à la même heure, un repas de fiançailles.

Seulement, au lieu que les acteurs de cette autre scène fussent des gens du peuple, des matelots et des soldats, ils appartenaient à la tête de la société marseillaise.

Un vieillard, décoré de la croix de Saint-Louis, se leva et proposa la santé du roi Louis XVIII à ses convives ; c'était le marquis de Saint-Méran.

– Ils en conviendraient s'ils étaient là, dit la marquise de Saint-Méran, femme à l'œil sec, aux lèvres minces, tous ces révolutionnaires qui nous ont chassés et que nous laissons à notre tour bien tranquillement conspirer, ils en conviendraient, que le véritable dévouement était de notre côté, puisque nous nous attachions à la monarchie croulante, tandis qu'eux, au contraire, saluaient le soleil levant et faisaient leur fortune; ils en conviendraient, que notre roi, à nous,

était bien véritablement Louis le Bien-Aimé, tandis que leur usurpateur, à eux, n'a jamais été que Napoléon le maudit, n'est-ce pas, Villefort?

– Vous dites, madame la marquise?... Pardonnez-moi, je n'étais pas à la conversation.

– Eh! laissez ces enfants, marquise, reprit le vieillard qui avait porté le toast ; ces enfants vont s'épouser, et tout naturellement ils ont à parler d'autre chose que de politique.

– Je vous demande pardon, ma mère, dit une jeune et belle personne aux blonds cheveux, je vous rends M. de Villefort, que j'avais accaparé pour un instant. Monsieur de Villefort, ma mère vous parle.

– On vous pardonne, Renée, dit la marquise. Je disais, Villefort, que les bonapartistes n'avaient ni notre conviction, ni notre enthousiasme, ni notre dévouement.

– Oh ! madame, ils ont du moins le fanatisme. Napoléon est le Mahomet de l'Occident ; c'est pour tous ces hommes vulgaires, non seulement un législateur et un maître, mais encore c'est un type, le type de l'égalité.

– Savez-vous que ce que vous dites là, Villefort, sent la révolution d'une lieue ? Mais je vous pardonne : on ne peut pas être fils de girondin et ne pas conserver un goût de terroir.

– Ma mère, ma mère, dit Renée, vous savez qu'il était convenu qu'on ne parlerait plus de tous ces mauvais souvenirs.

– Madame, répondit Villefort, je me joindrai à Mlle de Saint-Méran pour vous demander bien humblement l'oubli du passé. Moi, je me suis séparé non seulement de l'opinion, mais encore du nom de mon père. Mon père a été ou est même peut-être encore bonapartiste et s'appelle Noirtier ; moi je suis royaliste et m'appelle de Villefort.

– Oui, c'est bien, dit la marquise, oublions le passé, je ne demande pas mieux ; mais qu'au moins Villefort soit inflexible pour l'avenir. N'oubliez pas, Villefort, que nous avons répondu de vous à Sa Majesté, que Sa Majesté, elle aussi, a bien voulu oublier, à notre recommandation. Seulement, s'il vous tombe quelque conspirateur entre les mains, songez qu'on a d'autant plus les yeux sur vous que l'on sait que vous êtes d'une famille qui peut-être est en rapport avec ces conspirateurs.

– Oh ! monsieur de Villefort ! dit une jeune et jolie personne, fille du comte de Salvieux et amie de Mlle de Saint-Méran, tâchez donc d'avoir un beau procès tandis que nous serons à Marseille. Je n'ai jamais vu une cour d'assises, et l'on dit que c'est fort curieux.

En ce moment, et comme si le hasard n'avait attendu que l'émission du souhait pour que ce souhait fût exaucé, un valet entra. Villefort quitta la table et revint quelques instants après, le visage ouvert et les lèvres souriantes.

Renée le regarda avec amour; car, vu ainsi, avec ses yeux bleus, ses favoris noirs qui encadraient son visage, c'était véritablement un beau jeune homme.

– Et pour quelle cause vous dérange-t-on, monsieur? demanda la jeune fille avec une légère inquiétude.

– Il paraît qu'on vient tout simplement de découvrir un petit complot bonapartiste.

– Est-il possible! dit la marquise.

– Voici la lettre de dénonciation.

– Et où est ce malheureux? demanda Renée.

– Il est chez moi.

– Allez, mon ami, dit le marquis, ne manquez pas à vos devoirs pour demeurer avec nous, quand le service du roi vous attend ailleurs.

– Oh! monsieur de Villefort, dit Renée en joignant les mains, soyez indulgent, c'est le jour de vos fiançailles!

Villefort fit le tour de la table, et s'approchant de la chaise de la jeune fille, sur le dossier de laquelle il s'appuya:

– Pour vous épargner une inquiétude, dit-il, je ferai ce que je pourrai, chère Renée; mais, si l'accusation est vraie, il faudra couper cette mauvaise herbe bonapartiste.

Renée frissonna à ce mot *couper*, car cette herbe qu'il s'agissait de couper avait une tête.

L'interrogatoire

À peine Villefort fut-il hors de la salle à manger qu'il quitta son masque joyeux pour prendre l'air grave d'un homme appelé à cette suprême fonction de prononcer sur la vie de son semblable.

Comme il était arrivé à la porte de sa maison adossée au palais de justice, il entra majestueusement. L'antichambre était pleine de gendarmes et d'agents de police; au milieu d'eux, gardé à vue, enveloppé de regards flamboyants de haine, se tenait debout, calme et immobile, le prisonnier.

Villefort traversa l'antichambre, jeta un regard oblique sur Dantès, et après avoir pris une liasse que lui remit un agent, disparut en disant:

– Qu'on amène le prisonnier.

Un instant après lui, Dantès entra.

Le jeune homme était pâle, mais calme et souriant; il salua son juge avec une politesse aisée, puis chercha des yeux un siège, comme s'il eût été dans le salon de l'armateur Morrel.

– Qui êtes-vous et comment vous nommez-vous?

– Je m'appelle Edmond Dantès, répondit le jeune homme d'une voix sonore; je suis second à bord du navire le *Pharaon*, qui appartient à MM. Morrel et fils.

– Votre âge? continua Villefort.

– Dix-neuf ans.

– Que faisiez-vous au moment où vous avez été arrêté?

– J'assistais au repas de mes propres fiançailles, monsieur.

Villefort, tout impassible qu'il était d'ordinaire, fut cependant frappé de cette coïncidence.

– Continuez, monsieur, dit-il.

– Que voulez-vous que je continue?

– Avez-vous servi sous l'usurpateur?

– J'allais être incorporé dans la marine militaire lorsqu'il est tombé.

– On dit vos opinions politiques exagérées, dit Villefort, à qui l'on n'avait pas soufflé un mot de cela, mais qui n'était pas fâché de poser la demande.

– Mes opinions politiques, à moi, monsieur? hélas! c'est presque honteux à dire, mais toutes mes opinions se bornent à ces trois sentiments: j'aime mon père, je respecte M. Morrel et j'adore Mercédès.

«Pardieu, se dit Villefort, voici un charmant garçon et je n'aurai pas grand-peine à me faire bien voir de Renée en accomplissant la première recommandation qu'elle m'a faite.»

– Monsieur, dit Villefort, vous connaissez-vous quelques ennemis?

– Des ennemis à moi! dit Dantès: j'ai le bonheur d'être trop peu de chose pour que ma position m'en ait fait.

– Mais, à défaut d'ennemis, peut-être avez-vous des jaloux: vous allez être nommé capitaine à dix-neuf ans, ce qui est un poste élevé dans votre état; vous allez épouser une jolie femme qui vous aime – ces deux préférences du destin ont pu vous faire des envieux. Voici le papier accusateur; reconnaissez-vous l'écriture?

Et Villefort tira la lettre de sa poche. Dantès regarda et lut. Un nuage passa sur son front.

– Non, monsieur, je ne connais pas cette écriture.

– Et maintenant, dit le substitut, répondez-moi franchement, non pas comme un prévenu à son juge, mais comme un homme à un autre homme: qu'y a-t-il de vrai dans cette accusation?

– Eh bien! en quittant Naples, le capitaine Leclère tomba malade d'une fièvre cérébrale; sentant qu'il allait mourir, il m'appela près de lui.

«– Mon cher Dantès, me dit-il, jurez-moi de faire ce que je vais vous dire; il y va des plus hauts intérêts.

«– Je vous le jure, capitaine, lui répondis-je.

«– Eh bien ! comme après ma mort le commandement du navire vous appartient en qualité de second, vous mettrez le cap sur l'île d'Elbe, vous débarquerez à Porto-Ferrajo, vous demanderez le grand maréchal, vous lui remettrez cette lettre ; peut-être alors vous remettra-t-on une autre lettre et vous chargera-t-on de quelque mission. Cette mission qui m'était réservée, Dantès, vous l'accomplirez à ma place et tout l'honneur en sera pour vous.

«– Je le ferai, capitaine, mais peut-être n'arrive-t-on pas si facilement que vous le pensez près du grand maréchal.

«– Voici une bague que vous lui ferez parvenir, dit le capitaine, et qui lèvera toutes les difficultés. »

Et à ces mots il me remit une bague. Il était temps : deux heures après le délire le prit ; le lendemain il était mort.

– Et que fîtes-vous alors ?

– Ce que je devais faire, monsieur : en tout cas, les prières d'un mourant sont sacrées ; mais chez les marins les prières d'un supérieur sont des ordres que l'on doit accomplir.

– Oui, oui, murmura Villefort, tout cela me paraît être la vérité, et, si vous êtes coupable, c'est d'imprudence ; encore cette imprudence était-elle légitimée par les ordres de votre capitaine. Rendez-nous cette lettre qu'on vous a remise à l'île d'Elbe, donnez-moi votre parole de vous représenter à la première réquisition, et allez rejoindre vos amis.

– Ainsi je suis libre, monsieur, s'écria Dantès.

– Oui, seulement donnez-moi cette lettre.

– Elle doit être devant vous, car on me l'a prise avec mes papiers, et j'en reconnais quelques-uns dans cette liasse.

– Attendez, dit le substitut à Dantès qui prenait ses gants et son chapeau, attendez ; à qui est-elle adressée ?

– *À Monsieur Noirtier, rue Coq-Héron, à Paris.*

La foudre tombée sur Villefort ne l'eût point frappé d'un coup plus imprévu ; il retomba sur son fauteuil, d'où il s'était levé à demi pour atteindre la liasse de papiers saisis sur Dantès, et, la feuilletant précipitamment, il en tira la lettre, sur laquelle il jeta un regard empreint d'une indicible terreur.

– Et vous n'avez montré cette lettre à personne ? dit Villefort tout en lisant et en pâlissant à mesure qu'il lisait.

– À personne, monsieur, sur l'honneur !

– Et vous dites que vous ne savez pas ce que contenait cette lettre ? reprit Villefort.

– Sur l'honneur, dit Dantès, je l'ignore.

Villefort passa une main glacée sur son front ruisselant de sueur, et pour la troisième fois se mit à relire la lettre.

– Oh ! s'il sait ce que contient cette lettre, murmura-t-il, et qu'il apprenne jamais que Noirtier est le père de Villefort, je suis perdu, perdu à jamais !

Villefort fit sur lui-même un effort violent, et d'un ton qu'il voulait rendre assuré :

– Monsieur, dit-il, les charges les plus graves résultent pour vous de votre interrogatoire, je ne suis donc pas le maître, comme je l'avais espéré d'abord, de vous rendre à l'instant même la liberté ; je dois, avant de prendre une pareille mesure, consulter le juge d'instruction. En attendant, vous avez vu de quelle façon j'en ai agi avec vous.

– Oh ! oui, monsieur, s'écria Dantès, et je vous remercie, car vous avez été pour moi bien plutôt un ami qu'un juge.

– Eh bien ! monsieur, je vais vous retenir quelque temps encore prisonnier, le moins longtemps que je pourrai ; la principale charge qui existe contre vous, c'est cette lettre, et vous voyez...

Villefort s'approcha de la cheminée, la jeta dans le feu, et demeura jusqu'à ce qu'elle fût réduite en cendres.

– Et vous voyez, continua-t-il, je l'anéantis.

– Oh ! s'écria Dantès, monsieur, vous êtes plus que la justice, vous êtes la bonté !

– Je vais vous garder jusqu'au soir ici, au palais de justice ; peut-être qu'un autre que moi viendra vous interroger : dites tout ce que vous m'avez dit, mais pas un mot de cette lettre.

– Je vous le promets, monsieur.

Villefort sonna. Le commissaire de police entra. Villefort s'approcha de l'officier public et lui dit quelques mots à l'oreille; le commissaire répondit par un simple signe de tête.

– Suivez monsieur, dit Villefort à Dantès.

Dantès s'inclina, jeta un dernier regard de reconnaissance à Villefort et sortit.

À peine la porte fut-elle refermée derrière lui que les forces manquèrent à Villefort, et qu'il tomba presque évanoui sur un fauteuil.

Le château d'If

En traversant l'antichambre, le commissaire de police fit un signe à deux gendarmes, lesquels se placèrent, l'un à droite, l'autre à gauche de Dantès; on ouvrit une porte qui communiquait de l'appartement du procureur du roi au palais de justice, on suivit quelque temps un de ces grands corridors sombres qui font frissonner ceux-là qui y passent, quand même ils n'ont aucun motif de frissonner.

Après nombre de détours, Dantès vit s'ouvrir une porte avec un guichet de fer; les deux gendarmes poussèrent légèrement leur prisonnier qui hésitait encore. Dantès franchit le seuil redoutable et la porte se referma bruyamment derrière lui.

Il respirait un autre air, un air méphitique et lourd: il était en prison.

On le conduisit dans une chambre assez propre, mais grillée et verrouillée; il en résulta que l'aspect de sa demeure ne lui donna point trop de crainte: d'ailleurs, les paroles du substitut du procureur du roi, prononcées avec une voix qui avait paru à Dantès si pleine d'intérêt, résonnaient à son oreille comme une douce promesse d'espérance.

Il était déjà quatre heures lorsque Dantès avait été conduit dans sa chambre. On était au 1er mars ; le prisonnier se trouva donc bientôt dans la nuit.

Enfin, vers les dix heures du soir, au moment où Dantès commençait à perdre l'espoir, des pas retentirent dans le corridor et s'arrêtèrent devant sa porte, une clé tourna dans la serrure, les verrous grincèrent ; et la massive barrière de chêne s'ouvrit, laissant voir tout à coup dans la chambre sombre l'éblouissante lumière de deux torches.

À la lueur de ces deux torches, Dantès vit briller les sabres et les mousquetons de quatre gendarmes.

– Venez-vous me chercher ? demanda Dantès.

– Oui, répondit un des gendarmes.

– De la part de M. le substitut du procureur du roi ?

– Mais je le pense.

– Bien, dit Dantès, je suis prêt à vous suivre.

Une voiture attendait à la porte de la rue, le cocher était sur son siège, un exempt était assis près du cocher.

– Est-ce donc pour moi que cette voiture est là ? demanda Dantès.

– C'est pour vous, répondit un des gendarmes, montez.

Dantès se trouva en un instant assis au fond de la voiture, entre deux gendarmes ; les deux autres s'assirent sur la banquette de devant, et la pesante machine se mit à rouler avec un bruit sinistre.

À travers les barreaux serrés à pouvoir à peine y passer la main, Dantès reconnut qu'on longeait la rue Caisserie, et que par la rue Saint-Laurent et la rue Taramis on descendait vers le quai. Bientôt il vit à travers ses barreaux, à lui, et les barreaux du monument près duquel il se trouvait, briller les lumières de la Consigne.

La voiture s'arrêta. Les deux gendarmes qui étaient assis

sur la banquette de devant descendirent les premiers, puis on le fit descendre à son tour, puis ceux qui se tenaient à ses côtés le suivirent. On marcha vers un canot qu'un marinier de la douane maintenait près du quai par une chaîne. Les soldats regardèrent passer Dantès d'un air de curiosité hébétée. En un instant il fut installé à la poupe du bateau, toujours entre ses quatre gendarmes, tandis que l'exempt se tenait à la proue. Une violente secousse éloigna le bateau du bord, quatre rameurs nagèrent vigoureusement vers le Pillon. À un cri poussé de la barque, la chaîne qui ferme le port s'abaissa, et Dantès se trouva dans ce qu'on appelle le Frioul, c'est-à-dire hors du port.

– Mais où donc me menez-vous ? demanda-t-il à l'un des gendarmes.

– Vous le saurez tout à l'heure.

On avait laissé à droite l'île Ratonneau, où brûlait un phare, et tout en longeant presque la côte, on était arrivé à la hauteur de l'anse des Catalans. Là les regards du prisonnier redoublèrent d'énergie : c'était là qu'était Mercédès.

Malgré la répugnance qu'éprouvait Dantès à adresser au gendarme de nouvelles questions, il se rapprocha de lui, et lui prenant la main :

– Camarade, lui dit-il, au nom de votre conscience et de par votre qualité de soldat, je vous adjure d'avoir pitié de moi et de me répondre. Je suis le capitaine Dantès, bon et loyal Français, quoique accusé de je ne sais quelle trahison : où me menez-vous ?

– À moins que vous n'ayez un bandeau sur les yeux ou que vous ne soyez jamais sorti du port de Marseille, vous devez cependant deviner où vous allez.

– Non.

– Regardez autour de vous, alors.

Dantès se leva, jeta naturellement les yeux sur le point où paraissait se diriger le bateau, et devant lui il vit s'élever la roche noire et ardue sur laquelle monte comme une superfétation du silex le sombre château d'If.

Cette prison autour de laquelle règne une si profonde terreur, cette forteresse qui fait vivre depuis trois cents ans Marseille de ses lugubres traditions, apparaissant ainsi tout à coup à Dantès, qui ne songeait point à elle, lui fit l'effet que fait au condamné à mort l'aspect de l'échafaud.

Dantès serra la main du gendarme à la lui briser.

– Vous prétendez donc, dit-il, que l'on me conduit au château d'If pour m'y emprisonner.

– Les formalités sont remplies, l'information est faite.

– Ainsi, malgré la promesse de M. de Villefort ?...

Il retomba au fond de la barque en hurlant de rage.

Presque au même instant un choc violent ébranla le canot. Un des bateliers sauta sur le roc, une corde grinça en se déroulant autour d'une poulie, et Dantès comprit qu'on était arrivé et qu'on amarrait l'esquif.

En effet, ses gardiens, qui le tenaient à la fois par les bras et par le collet de son habit, le contraignirent à descendre à terre, et le traînèrent vers les degrés qui montent à la porte de la citadelle, tandis que l'exempt, armé d'un mousqueton à baïonnette, le suivait par-derrière.

Il y eut une halte d'un moment pendant laquelle il essaya de recueillir ses esprits. Il regarda autour de lui : il était dans une cour carrée, formée par quatre hautes murailles ; on entendait le pas lent et régulier des sentinelles, et chaque fois qu'elles passaient devant deux ou trois reflets que projetait sur les murailles la lueur de deux ou trois lumières qui brillaient dans l'intérieur du château, on voyait scintiller le canon de leurs fusils.

– Où est le prisonnier ? demanda une voix.

– Le voici, répondirent les gendarmes.

– Qu'il me suive, je vais le conduire à son logement.

– Allez, dirent les gendarmes en poussant Dantès.

Le prisonnier suivit son conducteur, qui le conduisit effectivement dans une salle presque souterraine, dont les murailles nues et suantes semblaient imprégnées d'une vapeur de larmes. Une espèce de lampion posé sur un escabeau, et dont la mèche nageait dans une graisse fétide, illuminait les parois lustrées de cet affreux séjour, et montrait à Dantès son conducteur, espèce de geôlier subalterne, mal vêtu et de basse mine.

– Voici votre chambre pour cette nuit, dit-il ; il est tard, et M. le gouverneur est couché. Demain, quand il se réveillera et qu'il aura pris connaissance des ordres qui vous concernent, peut-être vous changera-t-il de domicile ; en attendant, voici du pain, il y a de l'eau dans cette cruche, de la paille là-bas dans un coin, c'est tout ce qu'un prisonnier peut désirer. Bonsoir.

Et avant que Dantès eût songé à ouvrir la bouche il se trouva seul dans les ténèbres et dans le silence, aussi muet et aussi sombre que ces voûtes dont il sentait le froid glacial s'abaisser sur son front brûlant.

Quand les premiers rayons du jour eurent ramené un peu de clarté dans cet antre, le geôlier revint avec ordre de laisser le prisonnier où il était. Dantès n'avait point changé de place. Il avait ainsi passé toute la nuit debout et sans dormir un seul instant.

Le geôlier s'approcha de lui.

– Voulez-vous quelque chose ?

– Je voudrais voir le gouverneur.

Le geôlier haussa les épaules et sortit.

Dantès le suivit des yeux, tendit les mains vers la porte entrouverte, mais la porte se referma.

Alors sa poitrine sembla se déchirer dans un long sanglot. Les larmes, qui gonflaient sa poitrine, jaillirent comme deux ruisseaux ; il se précipita le front contre terre, et pria longtemps, repassant dans son esprit toute sa vie passée, et se demandant à lui-même quel crime il avait commis dans cette vie, si jeune encore, qui méritât une si cruelle punition.

La journée passa ainsi. À peine s'il mangea quelques bouchées de pain et but quelques gouttes d'eau. Tantôt il restait assis et absorbé dans ses pensées, tantôt il tournait tout autour de sa prison comme fait un animal sauvage enfermé dans une cage en fer.

Le lendemain, à la même heure, le geôlier rentra.

– Eh bien! êtes-vous plus raisonnable aujourd'hui qu'hier?

Dantès ne répondit point.

– Voyons donc, un peu de courage; désirez-vous quelque chose qui soit à ma disposition, voyons, dites.

– Je n'ai pas besoin de livres, je n'ai aucune envie de me promener et je trouve ma nourriture bonne; ainsi je ne veux qu'une chose, voir le gouverneur.

Dantès prit l'escabeau et le fit tournoyer autour de sa tête.

– C'est bien, c'est bien! dit le geôlier; eh bien, puisque vous le voulez absolument, on va prévenir le gouverneur.

– À la bonne heure! dit Dantès en reposant son escabeau et en s'asseyant dessus, la tête basse et les yeux hagards.

Le geôlier sortit, et un instant après rentra avec quatre soldats et un caporal.

– Par ordre du gouverneur, dit-il, descendez le prisonnier un étage au-dessous de celui-ci.

– Au cachot alors, dit le caporal.

– Au cachot: il faut mettre les fous avec les fous.

Les quatre soldats s'emparèrent de Dantès, qui tomba dans une espèce d'atonie et les suivit sans résistance.

On lui fit descendre quinze marches, et on ouvrit la porte d'un cachot dans lequel il entra en murmurant:

– Il a raison, il faut mettre les fous avec les fous.

La porte se referma, et Dantès alla devant lui, les mains étendues jusqu'à ce qu'il sentît le mur; alors il s'assit dans un angle et resta immobile, tandis que ses yeux, s'habituant peu à peu à l'obscurité, commençaient à distinguer les objets.

Le petit cabinet des Tuileries

Pénétrons dans ce petit cabinet des Tuileries, à la fenêtre cintrée, si bien connu pour avoir été le cabinet favori de Napoléon et de Louis XVIII, et pour être aujourd'hui celui de Louis-Philippe.

Là, dans ce cabinet, assis devant une table de noyer qu'il affectionnait tout particulièrement, le roi Louis XVIII écoutait assez légèrement un homme de cinquante à cinquante-deux ans, à cheveux gris, à la figure aristocratique et à la mise scrupuleuse, tout en notant à la marge un volume d'Horace.

– Vous dites donc, monsieur? dit le roi.

– Je vais chercher mon messager qui arrive de si loin et avec tant d'ardeur pour donner à Votre Majesté un avis utile. Ne fût-ce que pour M. de Salvieux qui me le recommande, recevez-le bien, je vous en supplie.

– M. de Salvieux, le chambellan de mon frère?

– Lui-même. Il me recommande M. de Villefort, et me charge de l'introduire près de Votre Majesté.

– M. de Villefort? s'écria le roi; ce messager s'appelle-t-il donc M. de Villefort?

– Oui, sire.

– Que ne me disiez-vous son nom tout de suite?

– Sire, je croyais ce nom inconnu de Votre Majesté.

– Non pas, Blacas; c'est un esprit sérieux, élevé, ambitieux surtout, et, pardieu, vous connaissez de nom son père.

– Son père?

– Oui, Noirtier.

– Noirtier le girondin? Noirtier le sénateur?

– Oui, justement.

– Et Votre Majesté a employé le fils d'un pareil homme !

– Blacas, mon ami, vous n'y entendez rien ; je vous ai dit que Villefort était ambitieux : pour arriver, Villefort sacrifiera tout, même son père.

– Alors, sire, je dois donc le faire entrer ?

– À l'instant même, duc. Où est-il ?

Le duc sortit avec la vivacité d'un jeune homme ; l'ardeur de son royalisme sincère lui donnait vingt ans.

Villefort fut introduit.

– Entrez, monsieur de Villefort, dit le roi, entrez.

Villefort salua et fit quelques pas en avant.

– Monsieur de Villefort, continua Louis XVIII, voici le duc de Blacas qui prétend que vous avez quelque chose d'important à nous dire.

– Sire, M. le duc a raison, et j'espère que Votre Majesté va le reconnaître elle-même.

– Parlez longuement si vous le voulez, monsieur, dit le roi, et surtout commencez par le commencement : j'aime l'ordre en toutes choses.

– Sire, je suis arrivé le plus rapidement possible à Paris pour apprendre à Votre Majesté que j'ai découvert dans le ressort de mes fonctions, non pas un de ces complots vulgaires et sans conséquence, comme il s'en trame tous les jours dans les derniers rangs du peuple et de l'armée, mais une conspiration véritable, une tempête qui ne menace rien de moins que le trône de Votre Majesté. Sire, l'usurpateur arme trois vaisseaux ; il médite quelque projet, insensé peut-être, mais peut-être aussi terrible, tout insensé qu'il est. À cette heure, il doit avoir quitté l'île d'Elbe, pour aller où ? je l'ignore, mais à coup sûr pour tenter une descente soit à Naples, soit sur les côtes de Toscane, soit même en France. Votre Majesté n'ignore pas que le souverain de l'île d'Elbe a conservé des relations avec l'Italie et avec la France.

– Je le sais, dit le roi fort ému, et, dernièrement encore, on a eu avis que des réunions bonapartistes avaient lieu rue Saint-Jacques ; mais comment avez-vous eu ces détails ?

– Sire, ils résultent d'un interrogatoire que j'ai fait subir à un homme de Marseille que depuis longtemps je surveillais et que j'ai fait arrêter le jour même de mon départ ; cet homme a été secrètement à l'île d'Elbe ; il y a vu le grand maréchal, qui l'a chargé d'une mission verbale pour un bonapartiste de Paris, dont je n'ai jamais pu lui faire dire le nom ; mais cette mission était de charger ce bonapartiste de préparer les esprits à un retour prochain.

– Eh ! où est cet homme ? demanda Louis XVIII.

– En prison, sire.

– Et la chose vous a paru grave?

– Sire, j'ai peur que ce ne soit plus qu'un complot, j'ai peur que ce ne soit une conspiration.

Les Cent-Jours

Chacun connaît ce retour de l'île d'Elbe.

Louis XVIII n'essaya que faiblement de parer ce coup si rude. La royauté, ou plutôt la monarchie à peine reconstituée par lui, trembla sur sa base encore incertaine, et un seul geste de l'Empereur fit crouler tout cet édifice, mélange informe de vieux préjugés et d'idées nouvelles. Villefort n'eut donc de son roi qu'une reconnaissance non seulement inutile pour le moment, mais même dangereuse, et cette croix d'officier de la Légion d'honneur, qu'il eut la prudence de ne pas montrer, quoique M. de Blacas, comme le lui avait recommandé le roi, lui en eût fait soigneusement expédier le brevet.

Napoléon eût certes destitué Villefort sans la protection de Noirtier, devenu tout-puissant à la cour des Cent-Jours, et par les périls qu'il avait affrontés et par les services qu'il avait rendus.

Toute la puissance de Villefort se borna donc, pendant cette évocation de l'Empire, dont, au reste, il fut bien facile de prévoir la seconde chute, à étouffer le secret que Dantès avait été sur le point de divulguer.

Le procureur du roi seul fut destitué, soupçonné qu'il était de tiédeur en bonapartisme.

Villefort était demeuré debout malgré la chute de son supérieur, et son mariage, en restant décidé, était cependant remis à des temps plus heureux. Si l'Empereur gardait le trône, c'était une autre alliance qu'il fallait à Gérard de Villefort, et son père se chargerait de la lui trouver; si une seconde Restauration ramenait Louis XVIII en France, l'influence de M. de Saint-Méran doublait, ainsi que la sienne, et l'union redevenait plus sortable que jamais.

Le substitut du procureur du roi était donc momentanément le premier magistrat de Marseille, lorsqu'un matin sa porte s'ouvrit et on lui annonça M. Morrel.

M. Morrel s'attendait à trouver Villefort abattu: il le trouva calme, ferme, et plein de froide politesse.

– M. Morrel, je crois? dit Villefort.

– Oui, monsieur, moi-même, répondit l'armateur.

– Approchez-vous donc, et dites-moi à quelle circonstance je dois l'honneur de votre visite.

– Ne vous en doutez-vous point, monsieur?

– Non, pas le moins du monde.

– Monsieur, vous vous rappelez que, quelques jours avant qu'on apprît le débarquement de Sa Majesté l'Empereur, j'étais venu réclamer votre indulgence pour un malheureux jeune homme, un marin, second à bord de mon brick; il était accusé, si vous vous le rappelez, de relations avec l'île d'Elbe: ces relations, qui étaient un crime à cette époque, sont aujourd'hui des titres de faveur. Vous serviez Louis XVIII alors, et ne l'avez pas ménagé, monsieur; c'était votre devoir. Aujourd'hui vous servez Napoléon, et vous devez le protéger; c'est votre devoir encore. Je viens donc vous demander ce qu'il est devenu.

Villefort fit un violent effort sur lui-même.

– Le nom de cet homme? demanda-t-il.

– Edmond Dantès.

Villefort ouvrit alors un gros registre placé dans un casier voisin et, se tournant vers l'armateur:

– Êtes-vous bien sûr de ne pas vous tromper, monsieur?

– Non, monsieur, dit Morrel; je ne me trompe pas; d'ailleurs je connais le pauvre garçon depuis dix ans, et il est à mon service depuis quatre.

– Attendez donc, reprit Villefort en feuilletant un nouveau registre, j'y suis : c'est un marin, n'est-ce pas, qui épousait une Catalane ? Oui, oui ; la chose était très grave.

– Comment cela ?

– Vous savez qu'en sortant de chez moi il avait été conduit aux prisons du palais de justice.

– Oui ; eh bien ?

– Eh bien ! j'ai fait mon rapport à Paris ; j'ai envoyé les papiers trouvés sur lui. C'était mon devoir, que voulez-vous... et huit jours après son arrestation le prisonnier fut enlevé.

– Enlevé ! s'écria Morrel.

– Oh ! rassurez-vous. Il aura été transporté à Fenestrelles, à Pignerol, aux îles Sainte-Marguerite, ce que l'on appelle dépaysé, en termes d'administration ; et un beau matin vous allez le voir revenir prendre le commandement de son navire.

– Qu'il vienne quand il voudra, sa place lui sera gardée. Mais comment n'est-il pas déjà revenu ? Il me semble que le premier soin de la justice bonapartiste eût dû être de mettre dehors ceux qu'avait incarcérés la justice royaliste.

– N'accusez pas témérairement, mon cher monsieur Morrel, répondit Villefort, il faut en toutes choses procéder légalement. L'ordre d'incarcération était venu d'en haut, il faut que d'en haut aussi vienne l'ordre de liberté. Or Napoléon est rentré depuis quinze jours à peine ; à peine aussi les lettres d'abolition doivent-elles être expédiées.

– Mais enfin, monsieur de Villefort, quel conseil me donneriez-vous qui hâtât le retour du pauvre Dantès ?

– Un seul, faites une pétition au ministre de la Justice.

– Et vous vous chargeriez de faire parvenir cette pétition ?

– Avec le plus grand plaisir. Il est de mon devoir de faire rendre la liberté à celui qu'il a été de mon devoir de faire mettre en prison.

Villefort alors dicta une demande dans laquelle, dans un but excellent, il n'y avait point à en douter, il exagérait le patriotisme de Dantès et les services rendus par lui à la cause bonapartiste ; dans cette demande, Dantès était devenu un des agents les plus actifs du retour de Napoléon ; il était évident qu'en voyant une pareille pièce le ministre devait faire justice à l'instant même, si justice n'était point faite déjà.

La pétition terminée, Villefort la relut à haute voix.

– C'est cela, dit-il, et maintenant reposez-vous sur moi.

– Et la pétition partira bientôt, monsieur ?

– Aujourd'hui même.

Et Villefort, sur un coin de la pétition, appliqua son certificat.

– Maintenant, monsieur, que faut-il faire ? demanda Morrel.

– Attendre, reprit Villefort ; je réponds de tout.

Cette assurance rendit l'espoir à Morrel ; il quitta le substitut du procureur du roi enchanté de lui, et alla annoncer au vieux père de Dantès qu'il ne tarderait pas à revoir son fils.

Quant à Villefort, au lieu de l'envoyer à Paris, il conserva précieusement entre ses mains cette demande qui, pour sauver Dantès dans le présent, le compromettait si effroyablement dans l'avenir, en supposant une chose que l'aspect de l'Europe et la tournure des événements permettaient déjà de supposer, c'est-à-dire une seconde Restauration.

Voilà comment Dantès, pendant les Cent-Jours et après Waterloo, demeura sous les verrous, oublié, sinon des hommes, au moins de Dieu.

Danglars comprit toute la portée du coup dont il avait frappé Dantès, en voyant revenir Napoléon en France : sa dénonciation avait touché juste, et comme tous les hommes d'une certaine portée pour le crime et d'une moyenne intelligence pour la vie ordinaire, il appela cette coïncidence bizarre un *décret de la Providence.*

Mais quand Napoléon fut de retour à Paris et que sa voix retentit de nouveau, impérieuse et puissante, Danglars eut peur; à chaque instant, il s'attendit à voir reparaître Dantès, Dantès sachant tout, Dantès menaçant et fort pour toutes les vengeances; alors il manifesta à M. Morrel le désir de quitter le service de mer, et se fit recommander par lui à un négociant espagnol, chez lequel il entra comme commis d'ordre dix ou douze jours après la rentrée de Napoléon aux Tuileries; il partit pour Madrid, et l'on n'entendit plus parler de lui.

Fernand, lui, ne comprit rien. Dantès était absent, c'était tout ce qu'il lui fallait. Qu'était-il devenu? Il ne chercha point à le savoir. Seulement, pendant tout le répit que lui donnait son absence, il s'ingénia, partie à abuser Mercédès sur les motifs de cette absence, partie à méditer des plans d'émigration et d'enlèvement.

Sur ces entrefaites, et parmi tant de fluctuations douloureuses, l'Empire appela un dernier ban de soldats, et tout ce qu'il y avait d'hommes en état de porter les armes s'élança hors de France à la voix retentissante de l'Empereur.

Fernand partit comme les autres, quittant sa cabane et Mercédès, et rongé de cette sombre et terrible pensée que derrière lui peut-être son rival allait revenir et épouser celle qu'il aimait.

Mercédès resta seule sur cette terre nue qui ne lui avait jamais paru si aride, et avec la mer immense pour horizon. Toute baignée de pleurs, on la voyait errer sans cesse autour du petit village des Catalans: tantôt, s'arrêtant sous le soleil ardent du Midi, debout, immobile, muette comme une statue, et regardant Marseille; tantôt, assise au bord du rivage, écoutant ce gémissement de la mer, éternel comme sa douleur, et se demandant sans cesse s'il ne valait pas mieux se pencher en avant, se laisser aller à son propre poids, ouvrir l'abîme et s'y engloutir, que de souffrir ainsi toutes ces cruelles alternatives d'une attente sans espérance.

Ce ne fut pas le courage qui manqua à Mercédès pour accomplir ce projet, ce fut la religion qui lui vint en aide et qui la sauva du suicide.

Caderousse fut appelé comme Fernand; seulement, comme il avait huit ans de plus que le Catalan et qu'il était marié, il ne fit partie que du troisième ban, et fut envoyé sur les côtes.

Le vieux Dantès, qui n'était plus soutenu que par l'espoir, perdit l'espoir à la chute de l'Empereur.

Cinq mois, jour pour jour, après avoir été séparé de son fils, et presque à la même heure où il avait été arrêté, il rendit le dernier soupir entre les bras de Mercédès.

M. Morrel pourvut à tous les frais de son enterrement, et paya les pauvres petites dettes que le vieillard avait faites pendant sa maladie.

Il y avait plus que de la bienfaisance à agir ainsi, il y avait du courage. Le Midi était en feu, et secourir, même à son lit de mort, le père d'un bonapartiste aussi dangereux que Dantès était un crime.

Le prisonnier furieux et le prisonnier fou

Un an environ après le retour de Louis XVIII, il y eut visite de M. l'inspecteur général des prisons.

Dantès entendit rouler et grincer du fond de son cachot tous ces préparatifs, qui faisaient en haut beaucoup de fracas, mais qui, en bas, eussent été des bruits inappréciables pour toute autre oreille que pour celle d'un prisonnier accoutumé à écouter, dans le silence de la nuit, l'araignée qui tisse sa toile, et la chute périodique de la goutte d'eau qui met une heure à se former au plafond de son cachot.

Il devina qu'il se passait chez les vivants quelque chose d'inaccoutumé: il habitait depuis si longtemps une tombe qu'il pouvait bien se regarder comme mort.

En effet, l'inspecteur visitait l'un après l'autre chambres, cellules et cachots. Plusieurs prisonniers furent interrogés, c'étaient ceux que leur douceur ou leur stupidité recommandait à la bienveillance de l'administration ; l'inspecteur leur demanda comment ils étaient nourris, et quelles étaient les réclamations qu'ils avaient à faire.

Ils répondirent unanimement que la nourriture était détestable et qu'ils réclamaient leur liberté.

L'inspecteur dit au gouverneur :

– Je ne sais pas pourquoi on nous fait faire ces tournées inutiles. Qui voit un prisonnier en voit cent ; qui entend un prisonnier en entend mille ; c'est toujours la même chose : mal nourris et innocents. En avez-vous d'autres ?

– Oui, nous avons les prisonniers dangereux ou fous, que nous gardons au cachot.

– Voyons, dit l'inspecteur, faisons notre métier jusqu'au bout ; descendons dans les cachots.

Au grincement des massives serrures, Dantès, accroupi dans un angle de son cachot, releva la tête.

À la vue d'un homme inconnu, éclairé par deux porte-clés tenant des torches, accompagné par deux soldats, et auquel le gouverneur parlait le chapeau à la main, Dantès, voyant enfin se présenter une occasion d'implorer une autorité supérieure, bondit en avant les mains jointes, et, s'exprimant avec une sorte d'éloquence pieuse qui étonna les assistants, il essaya de toucher l'âme de son visiteur.

L'inspecteur écouta le discours de Dantès jusqu'au bout :

– En résumé, dit-il, que demandez-vous ?

– Je demande quel crime j'ai commis ; je demande que mon procès soit instruit ; je demande enfin qu'on me fusille si je suis coupable, mais aussi qu'on me mette en liberté si je suis innocent.

– C'est bien, dit l'inspecteur, on verra.

Puis, se retournant vers le gouverneur :

– En vérité, dit-il, le pauvre diable me fait de la peine. En remontant, vous me montrerez son livre d'écrou.

– Certainement, dit le gouverneur; mais je crois que vous trouverez contre lui des notes terribles.

– Qui vous a fait arrêter? demanda l'inspecteur.

– M. de Villefort, répondit Dantès. Voyez-le et entendez-vous avec lui.

– M. de Villefort n'est plus à Marseille depuis un an, mais à Toulouse.

– Ah! mon seul protecteur est éloigné.

– M. de Villefort avait-il quelque motif de haine contre vous? demanda l'inspecteur.

– Aucun, monsieur; et même il a été bienveillant pour moi.

– Je pourrai donc me fier aux notes qu'il a laissées sur vous ou qu'il me donnera?

– Entièrement, monsieur.

– C'est bien, attendez.

Dantès tomba à genoux, levant les mains vers le ciel, et murmurant une prière dans laquelle il recommandait à Dieu cet homme qui était descendu dans sa prison, pareil au Sauveur allant délivrer les âmes de l'enfer.

La porte se referma; mais l'espoir descendu avec l'inspecteur était resté enfermé dans le cachot de Dantès.

– Voulez-vous voir le registre d'écrou tout de suite? demanda le gouverneur.

– Finissons-en avec les cachots tout d'un coup, répondit l'inspecteur. Si je remontais au jour, je n'aurais peut-être plus le courage de continuer ma triste mission.

– Ah! celui-là n'est point un prisonnier comme l'autre, et sa folie, à lui, est moins attristante que la raison de son voisin.

– Et quelle est sa folie?

– Oh! une folie étrange: il se croit possesseur d'un trésor immense. La première année de sa captivité, il a fait offrir au gouvernement un million si le gouvernement le voulait mettre en liberté; la seconde année, deux millions; la troisième, trois millions, et ainsi progressivement. Il en est à sa cinquième année de captivité: il va vous demander de vous parler en secret, et vous offrira cinq millions.

– Ah! et comment appelez-vous ce millionnaire?

– L'abbé Faria.

Le regard curieux de l'inspecteur plongea dans le cachot de l'abbé fou.

Au milieu de la chambre, dans un cercle tracé sur la terre avec un morceau de plâtre détaché du mur, était couché un homme presque nu, tant ses vêtements étaient tombés en lambeaux. Il dessinait dans ce cercle des lignes géométriques fort nettes, et paraissait aussi occupé de résoudre son problème qu'Archimède l'était lorsqu'il fut tué par un soldat de Marcellus. Aussi ne bougea-t-il pas même au bruit que fit la porte du cachot en s'ouvrant, et ne sembla-t-il se réveiller que lorsque la lumière des torches éclaira d'un éclat inaccoutumé le sol humide sur lequel il travaillait.

– Que demandez-vous? dit l'inspecteur sans varier sa formule.

– Moi, monsieur? dit l'abbé d'un air étonné; je ne demande rien.

– Vous ne comprenez pas, reprit l'inspecteur: je suis agent du gouvernement, j'ai mission de descendre dans les prisons et d'écouter les réclamations des prisonniers.

– La nourriture est ce qu'elle est dans toutes les prisons, répondit l'abbé, c'est-à-dire fort mauvaise; quant au logement, vous le voyez, il est humide et malsain, mais néanmoins assez convenable pour un cachot. Maintenant ce n'est pas de cela qu'il s'agit, mais bien de révélations de la plus haute importance que j'ai à faire au gouvernement.

– Nous y voici, dit tout bas le gouverneur à l'inspecteur.

– Voilà pourquoi je suis si heureux de vous voir, continua

l'abbé, quoique vous m'ayez dérangé dans un calcul fort important. Pouvez-vous m'accorder la faveur d'un entretien particulier ?

– Monsieur, ce que vous me demandez est impossible.

– Cependant, reprit l'abbé, s'il s'agissait de faire gagner au gouvernement une somme de cinq millions ?

– Mon cher monsieur, dit l'inspecteur, le gouvernement est riche et n'a, Dieu merci, pas besoin de votre argent ; gardez-le donc pour le jour où vous sortirez de prison.

Ils sortirent. Le geôlier referma la porte derrière eux.

– Il aura en effet possédé quelques trésors, dit l'inspecteur en remontant l'escalier.

– Ou il aura rêvé qu'il les possédait, répondit le gouverneur, et le lendemain il se sera réveillé fou.

Quant à Dantès, l'inspecteur lui tint parole. En montant chez le gouverneur, il se fit représenter le registre d'écrou. La note concernant le prisonnier était ainsi conçue :

> « Bonapartiste enragé ; a pris une part active au retour de l'île d'Elbe. À tenir au plus grand secret et sous la plus stricte surveillance. »

L'accusation était trop positive pour essayer de la combattre. L'inspecteur écrivit donc au-dessous : « Rien à faire. »

Les jours s'écoulèrent, puis les semaines, puis les mois.

Au bout d'un an, le gouverneur fut changé, il avait obtenu la direction du fort de Ham ; il emmena avec lui plusieurs de ses subordonnés et entre autres le geôlier de Dantès. Un nouveau gouverneur arriva ; il eût été trop long pour lui d'apprendre les noms de ses prisonniers, il se fit représenter seulement leurs numéros. Cet horrible hôtel garni se composait de cinquante chambres ; leurs habitants furent appelés du numéro de la chambre qu'ils occupaient, et le malheureux jeune homme cessa de s'appeler de son prénom d'Edmond ou de son nom de Dantès ; il s'appela le n° 34.

Le numéro 34 et le numéro 27

Dantès passa tous les degrés du malheur que subissent les prisonniers oubliés dans une prison.

La rage succéda à l'ascétisme. Edmond lançait des blasphèmes qui faisaient reculer d'horreur le geôlier, il brisait son corps contre les murs de sa prison, il s'en prenait avec fureur à tout ce qui l'entourait, et surtout à lui-même, de la moindre contrariété que lui faisaient éprouver un grain de sable, un fétu de paille, un souffle d'air. Alors cette lettre dénonciatrice qu'il avait vue, que lui avait montrée Villefort, qu'il avait touchée, lui revenait à l'esprit. Il se disait que c'était la haine des hommes, et non la vengeance de Dieu qui l'avait plongé dans l'abîme où il était, il vouait ces hommes inconnus à tous les supplices et il trouvait encore que les plus terribles étaient trop doux.

Il tomba dans l'immobilité morne des idées de suicide. Il y avait deux moyens de mourir : l'un était simple ; il s'agissait d'attacher son mouchoir à un barreau de la fenêtre et de se pendre ; l'autre consistait à se laisser mourir de faim. Le premier répugna fort à Dantès. Il avait été élevé dans l'horreur des pirates, gens que l'on pend aux vergues des bâtiments ; la pendaison était pour lui une espèce de supplice infamant ; il adopta donc le deuxième, et en commença l'exécution le jour même.

Il usa donc, rigoureux et impitoyable, le peu d'existence qui lui restait, et un jour vint où il n'eut plus la force de se lever pour jeter par la lucarne le souper qu'on lui apportait.

Le lendemain il ne voyait plus, il entendait à peine, le geôlier croyait à une maladie grave ; Edmond espérait dans une mort prochaine.

Tout à coup le soir, vers neuf heures, il entendit un bruit sourd à la paroi du mur contre lequel il était couché.

C'était un grattement égal qui semblait accuser, soit une griffe énorme, soit une dent puissante, soit enfin la pression d'un instrument quelconque sur des pierres.

Mais non, sans doute Edmond se trompait, et c'était un de ces rêves qui flottent à la porte de la mort.

Cependant Edmond écoutait toujours ce bruit. Ce bruit dura trois heures à peu près, puis Edmond entendit une sorte de croulement, après quoi le bruit cessa.

Quelques heures après, il reprit plus fort et plus rapproché. Déjà Edmond s'intéressait à ce travail qui lui faisait société ; tout à coup le geôlier entra. Il apportait à déjeuner.

Dantès se souleva sur son lit, et, enflant sa voix, se mit à parler sur tous les sujets possibles, sur la mauvaise qualité des vivres qu'il apportait, sur le froid dont on souffrait dans ce cachot, murmurant et grondant pour avoir le droit de crier plus fort, et lassant la patience du geôlier, qui crut que Dantès avait le délire ; il posa les vivres sur la mauvaise table boiteuse sur laquelle il avait l'habitude de les poser, et se retira.

Libre alors, Edmond se remit à écouter avec joie.

Le bruit devenait si distinct que maintenant le jeune homme l'entendait sans efforts. Alors il alla vers un angle de sa prison, détacha une pierre minée par l'humidité, et revint frapper le mur à l'endroit même où le retentissement était le plus sensible.

Il frappa trois coups. Dès le premier, le bruit avait cessé comme par enchantement.

Edmond écouta de toute son âme. Deux heures s'écoulèrent, aucun bruit nouveau ne se fit entendre ; Edmond avait fait naître de l'autre côté de la muraille un silence absolu.

Plein d'espoir, Edmond mangea quelques bouchées de son pain, avala quelques gorgées d'eau.

La journée s'écoula, le silence durait toujours.

La nuit se passa sans que le moindre bruit se fît entendre.

Trois jours s'écoulèrent, soixante-douze mortelles heures comptées minute par minute !

Enfin un soir, comme le geôlier venait de faire sa dernière visite, comme pour la centième fois Dantès collait son oreille à la muraille, il lui sembla qu'un ébranlement imperceptible répondait sourdement dans sa tête.

Il n'y avait plus de doute, il se faisait quelque chose de l'autre côté ; le prisonnier avait reconnu le danger de sa manœuvre et en avait adopté quelque autre, et, sans doute pour continuer son œuvre avec plus de sécurité, il avait substitué le levier au ciseau.

Enhardi par cette découverte, Edmond résolut de venir en aide à l'infatigable travailleur. Il commença par déplacer son lit, derrière lequel il lui semblait que l'œuvre de délivrance s'accomplissait, et chercha des yeux un objet avec lequel il pût entamer la muraille.

Rien ne se présenta à sa vue. Il n'y avait plus pour Dantès qu'une ressource, c'était de briser sa cruche et, avec un des morceaux de grès taillés en angle, de se mettre à la besogne.

Il laissa tomber la cruche sur un pavé, et la cruche vola en éclats. Dantès choisit deux ou trois éclats aigus, les cacha dans sa paillasse, et laissa les autres sur la terre. La rupture de sa cruche était un accident trop naturel pour que l'on s'en inquiétât.

En trois jours il parvint, avec des précautions inouïes, à enlever tout le ciment et à mettre à nu la pierre : la muraille était faite de moellons au milieu desquels, pour ajouter à la solidité, avait pris place de temps en temps une pierre de taille. C'était une de ces pierres de taille qu'il avait presque déchaussée, et qu'il s'agissait maintenant d'ébranler dans son alvéole. Dantès essaya avec ses ongles, mais ses ongles étaient insuffisants pour cela. Les morceaux de la cruche introduits dans les intervalles se brisaient lorsque Dantès voulait s'en servir en manière de levier.

Alors une idée lui passa par l'esprit. Le geôlier apportait tous les jours la soupe de Dantès dans une casserole.

Il versait le contenu de cette casserole dans l'assiette de Dantès. Après avoir mangé sa soupe, Dantès lavait cette assiette qui servait ainsi chaque jour.

Le soir, Dantès posa son assiette à terre, à mi-chemin de la porte à la table ; le geôlier en entrant mit le pied sur l'assiette et la brisa en mille morceaux.

Il n'y avait rien à dire contre Dantès ; il avait eu le tort de laisser son assiette à terre, c'est vrai, mais le geôlier avait eu celui de ne pas regarder à ses pieds.

– Laissez la casserole, dit Dantès, vous la reprendrez en m'apportant demain mon déjeuner.

Ce conseil flattait la paresse du geôlier, qui n'avait pas besoin ainsi de remonter, de redescendre et de remonter encore. Il laissa la casserole. Dantès frémit de joie.

Cette fois il mangea vivement la soupe. Puis, après avoir attendu une heure, pour être certain que le geôlier ne se raviserait point, il dérangea son lit, prit sa casserole, introduisit le bout du manche entre la pierre de taille dénuée de son ciment et les moellons voisins, et commença de faire le levier.

Une légère oscillation prouva à Dantès que la besogne venait à bien.

En effet, au bout d'une heure la pierre était tirée du mur où elle laissait une excavation de plus d'un pied et demi de diamètre.

À l'aube du jour il replaça la pierre dans son trou, repoussa son lit contre la muraille et se coucha.

Le déjeuner consistait en un morceau de pain : le geôlier entra et posa ce morceau de pain sur la table.

– Eh bien ! vous ne m'apportez pas une autre assiette ? demanda Dantès.

– Non, dit le porte-clés ; vous êtes un brise-tout, vous avez détruit votre cruche, et vous êtes cause que j'ai cassé votre assiette ; si tous les prisonniers faisaient autant de dégât, le gouvernement n'y pourrait pas tenir. On vous laisse la casserole, on vous versera votre soupe dedans, de cette façon vous ne casserez pas votre ménage, peut-être.

Dantès leva les yeux au ciel, et joignit ses mains sous sa couverture.

Toute la journée il travailla sans relâche ; le soir il avait, grâce à son nouvel instrument, tiré de la muraille plus de dix poignées de débris de moellons, de plâtre et de ciment.

Il continua de travailler toute la nuit ; mais, après deux ou trois heures de labeur, il rencontra un obstacle.

Dantès toucha l'obstacle avec ses mains et reconnut qu'il avait atteint une poutre. Cette poutre traversait ou plutôt barrait entièrement le trou qu'avait commencé Dantès.

Maintenant il fallait creuser dessus ou dessous. Le malheureux jeune homme n'avait point songé à cet obstacle.

– Oh! mon Dieu! mon Dieu! s'écria-t-il, je vous avais cependant tant prié, que j'espérais que vous m'aviez entendu.

– Qui parle de Dieu et de désespoir en même temps? articula une voix qui semblait venir de dessous terre et qui parvenait au jeune homme avec un accent sépulcral.

Edmond sentit se dresser ses cheveux sur sa tête, et il recula sur les genoux.

– Au nom du ciel! vous qui avez parlé, parlez encore, quoique votre voix m'ait épouvanté; qui êtes-vous?

– Qui êtes-vous vous-même? demanda la voix.

– Un malheureux prisonnier.

– Votre nom?

– Edmond Dantès.

– Depuis combien de temps êtes-vous ici?

– Depuis le 28 février 1815.

– Mais de quoi vous accuse-t-on?

– D'avoir conspiré pour le retour de l'Empereur.

– Comment! pour le retour de l'Empereur! l'Empereur n'est donc plus sur le trône?

– Il a abdiqué à Fontainebleau en 1814 et a été relégué à l'île d'Elbe. Mais vous-même depuis quel temps êtes-vous donc ici, que vous ignoriez tout cela?

– Depuis 1811.

Dantès frissonna; cet homme avait quatre ans de prison de plus que lui.

– C'est bien, ne creusez plus, dit la voix en parlant fort vite; seulement dites-moi à quelle hauteur se trouve l'excavation que vous avez faite?

– Au ras de la terre.

– Sur quoi donne votre chambre?

– Sur un corridor.

– Et le corridor?

– Aboutit à la cour.

– Hélas ! murmura la voix.

– Oh ! mon Dieu ! qu'y a-t-il donc ? s'écria Dantès.

– Il y a que je me suis trompé et que j'ai pris le mur que vous creusez pour celui de la citadelle ! Maintenant tout est perdu.

– Tout ?

– Oui. Rebouchez votre trou avec précaution, ne travaillez plus, ne vous occupez de rien, et attendez de mes nouvelles.

– Qui êtes-vous au moins… dites-moi qui vous êtes.

– Je suis… je suis le n° 27. Quel âge avez-vous ? Votre voix semble être celle d'un jeune homme.

– J'allais avoir dix-neuf ans lorsque j'ai été arrêté le 28 février 1815.

– Pas tout à fait vingt-six ans, murmura la voix. Allons, à cet âge on n'est pas encore un traître. Votre âge me rassure, je vous rejoindrai, attendez-moi.

Ce peu de paroles furent dites avec un accent qui convainquit Dantès ; il n'en demanda pas davantage, se releva et repoussa son lit contre la muraille.

La nuit s'écoula sans qu'aucun bruit répondît à sa fiévreuse attente. Mais le lendemain, après la visite du matin et comme il venait d'écarter son lit de la muraille, il entendit frapper trois coups à intervalles égaux ; il se précipita à genoux.

– Est-ce vous ? dit-il, me voilà !

– Votre geôlier est-il parti ? demanda la voix.

– Oui, répondit Dantès, il ne reviendra que ce soir ; nous avons douze heures de liberté.

Aussitôt la portion de terre sur laquelle Dantès appuyait ses deux mains, sembla céder sous lui ; il se rejeta en arrière, tandis qu'une masse de terre et de pierres détachées se précipitait dans un trou qui venait de s'ouvrir au-dessous de l'ouverture que lui-même avait faite ; alors, au fond de ce trou, il vit paraître une tête, des épaules et enfin un homme tout entier qui sortit avec assez d'agilité de l'excavation pratiquée.

Un savant italien

C'était un personnage de petite taille, aux cheveux blanchis par la peine plutôt que par l'âge, à l'œil pénétrant caché sous d'épais sourcils qui grisonnaient, à la barbe encore noire et descendant jusque sur sa poitrine. Quant à son vêtement, il était impossible d'en distinguer la forme primitive, car il tombait en lambeaux.

– Voyons d'abord, dit-il, s'il y a moyen de faire disparaître aux yeux de vos geôliers les traces de mon passage.

Alors il se pencha vers l'ouverture, prit la pierre, qu'il souleva facilement malgré son poids, et la fit entrer dans le trou.

– Cette pierre a été descellée bien négligemment, dit-il en hochant la tête ; vous n'avez donc pas d'outils ?

– Et vous, demanda Dantès avec étonnement, en avez-vous donc ?

– Je m'en suis fait quelques-uns. Excepté une lime, j'ai tout ce qu'il me faut, ciseau, pince, levier.

Et il lui montra une lame forte et aiguë, emmanchée dans un morceau de bois de hêtre.

– Avec quoi avez-vous fait cela ? dit Dantès.

– Avec une des fiches de mon lit. C'est avec cet instrument que je me suis creusé tout le chemin qui m'a conduit jusqu'ici ; cinquante pieds à peu près. Seulement j'ai mal calculé ma courbe, je croyais arriver jusqu'au mur extérieur, percer ce mur et me jeter à la mer. J'ai longé le corridor, contre lequel donne votre chambre, au lieu de passer dessous ; tout mon travail est perdu, car ce corridor donne sur une cour pleine de gardes.

Et une teinte de profonde résignation s'étendit sur les traits du vieillard.

– Maintenant, voulez-vous me dire qui vous êtes? demanda Dantès.

– Je suis l'abbé Faria, prisonnier depuis 1811 au château d'If; mais j'étais depuis trois ans renfermé dans la forteresse de Fenestrelle. En 1811, on m'a transféré du Piémont en France. C'est alors que j'ai appris que la destinée qui, à cette époque, lui semblait soumise, avait donné un fils à Napoléon et que ce fils au berceau avait été nommé roi de Rome. J'étais loin de me douter alors de ce que vous m'avez dit tout à l'heure: c'est que, quatre ans plus tard, le colosse serait renversé. Qui règne donc en France? est-ce Napoléon II?

– Non, c'est Louis XVIII.

– Louis XVIII, le frère de Louis XVI! les décrets du ciel sont étranges et mystérieux.

– Mais pourquoi êtes-vous enfermé, vous?

– Moi? parce que j'ai rêvé en 1807 le projet que Napoléon a voulu réaliser en 1811; parce que, comme Machiavel, au milieu de tous ces principicules qui faisaient de l'Italie un nid de petits royaumes tyranniques et faibles, j'ai voulu un grand et seul empire, compact et fort; parce que j'ai cru trouver mon César Borgia dans un niais couronné qui a fait semblant de me comprendre pour me mieux trahir. C'était le projet d'Alexandre VI et de Clément VII; il échouera toujours, puisqu'ils l'ont entrepris inutilement, et que Napoléon n'a pu l'achever; décidément l'Italie est maudite!

Et le vieillard baissa la tête.

– N'êtes-vous pas, dit Dantès, commençant à partager l'opinion de son geôlier, qui était l'opinion générale au château d'If, le prêtre que l'on croit... malade?

– Oui, continua Faria avec un rire amer; c'est moi qui passe pour fou.

Dantès demeura un instant immobile et muet.

– Ainsi, vous renoncez à fuir?

– Je vois la fuite impossible; c'est se révolter contre Dieu que de tenter ce que Dieu ne veut pas qui s'accomplisse.

Le jeune homme réfléchit un instant.

– J'ai trouvé ce que vous cherchiez, dit-il au vieillard.

Faria tressaillit.

– Le corridor que vous avez percé pour venir de chez vous ici s'étend dans le même sens que la galerie extérieure, n'est-ce pas? Eh bien! vers le milieu du corridor nous perçons un chemin formant comme la branche d'une croix. Cette fois vous prenez mieux vos mesures. Nous débouchons sur la galerie extérieure. Nous tuons la sentinelle et nous nous évadons. Il ne faut, pour que ce plan réussisse, que du courage, vous en avez; que de la vigueur, je n'en manque pas. Je ne parle pas de la patience, vous avez fait vos preuves et je ferai les miennes.

– Un instant, répondit l'abbé. Jusqu'ici je croyais n'avoir affaire qu'aux choses, voilà que vous me proposez d'avoir affaire aux hommes. J'ai pu percer un mur et détruire un escalier, mais je ne percerai pas une poitrine.

– Vous avez pu attendre, vous, dit Dantès en soupirant; ce long travail vous faisait une occupation de tous les instants, et quand vous n'aviez pas votre travail pour vous distraire, vous aviez vos espérances pour vous consoler.

– Puis, dit l'abbé, je ne m'occupais point qu'à cela.

– Que faisiez-vous donc?

– J'écrivais ou j'étudiais.

– On vous donne donc du papier, des plumes, de l'encre?

– Non, dit l'abbé, mais je m'en fais. Quand vous viendrez chez moi, je vous montrerai un ouvrage entier, résultat des pensées, des recherches et des réflexions de toute ma vie, que j'avais médité à l'ombre du Colisée à Rome, et que je ne me doutais guère qu'un jour mes geôliers me laisseraient le loisir d'exécuter entre les quatre murs du château d'If. C'est un *Traité sur la possibilité d'une monarchie générale en Italie.*

– Et vous l'avez écrit?

– Sur deux chemises. J'ai inventé une préparation qui rend le linge lisse et uni comme le parchemin.

– Vous êtes donc chimiste?

– Un peu. J'ai connu Lavoisier et j'ai été lié avec Cabanis.

– Mais, pour un pareil ouvrage, il vous a fallu faire des recherches historiques. Vous aviez donc des livres?

– À Rome, j'avais à peu près cinq mille volumes dans ma bibliothèque. À force de les lire et de les relire, j'ai découvert qu'avec cent cinquante ouvrages bien choisis on a, sinon le résumé complet des connaissances humaines, du moins tout ce qu'il est utile à un homme de savoir. J'ai consacré trois années de ma vie à lire et à relire ces cent cinquante volumes, de sorte que je les savais par cœur lorsque j'ai été arrêté.

– Mais vous savez donc plusieurs langues?

– Je parle cinq langues vivantes, l'allemand, le français, l'italien, l'anglais et l'espagnol; à l'aide du grec ancien, je comprends le grec moderne; seulement je le parle mal, mais je l'étudie en ce moment.

De plus en plus émerveillé, Edmond commençait à trouver presque surnaturelles les facultés de cet homme étrange. Il voulut le trouver en défaut sur un point quelconque:

– Mais si l'on ne vous a pas donné de plumes, dit-il, avec quoi avez-vous pu écrire ce traité si volumineux?

– Je m'en suis fait d'excellentes avec les cartilages des têtes de ces énormes merlans que l'on nous sert quelquefois pendant les jours maigres.

– Mais de l'encre? dit Dantès; avec quoi vous êtes-vous fait de l'encre?

– Il y avait autrefois une cheminée dans mon cachot, dit Faria; cette cheminée a été bouchée quelque temps avant mon arrivée sans doute, mais pendant de longues années on y avait fait du feu, tout l'intérieur en est donc tapissé de suie. Je fais dissoudre cette suie dans une portion du vin qu'on me donne tous les dimanches, cela me fournit de l'encre excellente. Pour les notes particulières et qui ont besoin d'attirer les yeux, je me pique les doigts et j'écris avec mon sang.

– Et quand pourrai-je voir tout cela? demanda Dantès.

– Quand vous voudrez, répondit Faria.

– Oh! tout de suite! s'écria le jeune homme.

– Suivez-moi donc, dit l'abbé.

Et il rentra dans le corridor souterrain où il disparut; Dantès le suivit.

La chambre de l'abbé

Après avoir passé en se courbant, mais cependant avec assez de facilité, par le passage souterrain, Dantès arriva à l'extrémité opposée du corridor qui donnait dans la chambre de l'abbé. Là, le passage se rétrécissait et offrait à peine l'espace suffisant pour qu'un homme pût se glisser en rampant. La chambre de l'abbé était dallée; c'était en soulevant une de ces dalles placée dans le coin le plus obscur qu'il avait commencé la laborieuse opération dont Dantès avait vu la fin.

À peine entré et debout, le jeune homme examina cette chambre avec grande attention. Au premier aspect, elle ne présentait rien de particulier.

– Voyons, dit-il à l'abbé, j'ai hâte d'examiner vos trésors.

L'abbé alla vers la cheminée, déplaça avec le ciseau qu'il tenait toujours à la main la pierre qui formait autrefois l'âtre et qui cachait une cavité; c'est dans cette cavité qu'étaient renfermés tous les objets dont il avait parlé à Dantès.

Et il montra au jeune homme un petit bâton long de six pouces, gros comme le manche d'un pinceau, au bout et autour duquel était lié par un fil un de ces cartilages, encore taché par l'encre, dont l'abbé avait parlé à Dantès ; il était allongé en bec et fendu comme une plume ordinaire.

Dantès l'examina, cherchant des yeux l'instrument avec lequel il avait pu être taillé d'une façon si correcte.

– Ah oui, dit Faria, le canif, n'est-ce pas ? C'est mon chef-d'œuvre ; je l'ai fait, ainsi que le couteau que voici, avec un vieux chandelier de fer.

Le canif coupait comme un rasoir. Quant au couteau, il avait cet avantage qu'il pouvait servir tout à la fois de couteau et de poignard.

– Ce n'est pas tout, continua Faria ; car il ne faut pas mettre tous ses trésors dans une seule cachette ; refermons celle-ci.

Ils posèrent la dalle à sa place ; l'abbé sema un peu de poussière dessus, y passa son pied pour faire disparaître toute trace de solution de continuité, s'avança vers son lit et le déplaça.

Derrière le chevet, caché par une pierre qui le refermait, était un trou et dans ce trou une échelle de corde longue de vingt-cinq à trente pieds.

– Qui vous a fourni la corde nécessaire à ce merveilleux ouvrage ? demanda Dantès.

– D'abord quelques chemises que j'avais, puis les draps de mon lit que, pendant trois ans de captivité à Fenestrelle, j'ai effilés. Quand on m'a transporté au château d'If, j'ai trouvé moyen d'emporter avec moi cet effilé.

Dantès, tout en ayant l'air d'examiner l'échelle, pensait cette fois à autre chose : une idée avait traversé son esprit. C'est que cet homme, si intelligent, si ingénieux, si profond, verrait peut-être clair dans l'obscurité de son propre malheur, où jamais lui-même n'avait rien pu distinguer.

– À quoi songez-vous ? demanda l'abbé en souriant et prenant l'absorption de Dantès pour une admiration portée au plus haut degré.

– Vous m'avez raconté votre vie, et vous ne connaissez pas la mienne.

– Votre vie, jeune homme, est bien courte pour renfermer des événements de quelque importance.

– Elle renferme un immense malheur.

– Voyons, dit l'abbé en refermant sa cachette et en repoussant son lit à sa place, racontez-moi donc votre histoire.

Le récit achevé, l'abbé réfléchit profondément.

– Il y a, dit-il au bout d'un instant, un axiome de droit d'une grande profondeur : si vous voulez découvrir le coupable, cherchez d'abord celui à qui le crime commis peut être utile ! À qui votre disparition pouvait-elle être utile ?

– À personne, mon Dieu ! j'étais si peu de chose.

– Ne répondez pas ainsi, car la réponse manque à la fois de logique et de philosophie. Vous alliez être nommé capitaine du *Pharaon* ?

– Oui.

– Vous alliez épouser une belle jeune fille ?
– Oui.
– Quelqu'un avait-il intérêt à ce que vous ne devinssiez pas capitaine du *Pharaon* ?
– Non ; j'étais fort aimé à bord. Un seul homme avait quelque motif de m'en vouloir, j'avais eu quelque temps auparavant une querelle avec lui, et je lui avais proposé un duel qu'il avait refusé.
– Allons donc ! Cet homme, comment se nommait-il ?
– Danglars.
– Bien. Maintenant quelqu'un a-t-il assisté à votre dernier entretien avec le capitaine Leclère ?
– Non, nous étions seuls.
– Quelqu'un a-t-il pu entendre votre conversation ?
– Oui, car la porte était ouverte ; et même... attendez... oui, oui, Danglars est passé juste au moment où le capitaine Leclère me remettait le paquet destiné au grand maréchal.
– Bon, fit l'abbé, nous sommes sur la voie. Avez-vous amené quelqu'un avec vous à terre quand vous avez relâché à l'île d'Elbe ?
– Personne.
– On vous a remis une lettre ?
– Oui, le grand maréchal.
– De Porto-Ferrajo à bord qu'avez-vous fait de cette lettre ?
– Je l'ai tenue à ma main.
– Quand vous êtes remonté sur le *Pharaon*, chacun a donc pu voir que vous teniez une lettre ?
– Oui.
– Danglars comme les autres ?
– Danglars comme les autres.
– Maintenant, écoutez bien ; réunissez tous vos souvenirs : vous rappelez-vous dans quels termes était rédigée la dénonciation ?

– Oh! oui; je l'ai relue trois fois, et chaque parole en est restée dans ma mémoire.

– Répétez-la-moi.

Dantès se recueillit un instant.

– La voici, dit-il, textuellement.

« M. le procureur du roi est prévenu par un ami du trône que le nommé Edmond Dantès, second du navire le *Pharaon*, arrivé ce matin de Smyrne, a été chargé par Murat d'un paquet pour l'usurpateur, et par l'usurpateur d'une lettre pour le comité bonapartiste de Paris. On aura la preuve de son crime en l'arrêtant, car on trouvera cette lettre ou sur lui, ou chez son père, ou dans sa cabine à bord du *Pharaon*. »

L'abbé haussa les épaules.

– C'est clair comme le jour, dit-il. Passons à la seconde question. Quelqu'un avait-il intérêt à ce que vous n'épousassiez pas Mercédès?

– Oui! un jeune homme qui l'aimait. Fernand.

– Croyez-vous que celui-ci était capable d'écrire la lettre?

– Non! celui-ci m'eût donné un coup de couteau, voilà tout.

– Oui, c'est dans la nature espagnole: un assassinat, oui; une lâcheté, non.

– D'ailleurs, continua Dantès, il ignorait tous les détails consignés dans la dénonciation.

– Attendez... Danglars connaissait-il Fernand?

– Non... si... Je me rappelle...

– Quoi?

– La surveille de mon mariage je les ai vus attablés ensemble sous la tonnelle du père Pamphile. Danglars était amical et railleur. Fernand était pâle et troublé.

– Ils étaient seuls?

– Non, ils avaient avec eux un troisième compagnon, bien connu de moi, un tailleur nommé Caderousse; mais celui-ci était déjà ivre; attendez... attendez... Comment ne me suis-je pas rappelé cela? Près de la table où ils buvaient était un encrier, du papier, des plumes. (Dantès porta la main à son front.) – Oh! les infâmes! les infâmes!

– Voulez-vous encore savoir autre chose? dit l'abbé en riant.

– Oui, oui, puisque vous approfondissez tout, puisque vous voyez clair en toutes choses. Je veux savoir pourquoi je n'ai été interrogé qu'une fois, pourquoi on ne m'a pas donné de juges, et comment je suis condamné sans arrêt.

– Qui vous a interrogé? est-ce le procureur du roi, le substitut, le juge d'instruction?

– C'était le substitut.

– Lui avez-vous tout raconté?

– Tout.

– Et ses manières ont-elles changé dans le courant de l'interrogatoire?

– Il m'a donné une grande preuve de sa sympathie.

– Laquelle?

– Il a brûlé la seule pièce qui pouvait me compromettre.

– Laquelle? la dénonciation?

– Non, la lettre, en me disant: «Vous voyez, il n'existe que cette preuve-là contre vous, et je l'anéantis.»

– Cette conduite est trop sublime pour être naturelle. À qui cette lettre était-elle adressée?

– À M. Noirtier, rue Coq-Héron, n° 13, à Paris.

– Noirtier? répéta l'abbé. Noirtier? J'ai connu un Noirtier à la cour de l'ancienne reine d'Étrurie, un Noirtier qui avait été girondin dans la Révolution. Comment s'appelait votre substitut, à vous?

– De Villefort.

L'abbé éclata de rire.

– Ce Noirtier, pauvre aveugle que vous êtes, savez-vous ce que c'était que ce Noirtier? Ce Noirtier, c'était son père!

La foudre, tombée aux pieds de Dantès, lui eût produit un

effet moins prompt, moins écrasant que ces paroles inattendues.

– Son père ! son père ! s'écria-t-il.

– Oui, son père, qui s'appelle Noirtier de Villefort.

Alors une lumière fulgurante traversa le cerveau du prisonnier, tout ce qui lui était demeuré obscur fut éclairé d'un jour éclatant. Ces tergiversations de Villefort pendant l'interrogatoire, cette lettre détruite, ce serment exigé, tout lui revint à la mémoire ; il jeta un cri, chancela un instant comme un homme ivre. L'abbé le regarda fixement.

– Je suis fâché de vous avoir aidé dans vos recherches et de vous avoir dit ce que je vous ai dit, fit-il.

– Pourquoi cela ? demanda Dantès.

– Parce que je vous ai infiltré dans le cœur un sentiment qui n'y était point : la vengeance.

Dantès sourit.

– Parlons d'autre chose, dit-il. Vous devriez m'apprendre un peu de ce que vous savez, ne fût-ce que pour ne pas vous ennuyer avec moi. Il me semble maintenant que vous devez préférer la solitude à un compagnon sans éducation et sans portée comme moi. Si vous consentez à ce que je vous demande, je m'engage à ne plus vous parler de fuir.

L'abbé sourit.

– Hélas ! mon enfant, dit-il, la science humaine est bien bornée, et quand je vous aurai appris les mathématiques, la physique, l'histoire, et les trois ou quatre langues vivantes que je parle, vous saurez ce que je sais ; or, toute cette science, je serai deux ans à peine à la verser de mon esprit dans le vôtre.

– Voyons, dit Dantès, que m'apprendrez-vous d'abord ? J'ai hâte de commencer, j'ai soif de science.

– Tout ! dit l'abbé.

En effet, dès le soir, les deux prisonniers arrêtèrent un plan d'éducation qui commença de s'exécuter le lendemain. Dantès avait une mémoire prodigieuse, une facilité de conception extrême : la disposition mathématique de son esprit le rendait apte à tout comprendre par le calcul, tandis que la poésie du marin corrigeait tout ce que pouvait avoir de trop matériel la démonstration réduite à la sécheresse des chiffres ou à la rectitude des lignes ; il savait déjà d'ailleurs l'italien et un peu de romaïque qu'il avait appris dans ses voyages d'Orient. Avec ces deux langues, il comprit bientôt le mécanisme de toutes les autres, et, au bout de six mois, il commençait à parler l'espagnol, l'anglais et l'allemand. Au bout d'un an, c'était un autre homme.

Quant à l'abbé Faria, Dantès remarquait que, malgré la distraction que sa présence avait apportée à sa captivité, il s'assombrissait tous les jours. Une pensée incessante et éternelle paraissait assiéger son esprit ; il tombait dans de profondes rêveries, soupirait involontairement, se levait tout à coup et se promenait, sombre autour de sa prison.

Un jour il s'arrêta tout à coup au milieu d'un de ces cercles cent fois répétés qu'il décrivait autour de sa chambre.

– Oh ! mon Dieu ! s'écria Dantès, qu'y a-t-il, et qu'avez-vous donc ?

– Vite, vite ! dit l'abbé, écoutez-moi.

Dantès regarda le visage livide de Faria, ses yeux cernés d'un cercle bleuâtre, ses lèvres blanches, ses cheveux hérissés.

– Mais qu'y a-t-il donc ?

– Je suis perdu ! dit l'abbé ; écoutez-moi. Un mal terrible, mortel peut-être, va me saisir ; l'accès arrive, je le sens ; déjà j'en fus atteint l'année qui précéda mon incarcération. À ce mal il n'est qu'un remède, je vais vous le dire : courez vite chez moi, levez le pied du lit ; ce pied est creux, vous y trouverez un petit flacon de cristal à moitié plein d'une liqueur rouge ; apportez-le, ou plutôt, non, non, je pourrais être surpris ici ; aidez-moi à rentrer chez moi pendant que j'ai encore quelques forces. Qui sait ce qui va arriver et le temps que durera l'accès ?

Dantès, sans perdre la tête, bien que le malheur qui le frappait fût immense, descendit dans le corridor, traînant son malheureux compagnon après lui, et le conduisant, avec une peine infinie, jusqu'à l'extrémité opposée, se retrouva dans la chambre de l'abbé qu'il déposa sur son lit.

– Merci, dit l'abbé, frissonnant de tous ses membres. Voici le mal qui vient, je vais tomber en catalepsie; peut-être ne ferai-je pas un mouvement, peut-être ne jetterai-je pas une plainte; mais, peut-être aussi, j'écumerai, je me raidirai, je crierai; tâchez que l'on n'entende pas mes cris, c'est l'important, car alors peut-être me changerait-on de chambre, et nous serions séparés. Quand vous me verrez immobile, froid et mort, pour ainsi dire, seulement à cet instant, desserrez-moi les dents avec le couteau, faites couler dans ma bouche huit à dix gouttes de cette liqueur, et peut-être reviendrai-je.

– Peut-être? s'écria douloureusement Dantès.

– À moi! à moi! s'écria l'abbé, je me…, je me m…

L'accès fut si subit et si violent que le malheureux prisonnier ne put même achever le mot commencé; la crise dilata ses yeux, tordit sa bouche, empourpra ses joues; il s'agita, écuma, rugit; Dantès étouffa ses cris sous sa couverture. Cela dura deux heures. Alors, plus inerte qu'une masse, plus pâle et plus froid que le marbre, il tomba, se raidit encore dans une dernière convulsion et devint livide.

Edmond attendit que cette mort apparente eût envahi le corps et glacé jusqu'au cœur; alors il prit le couteau, introduisit la lame entre les dents, compta l'une après l'autre dix gouttes de la liqueur rouge, et attendit.

Une heure s'écoula sans que le vieillard fît le moindre mouvement. Dantès craignait d'avoir attendu trop tard, et le regardait, les deux mains enfoncées dans ses cheveux. Enfin une légère coloration parut sur ses joues, ses yeux, constamment restés ouverts et atones, reprirent leur regard, un faible soupir s'échappa de sa bouche, il fit un mouvement.

– Courage, vos forces reviendront, dit Dantès, s'asseyant près du lit de Faria et lui prenant les mains.

– Je ne nagerai plus, dit Faria, ce bras est paralysé. Soulevez-le vous-même, et voyez ce qu'il pèse.

Le jeune homme souleva le bras, qui retomba insensible.

– Vous êtes convaincu, maintenant, n'est-ce pas, Edmond? dit Faria; croyez-moi, je sais ce que je dis: depuis la première attaque que j'ai eue de ce mal, je n'ai pas cessé d'y réfléchir. Je l'attendais, car c'est un héritage de famille; mon père est mort à la troisième crise, mon aïeul aussi. Le médecin qui m'a composé cette liqueur, et qui n'est autre que le fameux Cabanis, m'a prédit le même sort.

– Par le sang du Christ, je jure de ne vous quitter qu'à votre mort!

Faria considéra ce jeune homme si noble, si simple, si élevé, et lut sur ses traits la loyauté de son serment.

– Vous serez peut-être récompensé de ce dévouement si désintéressé, lui dit-il.

Le trésor

Lorsque Dantès rentra le lendemain matin dans la chambre de son compagnon de captivité, il trouva Faria assis, le visage calme. Il tenait ouvert dans sa main gauche un morceau de papier à demi brûlé, et sur lequel étaient tracés des caractères gothiques avec une encre singulière.

– Ce papier, dit Faria, est mon trésor, dont à compter d'aujourd'hui la moitié vous appartient. Vous savez que j'étais le secrétaire, le familier, l'ami du cardinal Spada, le dernier des princes de ce nom. Je dois à ce digne seigneur tout ce que j'ai goûté de bonheur en cette vie. Il n'était pas riche, bien que les richesses de sa famille fussent proverbiales et que j'aie entendu dire souvent: Riche comme un Spada. Je l'avais bien souvent entendu se plaindre de la disproportion de sa fortune avec son rang, aussi lui avais-je donné le conseil de placer le peu de biens qui lui restait en rente viagère ; il suivit ce conseil, et doubla ainsi son revenu. Mon patron mourut. De sa vente en viager il avait excepté ses papiers de famille, sa bibliothèque, composée de cinq mille volumes, et son bréviaire. Il me légua tout cela, avec un millier d'écus romains. En 1807, un mois avant mon arrestation et quinze jours après la mort du comte de Spada, le 25 du mois de décembre, je relisais pour la millième fois ces papiers, lorsque, fatigué de cette étude assidue, mal disposé par un dîner assez lourd que j'avais fait, je laissai tomber ma tête sur mes deux mains et m'endormis : il était trois heures de l'après-midi. Je me réveillai comme la pendule sonnait six heures. Je levai la tête, j'étais dans l'obscurité la plus profonde. Je pris d'une main une bougie toute préparée, et de l'autre je cherchai, à défaut des allumettes absentes de leur boîte, un papier que je comptais allumer à un dernier reste de flamme dansant au-dessus du foyer, lorsque je me rappelai avoir vu, dans le bréviaire qui était posé sur la table à côté de moi, un vieux papier tout jaune par le haut qui avait l'air de servir de signet et qui avait traversé les siècles, maintenu à sa place par la vénération des héritiers. Je cherchai, en tâtonnant, cette feuille inutile, je la trouvai, je la tordis, et, la présentant à la flamme mourante, je l'allumai. Mais, sous mes doigts, comme par magie, à mesure que le feu montait, je vis des caractères jaunâtres sortir du papier blanc et apparaître sur la feuille ; je serrai dans mes mains le papier, j'étouffai le feu, j'allumai directement la bougie au foyer, je rouvris avec une indicible émotion la lettre froissée, et je reconnus qu'une encre mystérieuse et sympathique avait tracé ces lettres apparentes seulement au contact de la vive chaleur. Un peu plus du tiers du papier avait été consumé par la flamme : lisez-le, Dantès, puis je vous compléterai, moi, les phrases interrompues et le sens incomplet.

Et Faria, triomphant, offrit le papier à Dantès :

« Cejourd'hui 25 avril 1498, ay
Alexandre VI, et craignant que, non
il ne veuille hériter de moi et ne me ré
et Bentivoglio, morts empoisonnés,
mon légataire universel, que j'ai enf
pour l'avoir visité avec moi, c'est-à-dire dans
île de Monte-Cristo, tout ce que je pos
reries, diamants, bijoux ; que seul
peut monter à peu près à deux mil
trouvera ayant levé la vingtième roch
crique de l'est en droite ligne. Deux ouvertu
dans ces grottes : le trésor est dans l'angle le plus é
lequel trésor je lui lègue et cède en tou
seul héritier.

25 avril 1498.

CÉS

– Maintenant, reprit l'abbé, lisez cet autre papier.

Et il présenta à Dantès une seconde feuille avec d'autres fragments de lignes.

Dantès prit et lut :

ant été invité à dîner par Sa Sainteté
content de m'avoir fait payer le chapeau,
serve le sort des cardinaux Caprara
je déclare à mon neveu Guido Spada,
oui dans un endroit qu'il connaît
les grottes de la petite
sédais de lingots, d'or monnayé, de pier-
je connais l'existence de ce trésor, qui
lions d'écus romains, et qu'il
e à partir de la petite
res ont été pratiquées
loigné de la deuxième ;
te propriété, comme à mon

AR † SPADA. »

Faria le suivait d'un œil ardent.

– Et maintenant, dit-il lorsqu'il eut vu que Dantès en était arrivé à la dernière ligne, rapprochez les deux fragments, et jugez vous-même.

Dantès obéit; les deux fragments rapprochés donnaient l'ensemble suivant:

«Cejourd'hui 25 avril 1498, ay... ant été invité à dîner par Sa Sainteté Alexandre VI, et craignant que, non... content de m'avoir fait payer le chapeau, il ne veuille hériter de moi et ne me ré... serve le sort des cardinaux Caprara et Bentivoglio, morts empoisonnés,... je déclare à mon neveu Guido Spada, mon légataire universel, que j'ai enf... oui dans un endroit qu'il connaît pour l'avoir visité avec moi, c'est-à-dire dans... les grottes de la petite île de Monte-Cristo, tout ce que je pos... sédais de lingots, d'or monnayé, de pierreries, diamants, bijoux; que seul... je connais l'existence de ce trésor, qui peut monter à peu près à deux mil... lions d'écus romains, et qu'il trouvera ayant levé la vingtième roch... e à partir de la petite crique de l'est en droite ligne. Deux ouvertu... res ont été pratiquées dans ces grottes: le trésor est dans l'angle le plus é... loigné de la deuxième; lequel trésor je lui lègue et cède en tou... te propriété, comme à mon seul héritier.

25 avril 1498.

CÉS... AR † SPADA.»

– Maintenant, continua Faria en regardant Dantès avec une expression presque paternelle, maintenant, mon ami, vous en savez autant que moi: si nous nous sauvons jamais ensemble, la moitié de mon trésor est à vous; si je meurs ici et que vous vous sauviez seul, il vous appartient en totalité.

Le troisième accès

Les heures passaient sinon rapides, du moins supportables.

Mais, sous ce calme superficiel, il y avait dans le cœur du jeune homme et dans celui du vieillard bien des élans retenus, bien des soupirs étouffés, qui se faisaient jour lorsque Faria était resté seul et qu'Edmond était rentré chez lui.

Une nuit Edmond se réveilla en sursaut, croyant s'être entendu appeler. Il ouvrit les yeux et essaya de percer les épaisseurs de l'obscurité. Son nom, ou plutôt une voix plaintive qui essayait d'articuler son nom, arriva jusqu'à lui.

Il se leva sur son lit, la sueur de l'angoisse au front, et écouta. La plainte venait du cachot de son compagnon.

– Grand Dieu ! murmura Dantès ; serait-ce ?...

Et il déplaça son lit, tira la pierre, se lança dans le corridor, et parvint à l'extrémité opposée ; la dalle était levée.

Edmond vit le vieillard pâle, debout encore, et se cramponnant au bois de son lit. Ses traits étaient bouleversés par ces horribles symptômes qu'il connaissait déjà et qui l'avaient tant épouvanté.

– Eh bien ! mon ami, dit Faria résigné, vous comprenez, n'est-ce pas ? et je n'ai besoin de vous rien apprendre ?

Edmond ne put que joindre les mains et s'écrier :

– Oh ! je vous ai déjà sauvé une fois, je vous sauverai bien une seconde !

– Eh bien, essayez donc ! le froid me gagne ; je sens le sang qui afflue à mon cerveau ; cet horrible tremblement qui fait claquer mes dents et semble disjoindre mes os commence à secouer tout mon corps ; dans cinq minutes le mal éclatera, dans un quart d'heure il ne restera plus de moi qu'un cadavre.

– Oh ! s'écria Dantès le cœur navré de douleur.

– Vous ferez comme la première fois, seulement vous n'attendrez pas si longtemps. Tous les ressorts de la vie sont bien usés à cette heure, et la mort n'aura plus que la moitié de sa besogne à faire. Si après m'avoir versé douze gouttes dans la bouche au lieu de dix, vous voyez que je ne reviens pas, alors vous verserez le reste. Maintenant portez-moi sur mon lit, car je ne puis plus me tenir debout.

Edmond prit le vieillard dans ses bras et le déposa sur le lit.

– Maintenant, ami, dit Faria, seule consolation de ma vie misérable, vous que le ciel m'a donné un peu tard, mais enfin qu'il m'a donné, présent inappréciable et dont je le remercie; au moment de me séparer de vous pour jamais, je vous souhaite tout le bonheur que vous méritez: je vous bénis!

Le jeune homme se jeta à genoux, appuyant sa tête contre le lit du vieillard.

– Mais surtout écoutez ce que je vous dis à ce moment suprême: le trésor des Spada existe; Dieu permet qu'il n'y ait plus pour moi ni distance, ni obstacle. Je le vois au fond de la seconde grotte; mes yeux percent les profondeurs de la terre et sont éblouis de tant de richesses. Si vous parvenez à fuir, rappelez-vous que le pauvre abbé que tout le monde croyait fou ne l'était pas. Courez à Monte-Cristo, profitez de notre fortune, profitez-en, vous avez assez souffert.

Une secousse violente interrompit le vieillard; Dantès releva la tête, il vit les yeux qui s'injectaient de rouge.

– Adieu! adieu! murmura le vieillard.

Et se relevant par un dernier effort:

– Monte-Cristo! dit-il, n'oubliez pas Monte-Cristo!

Et il retomba sur son lit.

Dantès prit la lampe, la posa au chevet du lit sur une pierre qui faisait saillie et d'où sa lueur tremblante éclairait d'un reflet étrange et fantastique ce visage.

Alors il approcha la fiole des lèvres violettes de Faria et il versa toute la liqueur qu'elle contenait.

Le remède produisit un effet galvanique, un violent tremblement secoua les membres du vieillard, ses yeux se rouvrirent, effrayants à voir, il poussa un soupir, puis tout ce corps

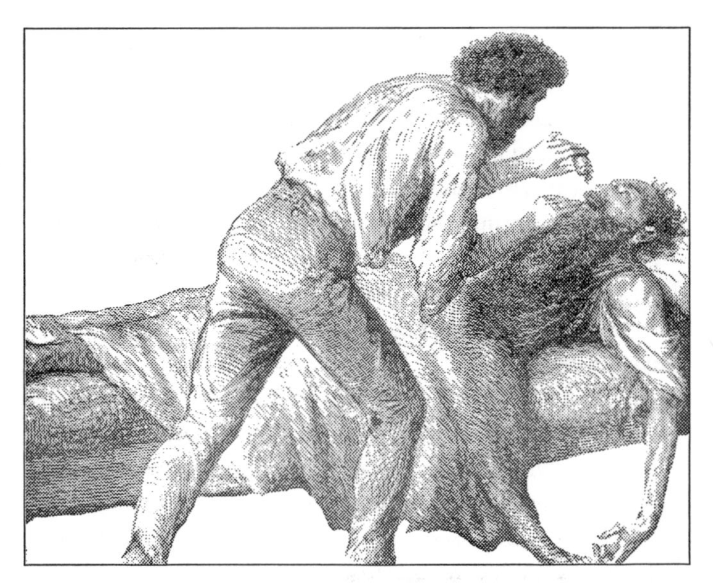

frissonnant rentra peu à peu dans son immobilité. Les yeux seuls restèrent ouverts.

Il était six heures du matin, le jour commençait à paraître, et son rayon blafard, envahissant le cachot, faisait pâlir la lumière mourante de la lampe. Tant que dura cette lutte du jour et de la nuit, Dantès put douter encore; mais dès que le jour eut vaincu, il comprit qu'il était seul avec un cadavre.

Alors une terreur profonde et invincible s'empara de lui. Il éteignit la lampe, la cacha soigneusement et s'enfuit, replaçant de son mieux la dalle au-dessus de sa tête.

D'ailleurs il était temps, le geôlier allait venir. Il commença sa visite par Dantès; en sortant de son cachot il allait passer dans celui de Faria.

Dantès fut alors pris d'une indicible impatience de savoir ce qui allait se passer dans le cachot de son malheureux ami; il rentra dans la galerie souterraine et arriva à temps pour entendre les exclamations du porte-clés, qui appelait à l'aide.

Bientôt les autres porte-clés entrèrent; puis on entendit ce pas lourd et régulier habituel aux soldats, même hors de leur service. Derrière les soldats arriva le gouverneur.

Edmond entendit le bruit du lit, sur lequel on agitait le cadavre ; il entendit la voix du gouverneur qui ordonnait de lui jeter de l'eau au visage, et qui, voyant que malgré cette immersion le prisonnier ne revenait pas, envoya chercher le médecin. Au bout d'une heure, à peu près, le silence s'anima d'un faible bruit, qui alla croissant.

C'était le gouverneur qui revenait, suivi du médecin et de plusieurs officiers.

Il se fit un moment de silence : il était évident que le médecin s'approchait du lit et examinait le cadavre.

De nouvelles allées et venues se firent entendre ; un instant après, un bruit de toile froissée parvint aux oreilles de Dantès, le lit cria sur ses ressorts, un pas alourdi s'appesantit sur la dalle, puis le lit cria de nouveau.

– À ce soir ! dit le gouverneur.

– À quelle heure ? demanda le guichetier.

– Mais vers dix ou onze heures.

– Veillera-t-on le mort ?

– Pour quoi faire ! On fermera le cachot comme s'il était vivant, voilà tout.

Alors les pas s'éloignèrent, les voix allèrent s'affaiblissant, un silence plus morne que celui de la solitude envahit tout, jusqu'à l'âme glacée du jeune homme.

Alors il souleva lentement la dalle et sortit de la galerie.

Le cimetière du château d'If

Sur le lit, couché dans le sens de la longueur, et faiblement éclairé, on voyait un sac de toile grossière, sous les larges plis duquel se dessinait confusément une forme longue et raide : c'était le dernier linceul de Faria. Ainsi, tout était fini. Une séparation matérielle existait déjà entre Dantès et son vieil ami ; il ne pouvait plus voir ces yeux qui étaient restés ouverts comme pour regarder au-delà de la mort, il ne pouvait plus serrer cette main industrieuse qui avait soulevé pour lui le voile qui couvrait les choses cachées ; Faria, l'utile, le bon compagnon auquel il s'était habitué avec tant de force, n'existait plus que dans son souvenir.

Seul ! il était redevenu seul ! il était retombé dans le silence, il se retrouvait en face du néant ! L'idée du suicide, chassée par son ami, écartée par sa présence, revint alors se dresser comme un fantôme près du cadavre de Faria.

– Si je pouvais mourir, dit-il, j'irais où il va, et je le retrouverais certainement.

Mais à cette parole Edmond resta immobile, les yeux fixes comme un homme frappé d'une idée subite, mais que cette idée épouvante...

– Oh, oh ! murmura-t-il, qui m'envoie cette pensée ? est-ce vous, mon Dieu ? Puisqu'il n'y a que les morts qui sortent librement d'ici, prenons la place des morts.

Et sans prendre le temps de revenir sur cette décision, il se pencha vers le sac hideux, l'ouvrit avec le couteau que Faria avait fait, retira le cadavre du sac, l'emporta chez lui, le coucha dans son lit, le coiffa du lambeau de linge dont il avait l'habitude de se coiffer lui-même, le couvrit de sa couverture, baisa une dernière fois ce front glacé, essaya de refermer ces yeux rebelles, qui continuaient de rester ouverts, tourna la tête le long du mur, afin que le geôlier, en apportant son repas du soir, crût qu'il était couché comme c'était souvent son habitude, rentra dans la galerie, tira le lit contre la muraille, rentra dans l'autre chambre, prit dans l'armoire l'aiguille, le fil, jeta ses haillons pour qu'on sentît bien sous la toile les chairs nues, se glissa dans le sac éventré, se plaça dans la situation où était le cadavre, et referma la couture en dedans.

Lorsque sept heures du soir s'approchèrent, les angoisses

de Dantès commencèrent véritablement. Sa main, appuyée sur son cœur, essayait d'en comprimer les battements, tandis que de l'autre il essuyait la sueur de son front qui ruisselait le long de ses tempes. De temps en temps des frissons lui couraient par tout le corps et lui serraient le cœur comme dans un étau glacé. Alors il croyait qu'il allait mourir. Les heures s'écoulèrent sans amener aucun mouvement dans le château. Enfin, vers l'heure fixée par le gouverneur, des pas se firent entendre dans l'escalier; Edmond comprit que le moment était venu, rappela tout son courage, retenant son haleine.

La porte s'ouvrit, une lumière voilée parvint aux yeux de Dantès. Au travers de la toile, il vit deux ombres s'approcher de son lit. Une troisième restait à la porte, tenant un falot à la main. Chacun des deux hommes, qui s'étaient approchés du lit, saisit le sac par une de ses extrémités.

On transporta le prétendu mort du lit sur la civière. Edmond se raidissait pour mieux jouer son rôle de trépassé. On le posa sur la civière; et le cortège, éclairé par l'homme au falot, qui marchait devant, monta l'escalier.

Tout à coup, l'air frais et âpre de la nuit l'inonda. Ce fut une sensation subite, pleine à la fois de délices et d'angoisses.

Les porteurs firent une vingtaine de pas, puis ils s'arrêtèrent et déposèrent la civière sur le sol. Un des porteurs s'éloigna, et Dantès entendit ses souliers retentir sur les dalles.

– Éclaire-moi donc, animal, dit celui des deux porteurs qui s'était éloigné, ou je ne trouverai jamais ce que je cherche.

« Que cherche-t-il donc ? se demanda Dantès. Une bêche sans doute. »

Une exclamation de satisfaction indiqua que le fossoyeur avait trouvé ce qu'il cherchait.

– Enfin, dit l'autre, ce n'est pas sans peine.

– Oui, répondit-il, mais il n'aura rien perdu pour attendre.

À ces mots il se rapprocha d'Edmond, qui entendit déposer près de lui un corps lourd et retentissant : au même moment, une corde entoura ses pieds d'une vive et douloureuse pression.

– Eh bien, le nœud est-il fait ? demanda celui des fossoyeurs qui était resté inactif.

– Mauvais temps ! dit un des porteurs, il ne fera pas bon d'être en mer cette nuit.

– Oui, l'abbé court grand risque d'être mouillé, dit l'autre, et ils éclatèrent de rire.

On fit encore quatre ou cinq pas, puis Dantès sentit qu'on le prenait par la tête et par les pieds et qu'on le balançait.

– Une, dirent les fossoveurs.

– Deux.

– Trois !

En même temps Dantès se sentit lancé dans un vide énorme, traversant les airs comme un oiseau blessé, tombant, tombant toujours avec une épouvante qui lui glaçait le cœur. Quoique tiré en bas par quelque chose de pesant qui précipitait son vol rapide, il lui sembla que cette chute durait un siècle. Enfin, avec un bruit épouvantable, il entra comme une flèche dans une eau glacée, qui lui fit pousser un cri, étouffé à l'instant même par l'immersion.

Dantès avait été lancé dans la mer, au fond de laquelle l'entraînait un boulet de trente-six attaché à ses pieds.

La mer est le cimetière du château d'If.

L'île de Tiboulen

Dantès étourdi, presque suffoqué, eut cependant la présence d'esprit de retenir son haleine, et, comme sa main droite tenait son couteau tout ouvert, il éventra rapidement le sac, sortit le bras, puis la tête ; mais alors, malgré ses mouvements pour soulever le boulet, il continua de se sentir entraîné; alors il se cambra, cherchant la corde qui liait ses jambes, et, par un effort suprême, il la trancha précisément au moment où il suffoquait; alors, donnant un vigoureux coup de pied, il remonta libre à la surface de la mer, tandis que le boulet entraînait dans ses profondeurs inconnues le tissu grossier qui avait failli devenir son linceul.

Dantès ne prit que le temps de respirer, et replongea une seconde fois; car la première précaution qu'il devait prendre était d'éviter les regards.

Lorsqu'il reparut pour la seconde fois, il était déjà à cinquante pas au moins du lieu de sa chute; il vit au-dessus de sa tête un ciel noir et tempétueux. Il fallait s'orienter: de toutes les îles qui entourent le château d'If, Ratonneau et Pomègue sont les plus proches; mais Ratonneau et Pomègue sont habitées, il en est ainsi de la petite île de Daume: l'île la plus sûre était donc celle de Tiboulen ou de Lemaire; les îles de Tiboulen et de Lemaire sont à une lieue du château d'If.

Une heure s'écoula, pendant laquelle Dantès, exalté par le sentiment de la liberté qui avait envahi toute sa personne, continua de fendre les flots dans la direction qu'il s'était faite.

Tout à coup il lui sembla que le ciel, déjà si obscur, s'assombrissait encore, qu'un nuage épais, lourd, compact s'abaissait vers lui.

À vingt pas de lui s'élevait une masse de rochers bizarres, qu'on prendrait pour un foyer immense pétrifié au moment de sa plus ardente combustion: c'était l'île de Tiboulen.

– Oh! mon Dieu! voyez si j'ai assez souffert, et si vous pouvez faire pour moi plus que je ne puis faire moi-même.

Au moment où Edmond, dans une espèce de délire occasionné par l'épuisement de sa force et le vide de son cerveau, prononçait, anxieusement tourné vers le château d'If, cette prière ardente, il vit apparaître à la pointe de l'île de Pomègue, un petit bâtiment que l'œil d'un marin pouvait seul reconnaître pour une tartane génoise. Elle venait du port de Marseille et gagnait le large en poussant l'écume étincelante.

Alors il s'avança à sa rencontre; mais avant qu'ils se fussent joints le bâtiment commença à virer de bord.

Aussitôt Dantès, par un effort suprême, se leva presque debout sur l'eau, jetant un de ces cris lamentables comme en poussent les marins en détresse, et qui semblent la plainte de quelque génie de la mer.

On le vit et on l'entendit. La tartane interrompit sa manœuvre et tourna le cap de son côté. En même temps il vit qu'on se préparait à mettre une chaloupe à la mer.

Un instant après, la chaloupe, montée par deux hommes, se dirigea de son côté, battant la mer de son double aviron. Dantès alors nagea vigoureusement pour épargner la moitié du chemin à ceux qui venaient à lui.

Il poussa un second cri, les deux rameurs redoublèrent d'énergie, et l'un d'eux lui cria en italien:

– Courage!

Le mot lui arriva au moment où une vague, qu'il n'avait plus la force de surmonter, passait au-dessus de sa tête et le couvrait d'écume.

Il lui sembla alors qu'on le saisissait par les cheveux, puis il ne vit plus rien, il n'entendit plus rien, il était évanoui.

Lorsqu'il rouvrit les yeux, Dantès se retrouva sur le pont de la tartane, qui continuait son chemin; son premier regard fut pour voir quelle direction elle suivait: on continuait de s'éloigner du château d'If.

Les contrebandiers

Dantès n'avait point encore passé un jour à bord, qu'il avait déjà reconnu à qui il avait affaire. Sans avoir été à l'école de l'abbé Faria, le patron de la *Jeune-Amélie*, c'était le nom de la tartane génoise, savait à peu près toutes les langues qui se parlent autour de ce grand lac qu'on appelle la Méditerranée, depuis l'arabe jusqu'au provençal; cela lui donnait, en lui épargnant les interprètes, gens toujours ennuyeux et parfois indiscrets, de grandes facilités de communication, soit avec les navires qu'il rencontrait en mer, soit avec les petites barques qu'il relevait le long des côtes, soit enfin avec les gens sans nom, sans patrie, sans état apparent, comme il y en a toujours sur les quais qui avoisinent les ports: on devine que Dantès était à bord d'un bâtiment contrebandier.

Aussi le patron avait-il d'abord reçu Dantès à bord avec une certaine défiance: il était fort connu de tous les douaniers de la côte, et, comme c'était entre ces messieurs et lui un échange de ruses plus adroites les unes que les autres, il avait pensé d'abord que Dantès était tout bonnement un émissaire de dame Gabelle, qui employait cet ingénieux moyen de pénétrer quelques-uns des secrets du métier.

Ce fut donc dans cette situation que l'on arriva à Livourne.

Edmond devait tenter là une nouvelle épreuve: c'était de savoir s'il se reconnaîtrait lui-même, depuis quatorze ans qu'il ne s'était vu; il avait conservé une idée assez précise de ce qu'était le jeune homme, il allait voir ce qu'il était devenu homme. Vingt fois déjà il avait relâché à Livourne, il connaissait un barbier rue Saint-Ferdinand, il entra chez lui pour se faire couper la barbe et les cheveux.

Lorsque l'opération fut terminée, lorsque Edmond sentit son menton entièrement rasé, lorsque ses cheveux furent réduits à la longueur ordinaire, il demanda un miroir.

Il avait alors trente-trois ans, et ces quatorze ans de prison avaient pour ainsi dire apporté un grand changement moral dans sa figure.

Dantès était entré au château d'If avec ce visage rond, riant et épanoui du jeune homme heureux, à qui les premiers pas dans la vie ont été faciles : il était impossible que son meilleur ami, si toutefois il lui restait un ami, le reconnût : il ne se reconnaissait même pas lui-même.

Edmond reparut devant le patron de la *Jeune-Amélie*. Le patron ne voulait pas reconnaître dans ce matelot coquet et élégant l'homme à la barbe épaisse qu'il avait accueilli nu et mourant sur le pont de son navire.

Au reste, c'était un équipage fort actif que celui de la *Jeune-Amélie* et soumis aux ordres d'un patron qui avait pris l'habitude de ne pas perdre son temps. À peine était-il depuis huit jours à Livourne que les flancs rebondis du navire étaient remplis de poudre anglaise et de tabac sur lequel la régie avait oublié de mettre son cachet. Il s'agissait de faire sortir tout cela de Livourne, port franc, et de débarquer sur le rivage de la Corse, d'où certains spéculateurs se chargeaient de faire passer la cargaison en France.

Deux mois et demi s'étaient écoulés. Edmond était devenu aussi habile caboteur qu'il était autrefois hardi marin, lorsque le patron, qui avait mis une grande confiance en lui, le prit un soir par le bras et l'emmena dans une taverne de la via del Oglio, dans laquelle avait l'habitude de se réunir ce qu'il y a de mieux en contrebandiers à Livourne.

Cette fois il était question d'un bâtiment chargé de tapis turcs, d'étoffes du Levant et de cachemires ; il fallait trouver un terrain neutre où l'échange pût se faire, puis tenter de jeter ces objets sur les côtes de France. La prime était énorme si l'on réussissait : soixante piastres par homme.

Le patron de la *Jeune-Amélie* proposa comme lieu de débarquement l'île de Monte-Cristo, complètement déserte et n'ayant ni soldats ni douaniers.

À ce nom de Monte-Cristo, Dantès tressaillit de joie ; il se leva pour cacher son émotion et fit un tour dans la taverne enfumée où tous les idiomes du monde connu venaient se fondre dans la langue franque.

À sept heures du soir tout fut prêt. Dantès déclara qu'il se chargerait du gouvernail. Quand le Maltais (c'est ainsi que l'on appelait Dantès) avait fait une pareille déclaration, cela suffisait, et chacun s'en allait coucher tranquille.

Quand le patron se réveilla, le navire marchait sous toutes les voiles : il n'y avait pas un lambeau de toile qui ne fût gonflé par le vent ; on faisait plus de deux lieues et demie à l'heure. L'île de Monte-Cristo grandissait à l'horizon.

La nuit vint : à dix heures du soir on aborda ; la *Jeune-Amélie* était la première au rendez-vous.

Le bâtiment retardataire apparut bientôt, blanc et silencieux comme un fantôme, et vint jeter l'ancre à une encablure du rivage.

Aussitôt le transport commença.

Lorsque le lendemain, en prenant un fusil, du plomb et de la poudre, Dantès manifesta le désir d'aller tuer quelqu'une de ces nombreuses chèvres sauvages que l'on voyait sauter de rocher en rocher, on n'attribua cette excursion de Dantès qu'à l'amour de la chasse ou au désir de la solitude.

Pendant ce temps ses compagnons préparaient le déjeuner, allaient puiser de l'eau à la source, transportaient le pain et les fruits à terre et faisaient cuire un chevreau. Juste au moment où ils le tiraient de sa broche improvisée, ils aperçurent Edmond. Mais au moment où tous le suivaient des yeux, le pied manqua à Edmond, on le vit chanceler à la cime d'un rocher, pousser un cri et disparaître.

Tous bondirent d'un seul élan, car tous aimaient Edmond, malgré sa supériorité. On trouva Edmond étendu sanglant et presque sans connaissance ; il avait dû rouler d'une hauteur de douze ou quinze pieds. On lui introduisit dans la bouche quelques gouttes de rhum. Edmond rouvrit les yeux, se plaignit de souffrir une vive douleur au genou, une grande pe-

santeur à la tête et des élancements insupportables dans les reins. On voulut le transporter jusqu'au rivage; mais lorsqu'on le toucha, il déclara en gémissant qu'il ne se sentait point la force de supporter le transport.

Une heure après, loin de se calmer, les douleurs de Dantès avaient semblé croître en violence. Le vieux patron qui était forcé de partir dans la matinée pour aller déposer son chargement sur les frontières du Piémont et de la France, entre Nice et Fréjus, insista pour que Dantès essayât de se lever. Dantès fit des efforts surhumains pour se rendre à cette invitation; mais à chaque effort il retombait plaintif et pâlissant.

– Il a les reins cassés, dit tout bas le patron: n'importe! c'est un bon compagnon, et il ne faut pas l'abandonner; tâchons de le transporter jusqu'à la tartane.

Mais Dantès déclara qu'il aimait mieux mourir où il était que de supporter les douleurs atroces que lui occasionnerait le mouvement, si faible qu'il fût.

Le patron se retournait du côté du bâtiment, qui se balançait avec un commencement d'appareillage dans le petit port.

– Que veux-tu donc que nous fassions, Maltais! dit-il, nous ne pouvons t'abandonner ainsi, et nous ne pouvons rester cependant?

– Partez, partez! s'écria Dantès.

– Nous serons au moins huit jours absents, dit le patron, et encore faudra-t-il que nous nous détournions de notre route pour te venir prendre.

Les contrebandiers s'éloignèrent non sans se retourner plusieurs fois, lui faisant tous les signes d'un cordial adieu, auquel Edmond répondait de la main.

Puis, lorsqu'ils eurent disparu:

– C'est étrange, murmura Dantès en riant, que ce soit parmi de pareils hommes que l'on trouve des preuves d'amitié et des actes de dévouement.

Alors Dantès se releva, prit son fusil d'une main, sa pioche de l'autre, et courut à une roche à laquelle aboutissaient des entailles qu'il avait remarquées sur les rochers.

Éblouissement

À l'aide de sa pioche Dantès creusa un conduit de mine, puis il le bourra de poudre ; puis effilant son mouchoir et le roulant dans le salpêtre, il en fit une mèche.

Le feu mis à cette mèche, Dantès s'éloigna.

L'explosion ne se fit pas attendre. Elle laissait découverte une place circulaire, et mettait au jour un anneau de fer scellé au milieu d'une dalle de forme carrée.

Edmond passa son levier dans l'anneau, leva vigoureusement, et la dalle descellée s'ouvrit, découvrant une sorte d'escalier qui allait s'enfonçant dans une grotte.

Après quelques secondes de séjour dans cette grotte, le regard de Dantès, habitué aux ténèbres, put sonder les angles les plus reculés de la caverne : elle était de granit dont les facettes pailletées étincelaient comme des diamants.

« Hélas ! se dit Edmond en souriant, voilà sans doute tous les trésors qu'aura laissés le cardinal, et ce bon abbé, en voyant en rêve ces murs tout resplendissants, se sera entretenu dans ses riches espérances. »

Dantès s'orienta : il examina les couches de pierres, et il alla frapper à une des parois.

Alors il vit une chose singulière, c'est que, sous les coups, une espèce d'enduit se soulevait et tombait en écailles, découvrant une pierre blanchâtre et molle. Après quelques coups il s'aperçut que les pierres n'étaient point scellées, mais seulement posées les unes sur les autres et recouvertes de l'enduit ; il introduisit dans une des fissures la pointe de la pioche, pesa sur le manche et vit avec joie la pierre rouler comme sur des gonds et tomber à ses pieds.

Dès lors Dantès n'eut plus qu'à tirer chaque pierre à lui avec la dent de fer de la pioche, et chaque pierre à son tour roula près de la première.

Dès la première ouverture, Dantès eût pu entrer ; mais en

tardant de quelques instants c'était retarder la certitude en se cramponnant à l'espérance.

Enfin, après une nouvelle hésitation d'un instant, Dantès passa de la première grotte dans la seconde.

Cette seconde grotte était plus basse, plus sombre et d'un aspect plus effrayant que la première.

À gauche de l'ouverture était un angle profond et sombre.

Le trésor, s'il existait, était enterré dans cet angle sombre.

Il s'avança vers l'angle, et, comme pris d'une résolution subite, il attaqua le sol hardiment. Au cinquième ou sixième coup de pioche le fer résonna sur du fer.

En un instant un emplacement de trois pieds de long sur deux pieds de large fut déblayé, et Dantès put reconnaître un coffre de bois de chêne cerclé de fer ciselé. Au milieu du couvercle resplendissaient, sur une plaque d'argent que la terre n'avait pu ternir, les armes de la famille Spada.

Dantès introduisit le côté tranchant de sa pioche entre le coffre et le couvercle, pesa sur le manche de la pioche, et le couvercle après avoir crié éclata.

Trois compartiments scindaient le coffre.

Dans le premier brillaient de rutilants écus d'or aux fauves reflets.

Dans le second, des lingots mal polis, mais rangés en bon ordre, et qui n'avaient de l'or que le poids et la valeur.

Dans le troisième enfin, à demi plein, Edmond remua à poignée les diamants, les perles, les rubis, qui, cascade étincelante, faisaient, en retombant les uns sur les autres, le bruit de la grêle sur les vitres.

Cette nuit fut une de ces nuits délicieuses et terribles comme cet homme aux foudroyantes émotions en avait déjà passé deux ou trois dans sa vie.

Le jour vint. Dantès l'attendait depuis longtemps, les yeux ouverts. À ses premiers rayons il se leva, monta sur le rocher le plus élevé de l'île, afin d'explorer les alentours ; tout était désert.

Edmond descendit, leva la pierre, emplit ses poches de pierreries, replaça du mieux qu'il put les planches et les ferrures du coffre, le recouvrit de terre, piétina cette terre, jeta du sable dessus, afin de rendre l'endroit fraîchement retourné pareil au reste du sol ; sortit de la grotte, replaça la dalle, amassa sur la dalle des pierres de différentes grosseurs ; introduisit de la terre dans les intervalles, planta dans ces intervalles des myrtes et des bruyères, arrosa les plantations, effaça les traces de ses pas amassés autour de cet endroit, et attendit le retour de ses compagnons.

Les contrebandiers revinrent le sixième jour. Edmond demeura impénétrable ; et, comme la *Jeune-Amélie* n'était venue à Monte-Cristo que pour le chercher, il se rembarqua le soir même et suivit le patron à Livourne.

À Livourne il alla chez un juif et vendit cinq mille francs chacun quatre de ses plus petits diamants.

Le même jour, Dantès partit sans dire où il allait, prenant congé de l'équipage de la *Jeune-Amélie* par une gratification splendide, et du patron avec la promesse de lui donner un jour ou l'autre de ses nouvelles.

Dantès alla à Gênes.

Au moment où il arrivait, on essayait un petit yacht commandé par un Anglais qui, ayant entendu dire que les Génois étaient les meilleurs constructeurs de la Méditerranée, avait voulu avoir un yacht construit à Gênes ; l'Anglais avait fait prix à quarante mille francs : Dantès en offrit soixante mille, à la condition que le bâtiment lui serait livré le jour même.

Le constructeur offrit à Dantès ses services pour lui composer un équipage; mais Dantès le remercia en disant qu'il avait l'habitude de naviguer seul, et que la seule chose qu'il désirait était qu'on exécutât dans la cabine, à la tête du lit, une armoire à secret dans laquelle se trouveraient trois compartiments à secret aussi.

Deux heures après Dantès sortait du port de Gênes. Il allait à Monte-Cristo. Il y arriva vers la fin du second jour. L'île était déserte; il alla à son trésor; tout était dans le même état qu'il l'avait laissé. Le lendemain son immense fortune était transportée à bord du yacht et enfermée dans les trois compartiments de l'armoire à secret.

Un matin, le yacht entra bravement dans le port de Marseille et s'arrêta juste en face de l'endroit où, ce soir de fatale mémoire, on l'avait embarqué pour le château d'If.

Ce ne fut pas sans un certain frémissement que, dans le canot de santé, Dantès vit venir à lui un gendarme. Mais Dantès, avec cette assurance parfaite qu'il avait acquise, lui présenta un passeport anglais qu'il avait acheté à Livourne, et descendit sans difficulté à terre.

La première chose qu'aperçut Dantès, en mettant le pied sur la Canebière, fut un des matelots du *Pharaon*. Il alla droit à cet homme et lui fit plusieurs questions auxquelles celui-ci répondit sans même laisser soupçonner, ni par ses paroles, ni par sa physionomie, qu'il se rappelât avoir jamais vu celui qui lui adressait la parole.

Dantès continua son chemin; chaque pas qu'il faisait oppressait son cœur d'une émotion nouvelle: tous ces souvenirs d'enfance, souvenirs indélébiles, éternellement présents à la pensée, étaient là se dressant à chaque coin de place, à chaque angle de rue. En arrivant au bout de la rue de Noailles, et en apercevant les allées de Meilhan, il sentit ses genoux qui fléchissaient, et il faillit tomber sous les roues d'une voiture. Enfin il arriva jusqu'à la maison qu'avait habitée son père. Les personnes qui habitaient ce petit logement étaient un jeune homme et une jeune femme qui venaient de se marier depuis huit jours seulement. En voyant ces deux jeunes gens, Dantès poussa un profond soupir.

À l'étage au-dessous, Edmond s'arrêta devant une autre porte et demanda si c'était toujours le tailleur Caderousse qui demeurait là. Mais le concierge lui répondit que l'homme dont il parlait avait fait de mauvaises affaires, et tenait maintenant une auberge sur la route de Bellegarde à Beaucaire.

L'auberge du pont du Gard

Caderousse s'était tenu, comme c'était son habitude, une partie de la matinée devant sa porte, promenant son regard mélancolique d'un petit gazon pelé, où picoraient quelques poules, aux deux extrémités du chemin désert qui s'enfonçait d'un côté au midi et de l'autre au nord, quand tout à coup la voix aigre de sa femme le força de quitter son poste ; il rentra en grommelant et monta au premier, laissant néanmoins la porte toute grande ouverte, comme pour inviter les voyageurs à ne pas l'oublier en passant.

S'il fût resté à son poste, Caderousse aurait pu voir poindre, du côté de Bellegarde, un cavalier et un cheval venant de cette allure honnête et amicale qui indique les meilleures relations entre le cheval et le cavalier ; le cheval était un cheval hongre, marchant agréablement l'amble ; le cavalier était un prêtre vêtu de noir et coiffé d'un chapeau à trois cornes.

Arrivé devant la porte, le groupe s'arrêta ; le cavalier mit pied à terre, et, tirant l'animal par la bride, il alla l'attacher au tourniquet d'un contrevent. Aussitôt un pas lourd ébranla l'escalier de bois rampant le long de la muraille, et que descendait, en se courbant et à reculons, l'hôte du pauvre logis.

– Me voilà ! disait Caderousse tout étonné, me voilà !

Vous désirez du vin, n'est-ce pas? car il fait une polissonne de chaleur... Ah! pardon, s'interrompit Caderousse en voyant à quelle sorte de voyageur il avait affaire, pardon, je ne savais pas qui j'avais l'honneur de recevoir; que désirez-vous, que demandez-vous, monsieur l'abbé? je suis à vos ordres.

– N'êtes-vous pas monsou Caderousse?

– Oui, monsieur, dit l'hôte, je le suis en effet, Gaspard Caderousse, pour vous servir.

– Vous demeuriez autrefois allées de Meilhan, n'est-ce pas? au quatrième?

– C'est cela.

– Et vous y exerciez la profession de tailleur?

– Oui, mais l'état a mal tourné: il fait si chaud à ce coquin de Marseille que l'on finira, je crois, par ne plus s'y habiller du tout. Mais, à propos de chaleur, ne voulez-vous pas vous rafraîchir, monsieur l'abbé?

– Si fait, donnez-moi une bouteille de votre meilleur vin.

– Comme il vous fera plaisir, monsieur l'abbé, dit Caderousse

Lorsqu'au bout de cinq minutes il reparut, il trouva l'abbé assis sur un escabeau, le coude appuyé à une table longue.

– Vous êtes seul? demanda l'abbé à son hôte, tandis que celui-ci posait devant lui la bouteille et un verre.

– Oh! mon Dieu! oui! seul ou à peu près, monsieur l'abbé, car j'ai ma femme qui ne me peut aider en rien, attendu qu'elle est toujours malade, mais que voulez-vous! il ne suffit pas d'être honnête homme pour prospérer dans ce monde.

L'abbé fixa sur lui un regard perçant.

– Avez-vous connu en 1814 ou 1815 un marin qui s'appelait Dantès?

– Dantès!... si je l'ai connu, ce pauvre Edmond! je le crois bien! c'était même un de mes meilleurs amis!

– Il est mort prisonnier, plus désespéré et plus misérable

que les forçats qui traînent leur boulet au bagne de Toulon.

Une pâleur mortelle succéda sur le visage de Caderousse à la rougeur qui s'en était d'abord emparée.

– Pauvre petit !

– Vous paraissez aimer ce garçon de tout votre cœur, monsieur ? demanda l'abbé.

– Oui, je l'aimais bien, dit Caderousse, quoique j'aie à me reprocher d'avoir un instant envié son bonheur. Mais depuis, je vous le jure, foi de Caderousse, j'ai bien plaint son malheureux sort. Et vous l'avez connu, le pauvre petit ?

– J'ai été appelé à son lit de mort pour lui offrir les derniers secours de la religion, répondit l'abbé.

– Et de quoi est-il mort ?

– Et de quoi meurt-on en prison quand on y meurt à trente ans, si ce n'est de la prison elle-même ?

Et le regard de l'abbé, devenant de plus en plus fixe, dévora l'expression presque sombre qui apparut sur le visage de Caderousse.

– Un riche Anglais, continua l'abbé, son compagnon d'infortune, et qui sortit de prison à la seconde Restauration, était possesseur d'un diamant d'une grande valeur. En sortant de prison, il voulut laisser à Dantès, qui, dans une maladie qu'il avait faite, l'avait soigné comme un frère, un témoignage de sa reconnaissance en lui laissant ce diamant. Dantès le conserva toujours précieusement pour le cas où il sortirait de prison ; car s'il sortait de prison, sa fortune était assurée par la vente seule de ce diamant.

L'abbé tira de sa poche une petite boîte de chagrin noir, l'ouvrit, et fit briller aux yeux de Caderousse l'étincelante merveille montée sur une bague d'un admirable travail.

– Et cela vaut cinquante mille francs.

– Mais comment vous trouvez-vous avoir ce diamant en votre possession, monsieur l'abbé ? demanda Caderousse. Edmond vous a donc fait son héritier ?

– Non, mais son exécuteur testamentaire. J'avais trois bons amis et une fiancée, m'a-t-il dit; tous quatre, j'en suis sûr, me regrettent amèrement: l'un de ces bons amis s'appelait Caderousse.

Caderousse frémit.

– L'autre, continua l'abbé sans paraître s'apercevoir de l'émotion de Caderousse, l'autre s'appelait Danglars; le troisième, a-t-il ajouté, bien que mon rival, m'aimait aussi et s'appelait Fernand; quant à ma fiancée, son nom était...

– Mercédès, dit Caderousse.

– Oui, c'est cela. Vous irez à Marseille... C'est toujours Dantès qui parle, comprenez-vous?

– Parfaitement.

– Vous vendrez ce diamant, vous ferez cinq parts, et vous les partagerez entre ces bons amis, les seuls êtres qui m'aient aimé sur la terre!

– Comment, cinq parts? dit Caderousse, vous ne m'avez nommé que quatre personnes.

– Parce que la cinquième est morte, à ce qu'on m'a dit... la cinquième était le père de Dantès...

– Hélas! oui, dit Caderousse ému par les passions qui s'entrechoquaient en lui; hélas! oui, un an à peine après la disparition de son fils, il mourut, le pauvre vieillard!

– Mais de quoi mourut-il?

– Eh bien, mort de faim!

– De faim! s'écria l'abbé, bondissant sur son escabeau, de faim! Impossible! oh! c'est impossible!

– J'ai dit ce que j'ai dit, reprit Caderousse.

– Et tu as tort, dit une voix dans l'escalier; de quoi te mêles-tu?

Les deux hommes se retournèrent, et virent à travers les barres de la rampe la tête maladive de l'hôtesse; elle s'était traînée jusque-là et écoutait la conversation, assise sur la dernière marche, la tête appuyée sur ses genoux.

Pendant ce temps l'abbé avait bu quelques gorgées d'eau et s'était remis.

– Mais, reprit-il, ce malheureux vieillard était-il donc si abandonné de tout le monde qu'il soit mort d'une pareille mort?

– Oh! monsieur, reprit Caderousse, ce n'est pas que Mercédès la Catalane, ni M. Morrel l'aient abandonné; mais le pauvre vieillard s'était pris d'une antipathie profonde pour Fernand, celui-là même, continua Caderousse avec un sourire ironique, que Dantès vous a dit être de ses amis.

– Ne l'était-il donc pas? dit l'abbé.

– Gaspard! Gaspard! murmura la femme du haut de son escalier, fais attention à ce que tu vas dire.

Caderousse fit un mouvement d'impatience, et, sans accorder d'autre réponse à celle qui l'interrompait:

– Peut-on être l'ami de celui dont on convoite la femme? répondit-il à l'abbé. Dantès, qui était un cœur d'or, appelait tous ces gens-là ses amis... Pauvre Edmond!...

– Savez-vous donc, continua l'abbé, ce que Fernand a fait contre Dantès?

– Gaspard, fais ce que tu veux, tu es le maître, dit la femme; mais si tu m'en croyais, tu ne dirais rien.

– Cette fois, je crois que tu as raison, femme, dit Caderousse.

– Ainsi vous ne voulez rien dire? reprit l'abbé.

– À quoi bon? dit Caderousse.

– Vous voulez alors, dit l'abbé, que je donne à ces gens, que vous donnez pour d'indignes et faux amis, une récompense destinée à la fidélité?

– C'est vrai, vous avez raison, dit Caderousse. D'ailleurs, que serait pour eux maintenant le legs du pauvre Edmond? une goutte d'eau tombant à la mer!

Caderousse et sa femme se regardaient avec une indicible expression.

– Fais comme tu voudras, dit la femme ; quant à moi, je ne m'en mêle pas.

Et elle reprit le chemin de l'escalier toute grelottante.

Sur la dernière marche elle s'arrêta un instant.

– Réfléchis bien, Gaspard ! dit-elle.

– Je suis décidé, dit Caderousse.

– À quoi êtes-vous décidé ? demanda l'abbé.

– À tout vous dire, répondit celui-ci.

– Je vous écoute, dit l'abbé.

Le récit

– Eh bien ! en ce cas, dit Caderousse, je veux, je dirai même plus, je dois vous détromper sur ces amitiés que le pauvre Edmond croyait sincères et dévouées.

– Passons donc à ces hommes, dit l'abbé ; mais songez-y, continua-t-il d'un air presque menaçant, vous vous êtes engagé à me tout dire : voyons ! quels sont ces hommes qui ont fait mourir le fils de désespoir, et le père de faim ?

– Deux hommes jaloux de lui, monsieur, l'un par amour, l'autre par ambition, Fernand et Danglars. Ils dénoncèrent Edmond comme agent bonapartiste.

– Mais lequel des deux le dénonça, lequel des deux fut le vrai coupable ?

– Tous deux, monsieur, l'un écrivit la lettre, l'autre la mit à la poste.

– Et où cette lettre fut-elle écrite ?

– À la Réserve même, la veille du mariage. Ce fut Danglars qui écrivit la dénonciation de la main gauche pour que son écriture ne fût pas reconnue, et Fernand qui l'envoya.

– Mais, s'écria tout à coup l'abbé, vous étiez là, vous !

– C'est vrai, dit Caderousse d'une voix étouffée ; j'y étais.

– Et vous ne vous êtes pas opposé à cette infamie ?

– Monsieur, dit Caderousse, ils m'avaient fait boire tous deux au point que j'en avais à peu près perdu la raison.

– Qu'est devenu Danglars ? le plus coupable, n'est-ce pas, l'instigateur ?

– Il a quitté Marseille ; il est entré, sur la recommandation de M. Morrel, qui ignorait son crime, comme commis d'ordre chez un banquier espagnol ; à l'époque de la guerre d'Espagne il s'est chargé d'une part dans les fournitures de l'armée française et a fait fortune ; alors, avec ce premier argent il a joué sur les fonds, et a triplé, quadruplé ses capitaux, et, veuf lui-même de la fille de son banquier, il a épousé une veuve, Mme de Nargonne, fille de M. de Servieux, chambellan du roi actuel, et qui jouit de la plus grande faveur. Il s'était fait millionnaire, on l'a fait baron ; de sorte qu'il est baron Danglars maintenant, qu'il a un hôtel rue du Mont-Blanc, dix chevaux dans ses écuries, six laquais dans son antichambre, et je ne sais combien de millions dans ses caisses.

– Et Fernand ?

– Fernand, c'est bien autre chose encore ! Fernand, quelques jours avant le retour, était tombé à la conscription. Les Bourbons le laissèrent bien tranquille aux Catalans ; mais Napoléon revint, une levée extraordinaire fut décrétée, et Fernand fut forcé de partir. Moi aussi je partis ; mais comme j'étais plus vieux que Fernand, et que je venais d'épouser ma pauvre femme, je fus envoyé sur les côtes seulement. Fernand, lui, fut enrégimenté dans les troupes actives, gagna la frontière avec son régiment, et assista à la bataille de Ligny. La nuit qui suivit la bataille, il était de planton à la porte d'un général qui avait des relations secrètes avec l'ennemi. Cette nuit même le général devait rejoindre les Anglais. Il proposa à Fernand de l'accompagner ; Fernand accepta, quitta son poste et suivit le général. Ce qui eût fait passer Fernand à un conseil de guerre si Napoléon fût resté sur le trône, lui servit de recommandation près des Bourbons. Il rentra en France avec l'épaulette de sous-lieutenant; et comme la protection du général, qui est en haute faveur, ne l'abandonna point, il était capitaine en 1823, lors de la guerre d'Espagne, c'est-à-dire au moment où Danglars risquait ses premières spéculations. Fernand était espagnol, il fut envoyé à Madrid pour y étudier l'esprit de ses compatriotes; il y retrouva Danglars, s'aboucha avec lui, promit à son général un appui parmi les royalistes de la capitale et des provinces, reçut des promesses, prit de son côté des engagements, guida son régiment par des chemins connus de lui seul, dans des gorges gardées par les royalistes, et enfin rendit dans cette courte campagne de tels services, qu'après la prise du Trocadéro il fut nommé colonel et reçut la croix d'officier de la Légion d'honneur avec le titre de comte.

– Destinée! destinée! murmura l'abbé.

– Oui, mais écoutez, ce n'est pas tout. La guerre d'Espagne finie, la carrière de Fernand se trouvait compromise par la longue paix qui promettait de régner en Europe. La Grèce seule était soulevée contre la Turquie, et venait de commencer la guerre de son indépendance; tous les yeux étaient tournés vers Athènes, c'était la mode de plaindre et de soutenir les Grecs. Fernand sollicita et obtint la permission d'aller servir en Grèce, en demeurant toujours porté néanmoins sur les contrôles de l'armée. Quelque temps après on apprit que le comte de Morcerf, c'était le nom qu'il portait, était entré au service d'Ali-Pacha avec le grade de général instructeur. Ali-Pacha fut tué, comme vous savez; mais avant de mourir il récompensa les services de Fernand en lui laissant une somme considérable avec laquelle Fernand revint en France, où son grade de lieutenant général lui fut confirmé.

– De sorte qu'aujourd'hui? demanda l'abbé.

– De sorte qu'aujourd'hui, poursuivit Caderousse, il possède un hôtel magnifique à Paris, rue du Helder, n° 27.

L'abbé ouvrit la bouche, demeura un instant comme un homme qui hésite ; mais faisant un effort sur lui-même :

– Et Mercédès, dit-il, on m'a assuré qu'elle avait disparu ?

– Mercédès est à cette heure une des plus grandes dames de Paris. Elle fut d'abord désespérée du coup qui lui enlevait Edmond. Au milieu de son désespoir une nouvelle douleur vint l'atteindre, ce fut le départ de Fernand, de Fernand dont elle ignorait le crime, et qu'elle regardait comme son frère. Fernand partit, Mercédès demeura seule. Trois mois s'écoulèrent pour elle dans les larmes : pas de nouvelles d'Edmond, pas de nouvelles de Fernand. Un soir, après être restée toute la journée assise, comme c'était son habitude, à l'angle des deux chemins qui se rendent de Marseille aux Catalans, elle rentra chez elle plus abattue qu'elle ne l'avait encore été : ni son amant, ni son ami ne revenaient par l'un ou l'autre de ces deux chemins, et elle n'avait de nouvelles ni de l'un ni de l'autre. Tout à coup il lui sembla entendre un pas connu ; elle se retourna avec anxiété, la porte s'ouvrit, elle vit apparaître Fernand avec son uniforme de sous-lieutenant. Ce n'était pas la moitié de ce qu'elle pleurait, mais c'était une portion de sa vie passée qui revenait à elle. Mercédès saisit les mains de Fernand avec un transport que celui-ci prit pour de l'amour, et qui n'était que la joie de n'être plus seule au monde. Mercédès lui demanda six mois encore pour attendre et pleurer Edmond. Six mois après, le mariage eut lieu à l'église des Accoules.

– Et revîtes-vous Mercédès ? demanda le prêtre.

– Oui, au moment de la guerre d'Espagne, à Perpignan, où Fernand l'avait laissée ; elle faisait alors l'éducation de son fils.

L'abbé tressaillit.

– De son fils ? dit-il.

– Oui, répondit Caderousse, du petit Albert.

– Et M. de Villefort ? demanda l'abbé.

– Oh ! lui n'avait pas été mon ami ; lui, je ne le connaissais pas.

– Mais ne savez-vous point ce qu'il est devenu ?

– Non ; je sais seulement que quelque temps après, il a épousé Mlle de Saint-Méran, et bientôt a quitté Marseille. Sans doute que le bonheur lui aura souri comme aux autres, sans doute qu'il est riche comme Danglars, considéré comme Fernand ; moi seul, vous le voyez, suis resté pauvre, misérable et oublié de Dieu.

– Vous vous trompez, mon ami, dit l'abbé : Dieu peut paraître oublier parfois quand sa justice se repose ; mais il vient toujours un moment où il se souvient, et en voici la preuve.

À ces mots l'abbé tira le diamant de sa poche et le présentant à Caderousse :

– Tenez, mon ami, lui dit-il, prenez ce diamant car il est à vous.

Italie. – Simbad le Marin

Vers le commencement de l'année 1838 se trouvaient à Florence deux jeunes gens appartenant à la plus élégante société de Paris, l'un le vicomte Albert de Morcerf, l'autre le baron Franz d'Épinay. Il avait été convenu entre eux qu'ils iraient passer le carnaval à Rome, où Franz, qui depuis près de quatre ans habitait l'Italie, servirait de cicérone à Albert.

Ils écrivirent à maître Pastrini, propriétaire de l'hôtel de Londres, place d'Espagne, pour le prier de leur retenir un appartement confortable.

Maître Pastrini répondit qu'il n'avait plus à leur disposition que deux chambres et un cabinet situés *al secondo piano*, et qu'il offrait moyennant la modique rétribution d'un louis par jour. Les deux jeunes gens acceptèrent ; puis, voulant mettre à profit le temps qui lui restait, Albert partit pour Naples. Quant à Franz, il lui prit fantaisie d'aller voir l'île d'Elbe, ce grand relais de Napoléon.

Franz traversa l'île impériale après avoir suivi toutes les traces que les pas du géant y ont laissées, et alla s'embarquer à Marciana.

Deux heures après avoir quitté la terre, il la reprit pour descendre à la Pianosa, où l'attendaient, assurait-on, des vols infinis de perdrix rouges.

La chasse fut mauvaise. Franz tua à grand-peine quelques perdrix maigres, et remonta dans sa barque d'assez mauvaise humeur.

– Ah ! si Votre Excellence voulait, lui dit le patron, elle ferait une belle chasse !

– Et où cela ?

– Voyez-vous cette île ? continua le patron en étendant le doigt vers le midi et en montrant une masse conique qui sortait du milieu de la mer teintée du plus bel indigo.

– Eh bien, qu'est-ce que cette île ? demanda Franz.

– L'île de Monte-Cristo, répondit le Livournais.

Comme il restait encore assez de temps à Franz pour rejoindre son compagnon, et qu'il n'avait plus à s'inquiéter de son logement à Rome, il accepta cette proposition de se dédommager de sa première chasse.

Sur sa réponse affirmative, les matelots échangèrent entre eux quelques paroles à voix basse.

– Eh bien ! demanda-t-il, qu'avons-nous de nouveau ? serait-il survenu quelque impossibilité ?

– Non, reprit le patron ; mais nous devons prévenir Votre Excellence que l'île est en contumace.

– Qu'est-ce que cela veut dire ?

– Cela veut dire que, comme Monte-Cristo est inhabitée, et sert parfois de relâche à des contrebandiers et à des pirates qui viennent de Corse, de Sardaigne ou d'Afrique, si un signe quelconque dénonce notre séjour dans l'île, nous serons forcés, à notre retour à Livourne, de faire une quarantaine de six jours.

S'il eût raconté la chose avant de proposer l'expédition, il est probable que Franz eût regardé à deux fois avant de l'entreprendre ; mais ils étaient partis, et il lui sembla qu'il y aurait lâcheté à reculer.

Cependant on approchait rapidement du terme du voyage, il ventait bon frais, et la barque faisait six à sept milles à l'heure. À mesure qu'on approchait, l'île semblait sortir grandissante du sein de la mer ; et, à travers l'atmosphère limpide des derniers rayons du jour, on distinguait, comme les boulets dans un arsenal, cet amoncellement de rochers empilés les uns sur les autres, et dans les interstices desquels on voyait rougir les bruyères et verdir les arbres.

Une heure à peu près s'était écoulée depuis le coucher du soleil, lorsque Franz crut apercevoir à un quart de mille à la gauche une masse sombre; mais il était si impossible de distinguer ce que c'était, que, craignant d'exciter l'hilarité de ses matelots, en prenant quelques nuages flottants pour la terre ferme, il garda le silence. Mais tout à coup une grande lueur apparut sur la rive; la terre pouvait ressembler à un nuage, mais le feu n'était pas un météore.

– Qu'est-ce que cette lumière? demanda-t-il.

– Chut! dit Gaetano, le patron, c'est un feu.

– Vous craignez que ce feu ne nous annonce mauvaise compagnie?

– C'est ce dont il faudra s'assurer.

– Et comment s'en assurer?

– Vous allez voir.

À ces mots, le patron, se laissant couler dans la mer, nagea vers le rivage avec tant de précaution qu'il était impossible d'entendre le moindre bruit. Seulement, au sillon phosphorescent que dégageaient ses mouvements on pouvait suivre sa trace.

Bientôt ce sillon même disparut: il était évident que Gaetano avait touché terre.

Tout le monde sur le petit bâtiment resta immobile pendant une demi-heure, au bout de laquelle on vit reparaître et s'approcher de la barque le même sillon lumineux. Au bout d'un instant et en deux brassées Gaetano avait atteint la barque.

– Eh bien? firent ensemble Franz et les quatre matelots.

– Eh bien! dit-il, ce sont des contrebandiers espagnols; ils ont seulement avec eux deux bandits corses.

– Et vous croyez que nous n'aurions rien à craindre en débarquant à notre tour?

– Absolument rien, les contrebandiers ne sont pas des voleurs.

La réverbération du foyer s'étendait d'une centaine de pas en mer. Gaetano côtoya la lumière, en faisant toutefois rester la barque dans la partie non éclairée ; puis, lorsqu'elle fut tout à fait en face du foyer, il mit le cap sur lui et entra bravement dans le cercle lumineux en entonnant une chanson de pêcheurs.

Au premier mot de la chanson, les hommes assis autour du foyer s'étaient levés et s'étaient approchés du débarcadère, les yeux fixés sur la barque, dont ils s'efforçaient visiblement de juger la force et de deviner les intentions. Bientôt ils parurent avoir fait un examen suffisant et allèrent, à l'exception d'un seul, qui resta debout sur le rivage, se rasseoir autour du feu, devant lequel rôtissait un chevreau tout entier.

Lorsque le bateau fut arrivé à une vingtaine de pas de la terre, l'homme qui était sur le rivage fit machinalement, avec sa carabine, le geste d'une sentinelle qui attend une patrouille et cria *Qui vive* en patois sarde.

Gaetano échangea alors avec cet homme quelques paroles auxquelles le voyageur ne comprit rien, mais qui le concernaient évidemment.

– Son Excellence, demanda le patron, veut-elle se nommer ou garder l'incognito ?

– Dites-leur que je suis un Français voyageant pour ses plaisirs.

Lorsque Gaetano eut transmis cette réponse, la sentinelle donna un ordre à l'un des hommes assis devant le feu, lequel se leva aussitôt, et disparut dans les rochers.

Il se fit un silence. Chacun semblait préoccupé de ses affaires : Franz de son débarquement, les matelots de leurs voiles, les contrebandiers de leur chevreau ; mais, au milieu de cette insouciance apparente, on s'observait mutuellement.

L'homme qui s'était éloigné reparut tout à coup du côté

opposé de celui par lequel il avait disparu. Il fit un signe de la tête à la sentinelle, qui se retourna du côté de la barque, et se contenta de prononcer ces seules paroles: *S'accommodi.*

Le *s'accommodi* italien est intraduisible; il veut dire à la fois venez, entrez, soyez le bienvenu, faites comme chez vous.

Les matelots ne se le firent pas dire deux fois: en quatre coups de rames, la barque toucha la terre. Gaetano sauta sur la grève, échangea encore quelques mots à voix basse avec la sentinelle; ses compagnons descendirent l'un après l'autre; puis enfin vint le tour de Franz.

On amarra la barque au rivage, on fit trente pas à peu près et l'on s'arrêta sur une petite esplanade. Franz abaissa une torche et reconnut, à un amas de cendres, que ce devait être une des stations habituelles des visiteurs nomades de l'île de Monte-Cristo.

Quant à son attente d'événements, elle avait cessé; une fois le pied sur la terre ferme, une fois qu'il eut vu les dispositions, sinon amicales, du moins indifférentes, de ses hôtes, toute sa préoccupation avait disparu, et, à l'odeur du chevreau qui rôtissait au bivouac voisin, la préoccupation s'était changée en appétit.

Il toucha deux mots de ce nouvel incident à Gaetano, qui lui répondit qu'il n'y avait rien de plus simple qu'un souper quand on avait comme eux dans leur barque du pain, du vin, six perdrix et un bon feu pour les faire rôtir.

– D'ailleurs, ajouta-t-il, si Votre Excellence trouve si tentante l'odeur de ce chevreau, je puis aller offrir à nos voisins deux de nos oiseaux pour une tranche de leur quadrupède.

– Faites, Gaetano, faites, dit Franz; vous êtes véritablement né avec le génie de la négociation.

Franz attendait donc avec impatience, humant toujours l'odeur du chevreau, le retour du patron, lorsque celui-ci reparut et vint à lui d'un air fort préoccupé.

– Eh bien, on repousse notre offre?

– Au contraire, fit Gaetano. Le chef, à qui l'on a dit que vous étiez un jeune homme français, vous invite à souper avec lui. Mais il met à votre présentation chez lui une singulière condition.

– Diable ! Et quelle est cette condition ?

– C'est de vous laisser bander les yeux.

– Allons, décidément, murmura Franz, me voilà embarqué dans un conte des *Mille et Une Nuits.*

Sans dire une seule parole, on lui banda les yeux ; après quoi on lui fit jurer qu'il n'essaierait en aucune façon d'ôter son bandeau. Il jura.

Alors les hommes le prirent chacun par un bras, et il marcha guidé par eux.

Bientôt, au changement d'atmosphère, il comprit qu'il entrait dans un souterrain ; au bout de quelques secondes de marche, il entendit un craquement, et il lui sembla que l'atmosphère changeait encore de nature et devenait tiède et parfumée ; enfin il sentit que ses pieds posaient sur un tapis épais et moelleux ; ses guides l'abandonnèrent. Il se fit un instant de silence, et une voix dit en bon français, quoique avec un accent étranger :

– Vous êtes le bienvenu chez moi, monsieur, et vous pouvez ôter votre bandeau.

Franz ne se fit pas répéter cette invitation ; il leva son mouchoir, et se trouva en face d'un homme portant un costume tunisien. Quoique d'une pâleur livide, cet homme avait une figure remarquablement belle. Seulement cette pâleur était étrange ; on eût dit un homme enfermé depuis longtemps dans un tombeau, et qui n'eût pas pu reprendre la carnation des vivants.

L'hôte laissa un instant Franz tout à sa surprise.

– Monsieur, lui dit-il enfin, mille fois pardon des précautions que l'on a exigées de vous pour vous introduire chez moi ; je vais tâcher de vous faire oublier ce petit désagrément en vous offrant un souper passable et d'assez bons lits. Ali, sommes-nous servis?

Presque au même instant la portière se souleva, et un nègre nubien, vêtu d'une simple tunique blanche, fit signe à son maître qu'il pouvait passer dans la salle à manger.

– Maintenant, dit l'inconnu à Franz, je ne sais si vous êtes de mon avis, mais je trouve que rien n'est gênant comme de rester deux ou trois heures en tête à tête sans savoir de quel nom ou de quel titre s'appeler. Quant à moi, pour vous mettre à votre aise, je vous dirai que l'on a l'habitude de m'appeler Simbad le Marin.

– Et moi, reprit Franz, je ne vois aucune difficulté à ce que, pour le moment, vous m'appeliez Aladin. Cela ne nous sortira pas de l'Orient, où je suis tenté de croire que j'ai été transporté par la puissance de quelque bon génie. Comme l'honorable marin dont vous avez pris le nom, dit-il, en changeant la conversation, vous passez votre vie à voyager?

– Oui; c'est un vœu que j'ai fait dans un temps où je ne pensais guère pouvoir l'accomplir, dit l'inconnu en souriant. J'en ai fait quelques-uns comme cela, et qui, je l'espère, s'accompliront tous à leur tour.

Le souper s'avançait et paraissait avoir été servi à la seule intention de Franz; car à peine si l'inconnu avait touché du bout des dents à un ou deux plats du splendide festin qu'il lui avait offert, et auquel son convive inattendu avait fait largement honneur.

– Passons dans la chambre à côté, c'est-à-dire dans votre chambre, et Ali va nous servir le café et nous donner des pipes.

Tous deux se couchèrent sur le divan, des chibouques aux tuyaux de jasmin et aux bouquins d'ambre étaient à la portée de la main, et toutes préparées pour qu'on n'eût pas besoin de fumer deux fois dans la même. Ils en prirent chacun une. Ali les alluma, et sortit pour aller chercher le café.

Il y eut un moment de silence, pendant lequel Simbad se laissa aller aux pensées qui semblaient l'occuper sans cesse, même au milieu de sa conversation, et Franz s'abandonna à cette rêverie muette dans laquelle on tombe presque toujours en fumant d'excellent tabac qui semble emporter avec la fumée toutes les peines de l'esprit et rendre, en échange, au fumeur tous les rêves de l'âme. Une étrange transformation s'opérait en lui. Toute la fatigue physique de la journée, toute la préoccupation d'esprit qu'avaient fait naître les événements du soir disparaissaient comme dans ce premier moment de repos où l'on vit encore assez pour sentir venir le sommeil. Son corps semblait acquérir une légèreté immatérielle, son esprit s'éclaircissait d'une façon inouïe, ses sens semblaient doubler leurs facultés ; l'horizon allait toujours s'élargissant, mais non plus cet horizon sombre sur lequel planait une vague terreur et qu'il avait vu avant son sommeil, mais un horizon bleu, transparent, vaste, avec tout ce que la mer a d'azur, avec tout ce que le soleil a de paillettes, avec tout ce que la brise a de parfums ; puis, au milieu des chants de ses matelots, chants si limpides et si clairs qu'on en eût fait une harmonie divine si l'on eût pu les noter, il voyait apparaître l'île de Monte-Cristo, non plus comme un écueil menaçant sur les vagues, mais comme une oasis perdue dans le désert.

Réveil

Lorsque Franz revint à lui, les objets extérieurs semblaient une seconde partie de son rêve ; il se crut dans un sépulcre où pénétrait à peine, comme un regard de pitié, un rayon de soleil ; il étendit la main et sentit de la pierre ; il se mit sur son séant : il était couché dans son burnous sur un lit de bruyères sèches fort doux et fort odoriférant.

Il fit quelques pas vers le point d'où venait le jour; à toute l'agitation du songe succédait le calme de la réalité. Il se vit dans une grotte, s'avança du côté de l'ouverture, et à travers la porte cintrée aperçut un ciel bleu et une mer d'azur. L'air et l'eau resplendissaient aux rayons du soleil du matin; sur le rivage, les matelots étaient assis causant et riant: à dix pas en mer la barque se balançait gracieusement sur son ancre.

Il s'approcha gaiement de ses matelots. Dès qu'ils le revirent ils se levèrent, le patron s'approcha de lui.

– Le seigneur Simbad, lui dit-il, nous a chargés de tous ses compliments pour Votre Excellence, il espère que vous l'excuserez quand vous saurez qu'une affaire très pressante l'appelle à Malaga.

Et en disant ces paroles, Gaetano étendait le bras dans la direction d'un petit bâtiment qui faisait voile vers la pointe méridionale de la Corse.

Au bout d'une seconde, un léger nuage de fumée se dessina à la poupe du bâtiment, se détacha gracieusement de l'arrière et monta lentement vers le ciel, puis une faible détonation arriva jusqu'à Franz.

– Tenez, entendez-vous, dit Gaetano, le voilà qui vous dit adieu!

Quant à Franz, rien ne le retenait plus à Monte-Cristo. Il donna le signal du départ.

Au moment où la barque se mettait en mouvement le yacht disparaissait.

Avec lui s'effaçait la dernière réalité de la nuit précédente: tout commençait pour Franz à se fondre dans le même rêve.

La barque marcha toute la journée et toute la nuit; et le lendemain, quand le soleil se leva, c'était l'île de Monte-Cristo qui avait disparu à son tour.

Une fois que Franz eut touché terre, il oublia, momentanément du moins, les événements qui venaient de se passer pour ne s'occuper que de rejoindre son compagnon qui l'attendait à Rome.

Il partit donc, et le samedi soir il arriva à la place de la Douane par la malle-poste.

Il n'y avait plus qu'à rejoindre l'hôtel de maître Pastrini : ce qui n'était pas chose très facile, car la foule encombrait les rues, et Rome était déjà en proie à cette rumeur sourde et fébrile qui précède le carnaval.

L'appartement retenu se composait de deux petites chambres et d'un cabinet. Le reste de l'étage était loué à un personnage fort riche, que l'on croyait sicilien ou maltais ; mais l'hôtelier ne put pas dire au juste à laquelle de ces deux nations appartenait ce voyageur.

– C'est fort bien, maître Pastrini, dit Franz, mais il nous faudrait tout de suite un souper quelconque pour ce soir, et une calèche pour demain et les jours suivants.

– Quant au souper, répondit l'aubergiste, vous allez être servis à l'instant même ; mais quant à la calèche... on fera tout ce qu'on pourra pour en avoir une. Voilà tout ce que je puis vous dire.

– Et quand aurons-nous la réponse ? demanda Franz.

– Demain matin, répondit l'aubergiste.

– Que dites-vous de cela ? demanda Franz à Albert.

– Je dis que, lorsqu'une chose passe mon intelligence, j'ai l'habitude de ne pas m'appesantir sur cette chose et de passer à une autre. Le souper est-il prêt, maître Pastrini ?

– Oui, Excellence.

– Eh bien, soupons d'abord.

Et Albert de Morcerf, avec cette admirable philosophie qui ne croit rien impossible tant qu'elle sent sa bourse ronde ou son portefeuille garni, soupa, se coucha, s'endormit sur les deux oreilles et rêva qu'il courait le carnaval dans une calèche à six chevaux.

Le lendemain Franz se réveilla le premier, et, aussitôt réveillé, sonna. Maître Pastrini entra en personne.

– Leurs Excellences désirent-elles toujours une voiture jusqu'à dimanche ?

– Parbleu ! dit Albert, est-ce que vous croyez que nous allons courir les rues de Rome à pied ?

– Quand voulez-vous la voiture ?

– Dans une heure.

– Dans une heure elle sera à la porte.

Une heure après, effectivement, la voiture attendait les deux jeunes gens.

– Où Leurs Excellences veulent-elles qu'on les conduise ?

– Mais, à Saint-Pierre d'abord, et au Colisée ensuite, dit Albert en véritable Parisien.

Mais Albert ne savait pas une chose ; c'est qu'il faut un jour pour voir Saint-Pierre, et un mois pour l'étudier : la journée se passa donc rien qu'à voir Saint-Pierre. Tout à coup les deux amis s'aperçurent que le jour baissait. On reprit aussitôt le chemin de l'hôtel. À la porte Franz donna l'ordre au cocher de se tenir prêt à huit heures. Il voulait faire voir à Albert le Colisée au clair de la lune.

On se mit à table : maître Pastrini avait promis à ses hôtes un festin excellent ; il leur donna un dîner passable. À la fin du dîner, il entra lui-même : Franz crut d'abord que c'était pour recevoir ses compliments et s'apprêtait à les lui faire, lorsqu'aux premiers mots il l'interrompit :

– Vous avez l'intention de visiter *il Colosseo* ?

– C'est-à-dire le Colisée ?

– Soit. Vous avez dit à votre cocher de sortir par la porte del Popolo, de faire le tour des murs et de rentrer par la porte San Giovanni ?

– Ce sont mes propres paroles.

– Eh bien! cet itinéraire est impossible.

– Impossible!

– Ou du moins fort dangereux.

– Dangereux! et pourquoi?

– À cause du fameux Luigi Vampa.

– D'abord, mon cher hôte, qu'est-ce que le fameux Luigi Vampa? demanda Albert; il peut être très fameux à Rome, mais je vous préviens qu'il est fort ignoré à Paris.

– Eh bien! c'est un bandit près duquel les Decesaris et les Gasparone sont des espèces d'enfants de chœur.

– Eh bien! quel rapport a ce bandit avec l'ordre que j'ai donné à mon cocher de sortir par la porte del Popolo et de rentrer par la porte San Giovanni?

– Il y a, répondit maître Pastrini, que vous pourrez bien sortir par l'une, mais que je doute que vous rentriez par l'autre.

– Pourquoi cela? demanda Franz.

– Parce que la nuit venue on n'est plus en sûreté à cinquante pas des portes.

– Eh bien, Albert, demanda Franz à son compagnon, êtes-vous toujours disposé à aller au Colisée par les boulevards extérieurs?

– Parfaitement, dit Albert, si la route est plus pittoresque.

En ce moment neuf heures sonnèrent, la porte s'ouvrit et le cocher parut.

– Excellences, dit-il, la voiture vous attend.

– Eh bien, dit Franz, en ce cas, au Colisée.

– Par la porte del Popolo, Excellences, ou par les rues?

– Par les rues, morbleu! par les rues, s'écria Franz.

– Ah mon cher! dit Albert en se levant à son tour et en allumant son troisième cigare, en vérité je vous croyais plus brave que cela.

Sur ce, les deux jeunes gens descendirent l'escalier et montèrent en voiture.

Apparitions

Franz avait trouvé un terme moyen pour qu'Albert arrivât au Colisée sans passer devant aucune ruine antique, et par conséquent sans que les préparations graduelles ôtassent au colosse une seule coudée de ses gigantesques proportions.

La voiture arrêta à quelques pas de la Mesa Sudans. Le cocher vint ouvrir la portière, les deux jeunes gens sautèrent à bas de la voiture et se trouvèrent en face d'un cicérone qui semblait sortir de dessous terre. Comme celui de l'hôtel les avait suivis, cela leur en faisait deux.

Franz était, depuis un quart d'heure à peu près, perdu dans l'ombre d'une colonne, occupé à regarder Albert, qui, accompagné de ses deux porteurs de torches, venait de sortir d'un vomitorium placé à l'autre extrémité du Colisée, lorsqu'il lui sembla entendre rouler dans les profondeurs du monument une pierre détachée de l'escalier situé en face de celui qu'il venait de prendre pour arriver à l'endroit où il était assis.

Au bout d'un instant, un homme parut, sortant graduellement de l'ombre à mesure qu'il montait l'escalier dont l'orifice, situé en face de Franz, était éclairé par la lune.

Le personnage était enveloppé d'un grand manteau brun dont un des pans lui cachait le bas du visage, tandis que son chapeau à larges bords en couvrait la partie supérieure.

Il était là depuis quelques minutes et commençait à donner des signes visibles d'impatience, lorsqu'un léger bruit se fit entendre sur la terrasse supérieure.

Au même instant une ombre parut intercepter la lumière, un homme apparut à l'orifice de l'ouverture, plongea son regard perçant dans les ténèbres, et aperçut l'homme au manteau.

– Excusez-moi, Excellence, dit-il en dialecte romain, je vous ai fait attendre. Je viens du château Saint-Ange, et j'ai eu toutes les peines du monde à parler à Beppo.

– Qu'avez-vous appris ?

– Il y aura deux exécutions mardi à deux heures, comme c'est l'habitude à Rome lors des ouvertures des grandes fêtes. Un condamné sera *mazzolato* ; c'est un misérable qui a tué un prêtre qui l'avait élevé, et qui ne mérite aucun intérêt. L'autre sera *decapitato*, et celui-là c'est le pauvre Peppino. Je suis disposé à tout pour empêcher l'exécution du pauvre diable qui est dans l'embarras pour m'avoir servi ; par la Madone ! je me regarderais comme un lâche si je ne faisais pas quelque chose pour ce brave garçon.

– Et que ferez-vous ?

– Je placerai une vingtaine d'hommes autour de l'échafaud, et, au signal que je donnerai, nous nous élancerons le poignard au poing sur l'escorte et nous l'enlèverons.

– Mon cher, j'en ferai plus à moi seul avec mon or que vous et tous vos gens avec leurs poignards. Laissez-moi donc faire.

– À merveille ; mais si vous échouez, nous nous tiendrons toujours prêts.

– Tenez-vous toujours prêts, si c'est votre plaisir ; mais soyez certain que j'aurai sa grâce.

– Si vous avez réussi, Excellence, comment le saurons-nous ?

– C'est bien simple, j'ai loué les trois dernières fenêtres du palais Rospoli ; si j'ai obtenu le sursis les deux fenêtres du coin seront tendues en damas jaune, mais celle du milieu sera tendue en damas blanc avec une croix rouge.

– À merveille. Et par qui ferez-vous passer la grâce ?

– Envoyez-moi un de vos hommes déguisé en pénitent et je la lui donnerai. Grâce à son costume il arrivera jusqu'au pied de l'échafaud et remettra la bulle au chef de la confrérie, qui la remettra au bourreau. En attendant, faites savoir cette nouvelle à Peppino ; qu'il n'aille pas mourir de peur ou devenir fou, ce qui serait cause que nous aurions fait pour lui une dépense inutile.

– Adieu, Excellence ; je compte sur vous, comptez sur moi.

L'inconnu, se couvrant plus que jamais le visage de son manteau, passa à deux pas de Franz et descendit dans l'arène par les gradins extérieurs.

Une seconde après, Franz entendit son nom retentir sous les voûtes : c'était Albert qui l'appelait.

Il attendit pour répondre que les deux hommes fussent éloignés, ne se souciant pas de leur apprendre qu'ils avaient eu un témoin qui, s'il n'avait pas vu leurs visages, n'avait pas perdu un mot de leur entretien.

De ces deux hommes l'un lui était certainement étranger, et c'était la première fois qu'il le voyait et l'entendait, mais il n'en était pas ainsi de l'autre, et, quoique Franz n'eût pas distingué son visage, les accents de cette voix l'avaient trop frappé la première fois qu'il les avait entendus pour qu'ils pussent jamais retentir devant lui sans qu'il les reconnût. Aussi était-il bien convaincu que cet homme n'était autre que Simbad le Marin.

Franz était trop préoccupé pour bien dormir. Sa nuit fut employée à passer et à repasser dans son esprit toutes les circonstances qui se rattachaient à l'homme de la grotte et à l'inconnu du Colisée, et qui tendaient à faire de ces deux personnages le même individu ; et plus Franz y pensait, plus il s'affermissait dans cette opinion.

Il s'endormit au jour, ce qui fit qu'il ne s'éveilla que fort tard. Albert, en véritable Parisien, avait déjà pris ses précautions pour la soirée. Il avait envoyé chercher une loge au théâtre Argentina.

Cette loge, où l'on pouvait tenir à douze sans être serré, avait coûté aux deux amis un peu moins cher qu'une loge de quatre personnes à l'Ambigu.

Seule sur le devant d'une autre loge, placée au troisième rang en face d'eux, était une femme admirablement belle, vêtue d'un costume grec, qu'elle portait avec tant d'aisance qu'il était évident que c'était son costume naturel.

Derrière elle, dans l'ombre, se dessinait la forme d'un homme dont il était impossible de distinguer le visage et qui, tant que dura le chef-d'œuvre chorégraphique, ne fit pas un mouvement ; paraissant, malgré le bruit infernal que menaient les trompettes, les cymbales et les chapeaux chinois à l'orchestre, goûter les douceurs d'un sommeil paisible.

Enfin le ballet finit, et la toile tomba au milieu des applaudissements frénétiques d'un parterre enivré.

L'ouverture du second acte commença ; aux premiers coups d'archet Franz vit le dormeur se soulever lentement et se rapprocher de la Grecque, qui se retourna pour lui adresser quelques paroles et s'accouda de nouveau sur le devant de la loge.

La figure de son interlocuteur était toujours dans l'ombre, et Franz ne pouvait distinguer aucun de ses traits.

La toile se leva, l'attention de Franz fut nécessairement attirée par les acteurs, et ses yeux quittèrent un instant la loge de la belle Grecque pour se porter vers la scène. Il allait joindre ses applaudissements à ceux de la salle, lorsque ses mains, prêtes à se réunir, restèrent écartées, et que le bravo qui s'échappait de sa bouche expira sur ses lèvres.

L'homme de la loge s'était levé tout debout, et, sa tête se trouvant dans la lumière, Franz venait de retrouver le mystérieux habitant de Monte-Cristo, celui dont la veille il lui avait si bien semblé reconnaître la taille et la voix dans les ruines du Colisée.

Il n'y avait plus de doute, l'étrange voyageur habitait Rome.

– Il faut que je sache qui il est, dit Franz en se levant.

En rentrant à l'hôtel Franz trouva Albert voluptueusement étendu sur un fauteuil, et fumant son cigare.

En ce moment la porte s'ouvrit, et maître Pastrini passa la tête.

– Vous savez que le comte de Monte-Cristo habite sur le même carré que vous. Eh bien ! il vous fait offrir deux places dans sa voiture et deux places à ses fenêtres du palais Rospoli.

Albert et Franz se regardèrent.

– Mais, demanda Albert, devons-nous accepter l'offre de cet étranger, d'un homme que nous ne connaissons pas ?

– Quel homme est-ce que ce comte de Monte-Cristo ? demanda Franz à son hôte.

– Un très grand seigneur sicilien ou maltais, je ne sais pas au juste, mais noble comme un Borghèse et riche comme une mine d'or.

En ce moment on frappa à la porte. Un domestique, vêtu d'une livrée parfaitement élégante, parut sur le seuil de la chambre.

– De la part du comte de Monte-Cristo, pour M. Franz d'Épinay et pour M. le vicomte Albert de Morcerf, dit-il.

Et il présenta à l'hôte deux cartes, que celui-ci remit aux jeunes gens.

– M. le comte de Monte-Cristo, continua le domestique, fait demander à ces messieurs la permission de se présenter en voisin chez eux, il a l'honneur de s'informer auprès de ces messieurs à quelle heure ils seront visibles.

– Dites au comte, répondit Franz, que c'est nous qui aurons l'honneur de lui faire notre visite.

Le domestique se retira.

– Voilà ce qui s'appelle faire assaut d'élégance, dit Albert; vous aviez raison, maître Pastrini, c'est un homme tout à fait comme il faut que votre comte de Monte-Cristo. Et vous croyez qu'il n'y a pas d'indiscrétion à se présenter chez lui demain?

– Aucune.

La Mazzolata

Franz et Albert n'avaient que le carré à traverser, l'aubergiste les devança et sonna pour eux; un domestique vint ouvrir.

– *I signori Francesi*, dit l'hôte.

Le domestique s'inclina et leur fit signe d'entrer.

Ils traversèrent deux pièces meublées avec un luxe qu'ils ne croyaient pas trouver dans l'hôtel de maître Pastrini, et ils arrivèrent enfin dans un salon d'une élégance parfaite.

– Si Leurs Excellences veulent s'asseoir, dit le domestique, je vais prévenir M. le comte.

Et il disparut par une des portes.

Franz et Albert échangèrent un regard et reportèrent les yeux sur les meubles, sur les tableaux et sur les armes. Tout cela, à la seconde vue, leur parut encore plus magnifique qu'à la première.

– Eh bien, demanda Franz à son ami, que dites-vous de cela?

– Ma foi, mon cher, je dis qu'il faut que notre voisin soit

quelque agent de change qui a joué à la baisse sur les fonds espagnols, ou quelque prince qui voyage incognito.

– Chut ! lui dit Franz ; c'est ce que nous allons savoir, car le voilà.

– Messieurs, dit en entrant le comte de Monte-Cristo, recevez toutes mes excuses de ce que je me suis laissé prévenir, mais en me présentant de meilleure heure chez vous, j'aurais craint d'être indiscret.

Les deux jeunes gens s'inclinèrent. Franz n'avait encore pris aucune résolution, et, comme rien n'indiquait dans le comte sa volonté de le reconnaître ou le désir d'être reconnu de lui, il ne savait pas s'il devait par un mot quelconque faire allusion au passé, ou laisser le temps à l'avenir de lui apporter de nouvelles preuves.

Cependant il résolut de faire tomber la conversation sur un point qui pouvait amener toujours l'éclaircissement de certains doutes.

– Monsieur le comte, lui dit-il, vous nous avez offert des places dans votre voiture et des places à vos fenêtres du palais Rospoli ; maintenant pourriez-vous nous dire comment nous pourrions nous procurer un poste quelconque, comme on dit en Italie, sur la place del Popolo ?

– Ah oui ! c'est vrai, dit le comte d'un air distrait et en regardant Morcerf avec une attention soutenue, n'y a-t-il pas, place del Popolo, quelque chose comme une exécution ?

– Oui, répondit Franz voyant qu'il venait de lui-même où il voulait l'amener.

– Attendez, attendez, je crois avoir dit hier à mon intendant de s'occuper de cela, peut-être pourrai-je vous rendre encore ce petit service. Mais mettons-nous à table d'abord, car voilà qu'on vient nous annoncer que nous sommes servis.

Les deux jeunes gens se levèrent et passèrent dans la salle à manger.

À la fin du déjeuner, Franz tira sa montre.

– Eh bien ! lui dit le comte, que faites-vous donc ?

– Vous nous excuserez, monsieur le comte, répondit Franz, mais nous avons encore mille choses à faire.

– Lesquelles ?

– Nous n'avons pas de déguisements, et aujourd'hui le déguisement est de rigueur.

– Ne vous occupez donc pas de cela. Nous avons, à ce que je crois, place del Popolo, une chambre particulière ; j'y ferai porter les costumes que vous voudrez bien m'indiquer, et nous nous masquerons séance tenante.

– Allons-y donc, puisque vous le voulez, dit Franz ; mais en me rendant place del Popolo, je désire passer par la rue du Cours ; est-ce possible, monsieur le comte ?

– Eh bien ! passons par la rue du Cours, nous enverrons la voiture nous attendre sur la piazza del Popolo, par la strada del Babuino ; d'ailleurs, je ne suis pas fâché non plus de passer par la rue du Cours pour voir si des ordres que j'ai donnés ont été exécutés.

– Excellence, dit le domestique en ouvrant la porte, un homme vêtu en pénitent demande à vous parler.

– Ah, oui ! dit le comte, je sais ce que c'est. Messieurs, voulez-vous repasser au salon, vous trouverez sur la table du milieu d'excellents cigares de La Havane, je vous y rejoins dans un instant.

Les deux jeunes gens se levèrent et sortirent par une porte, tandis que le comte, après leur avoir renouvelé ses excuses, sortait par l'autre. Albert s'approcha de la table et poussa un cri de joie en apercevant de véritables puros.

– Eh bien ! lui demanda Franz, que pensez-vous du comte de Monte-Cristo ?

– Ce que j'en pense ? dit Albert visiblement étonné que son compagnon lui fît une pareille question ; je pense que c'est un homme charmant, qui fait à merveille les honneurs de chez lui, et, ajouta-t-il en poussant amoureusement une bouffée de fumée qui monta en spirale vers le plafond, et qui par-dessus tout cela possède d'excellents cigares.

– Mais, dit-il, avez-vous remarqué une chose singulière ?

– Laquelle ?

– L'attention avec laquelle il vous regardait.

Le comte rentra.

– Me voici, messieurs, dit-il, et tout à vous, les ordres sont donnés ; la voiture va de son côté place del Popolo, et nous allons nous y rendre du nôtre, si vous voulez bien, par la rue du Cours. Allons, messieurs, allons, nous n'avons pas de temps à perdre ; il est midi et demi, partons.

Tous trois descendirent. Alors le cocher prit les ordres de son maître, et suivit la via del Babuino, tandis que les piétons remontaient par la place d'Espagne et par la via Frattina, qui les conduisait tout droit entre le palais Fiano et le palais Rospoli.

Tous les regards de Franz furent pour les fenêtres de ce dernier palais, il n'avait pas oublié le signal convenu dans le Colisée.

– Quelles sont vos fenêtres ? demanda-t-il au comte du ton le plus naturel qu'il put prendre.

– Les trois dernières.

Les yeux de Franz se portèrent rapidement sur les trois fenêtres. Les fenêtres latérales étaient tendues en damas jaune, et celle du milieu en damas blanc avec une croix rouge.

L'homme au manteau avait tenu sa parole, et il n'y avait plus de doute, l'homme au manteau c'était bien le comte.

À l'angle de la rue on trouva l'intendant du comte, qui attendait son maître.

La fenêtre sur la place del Popolo appartenait au second étage du grand palais situé entre la rue del Babuino et le monte Pincio ; c'était une espèce de cabinet de toilette donnant dans une chambre à coucher ; en fermant la porte de la chambre à coucher, les locataires du cabinet étaient chez eux; sur les chaises on avait déposé des costumes de paillasse en satin blanc et bleu des plus élégants.

– Comme vous m'avez laissé le choix des costumes, dit le comte aux deux amis, je vous ai fait préparer ceux-ci.

Franz n'entendit que fort imparfaitement les paroles du comte, car toute son attention était attirée par le spectacle que présentait la piazza del Popolo, et par l'instrument terrible qui en faisait à cette heure le principal ornement.

C'était la première fois que Franz apercevait une guillotine; nous disons guillotine, car la mandaïa romaine est taillée à peu près sur le même patron que notre instrument de mort.

Les condamnés transportés la veille au soir des Carceri Nuove dans la petite église Sainte-Marie del Popolo avaient passé la nuit, assistés chacun de deux prêtres, dans une chapelle ardente.

Une double haie de carabiniers placés de chaque côté de la porte de l'église s'étendait jusqu'à l'échafaud. Tout le reste de la place était pavé de têtes d'hommes et de femmes. Beaucoup de femmes tenaient leurs enfants sur leurs épaules.

Tout à coup le bruit cessa comme par enchantement, la porte de l'église venait de s'ouvrir.

Une confrérie de pénitents, dont chaque membre était vêtu d'un sac gris percé aux yeux seulement, et tenait un cierge allumé à la main, parut d'abord; en tête marchait le chef de la confrérie.

Derrière les pénitents venait un homme de haute taille. Cet homme était nu, à l'exception d'un caleçon de toile au côté gauche duquel était attaché un grand couteau caché dans sa gaine; il portait sur l'épaule droite une lourde masse de fer. Cet homme, c'était le bourreau.

Derrière le bourreau marchaient, d'abord Peppino et ensuite un certain Andréa.

Tous deux baisaient de temps en temps le crucifix que leur présentait le confesseur.

Franz sentit, rien qu'à cette vue, les jambes qui lui manquaient; il regarda Albert. Il était pâle comme sa chemise, et par un mouvement machinal il jeta loin de lui son cigare, quoiqu'il ne l'eût fumé qu'à moitié.

Le comte seul paraissait impassible. Il y avait même plus, une légère teinte rouge semblait vouloir percer la pâleur livide de ses joues.

– Il me semble, dit Franz au comte, que vous m'avez annoncé qu'il n'y aurait qu'une exécution.

– Je vous ai dit la vérité.

– Cependant, voici deux condamnés.

– Oui; mais de ces deux condamnés l'un touche à la mort, et l'autre a encore de longues années à vivre.

– Il me semble que si la grâce doit venir, il n'y a plus de temps à perdre.

– Aussi, la voilà qui vient, regardez, dit le comte.

En effet, au moment où Peppino arrivait au pied de la mandaïa, un pénitent perça la haie sans que les soldats fissent obstacle à son passage, et, s'avançant vers le chef de la confrérie, lui remit un papier plié en quatre.

Le regard ardent de Peppino n'avait perdu aucun de ces détails; le chef de la confrérie déplia le papier, le lut et leva la main.

– Le Seigneur soit béni, et Sa Sainteté soit louée! dit-il à haute et intelligible voix. Il y a grâce de la vie pour l'un des condamnés.

– Grâce! s'écria le peuple d'un seul cri; il y a grâce!

À ce mot de grâce, Andréa sembla bondir et redressa la tête.

– Grâce pour qui? cria-t-il.

Peppino resta immobile, muet et haletant.

– Il y a grâce de la peine de mort pour Peppino, dit le chef de la confrérie.

– Grâce pour Peppino! s'écria Andréa, pourquoi grâce pour lui et pas pour moi! nous devions mourir ensemble: on m'avait promis qu'il mourrait avant moi, on n'a pas le droit de me faire mourir seul, je ne veux pas mourir seul, je ne le veux pas !

Et il s'arracha aux bras des deux prêtres, se tordant, hurlant, rugissant et faisant des efforts insensés pour rompre les cordes qui lui liaient les mains.

Le bourreau fit signe à ses deux aides, qui sautèrent en bas de l'échafaud, et vinrent s'emparer du condamné.

Les deux valets avaient porté le condamné sur l'échafaud, et là, malgré ses efforts, ses morsures, ses cris, ils l'avaient forcé de se mettre à genoux. Pendant ce temps, le bourreau s'était placé de côté et la masse en arrêt ; alors, sur un signe, les deux aides s'écartèrent. Le condamné voulut se relever, mais avant qu'il n'en eût eu le temps, la masse s'abattit sur sa tempe gauche ; on entendit un bruit sourd et mat, le patient tomba comme un bœuf, la face contre terre, puis d'un contrecoup, se retourna sur le dos. Alors le bourreau laissa tomber sa masse, tira le couteau de sa ceinture, d'un seul coup lui ouvrit la gorge et, montant aussitôt sur son ventre, se mit à le pétrir avec ses pieds. À chaque pression, un jet de sang s'élançait du cou du condamné.

Pour cette fois, Franz n'y put tenir plus longtemps, il se rejeta en arrière, et alla tomber sur un fauteuil à moitié évanoui. Albert, les yeux fermés, resta debout, mais cramponné aux rideaux de la fenêtre.

Le comte était debout et triomphant comme le mauvais ange.

Le carnaval de Rome

Quand Franz revint à lui, il trouva le comte qui passait déjà son costume de paillasse. Il jeta machinalement les yeux sur la place ; tout avait disparu, échafaud, bourreau, victimes ; il ne restait plus que le peuple, bruyant, affairé, joyeux.

Il eût été ridicule à Franz de faire la petite-maîtresse et de ne pas suivre l'exemple que lui donnaient ses deux compagnons. Il passa donc à son tour son costume et mit son masque, qui n'était certainement pas plus pâle que son visage.

La toilette achevée, on descendit. La voiture attendait à la porte, pleine de confettis et de bouquets. On prit la file.

Il est difficile de se faire l'idée d'une opposition plus complète que celle qui venait de s'opérer. Au lieu de ce spectacle de mort sombre et silencieux, la place del Popolo présentait l'aspect d'une folle et bruyante orgie. Une foule de masques sortaient, débordant de tous les côtés, s'échappant par les portes, descendant par les fenêtres; les voitures débouchaient à tous les coins de rue, chargées de pierrots, d'arlequins, de dominos, de marquis: tout cela criant, gesticulant, lançant des œufs pleins de farine, des confettis, des bouquets sans que personne ait le droit de s'en fâcher.

Le souvenir de ce qu'ils avaient vu une demi-heure auparavant s'effaça tout à fait de l'esprit des deux jeunes gens, tant le spectacle bariolé, mouvant, insensé, qu'ils avaient sous les yeux, était venu leur faire diversion.

Au second tour le comte fit arrêter la voiture et demanda à ses compagnons la permission de les quitter, laissant sa voiture à leur disposition. Franz leva les yeux: on était en face du palais Rospoli; et à la fenêtre du milieu, à celle qui était drapée d'une pièce de damas blanc avec une croix rouge, était un domino bleu, sous lequel l'imagination de Franz se représenta sans peine la belle Grecque du théâtre Argentina.

– Messieurs, dit le comte en sautant à terre, quand vous serez las d'être acteurs et que vous voudrez redevenir spectateurs, vous savez que vous avez place à mes fenêtres. En attendant, disposez de mon cocher, de ma voiture et de mes domestiques.

Franz remercia le comte de son offre obligeante: quant à Albert, il était en coquetterie avec une pleine voiture de paysannes romaines, arrêtée, comme celle du comte, par un de ces repos si communs dans les files et qu'il écrasait de bouquets.

Malheureusement pour lui la file reprit son mouvement, et tandis qu'il descendait vers la place del Popolo la voiture qui avait attiré son attention remontait vers le palais de Venise.

– Ah, mon cher! dit-il à Franz, vous n'avez pas vu?

– Quoi? demanda Franz.

– Tenez, cette calèche qui s'en va toute chargée de paysannes romaines?

– Non.

– Eh bien! je suis sûr que ce sont des femmes charmantes.

Toute la journée se passa sans autre aventure que la rencontre deux ou trois fois renouvelée de la calèche aux paysannes romaines. À l'une de ces rencontres, soit hasard, soit calcul d'Albert, son masque se détacha.

Sans doute une des femmes charmantes qu'Albert devinait sous le costume coquet de paysannes fut touchée de cette galanterie, car à son tour, lorsque la voiture des deux amis repassa, elle y jeta un bouquet de violettes. Albert le mit victorieusement à sa boutonnière, et la voiture continua sa course triomphante.

Il va sans dire que l'échange de coquetteries entre Albert et la paillassine aux bouquets de violettes dura toute la journée.

Franz fit à Albert ses compliments bien sincères, il les reçut en homme à qui ils sont dus. Il avait reconnu, disait-il, à certains signes d'élégance inimitable, que sa belle inconnue devait appartenir à la plus haute aristocratie.

Il était décidé à lui écrire le lendemain.

Franz remarqua qu'Albert paraissait avoir quelque chose à lui demander. Albert se fit prier tout juste le temps qu'exigeait une amicale politesse; puis enfin il avoua à Franz qu'il lui rendrait service en lui abandonnant pour le lendemain la calèche à lui tout seul.

Franz promit donc à Albert qu'il se contenterait le lendemain de regarder le spectacle des fenêtres du palais Rospoli.

En effet, le lendemain il vit passer et repasser Albert. Il avait un énorme bouquet que sans doute il avait chargé d'être le porteur de son épître amoureuse. Cette probabilité se changea en certitude quand Franz revit le même bouquet, remarquable par un cercle de camélias blancs, entre les mains d'une charmante paillassine habillée de satin rose.

Au reste, Albert ne s'était pas trompé dans ses prévisions : le lendemain au soir Franz le vit entrer d'un seul bond dans sa chambre, secouant triomphalement un carré de papier qu'il tenait par un de ses angles.

– Eh bien ! dit-il, m'étais-je trompé ?

– Elle a répondu ? s'écria Franz.

– Lisez.

Franz prit le billet et lut :

« Mardi soir, à sept heures, descendez de votre voiture en face de la via dei Pontefici, et suivez la paysanne romaine qui vous arrachera votre *moccoletto*. Lorsque vous arriverez sur la première marche de l'église de San Giacomo, ayez soin, pour qu'elle puisse vous reconnaître, de nouer un ruban rose sur l'épaule de votre costume de paillasse. D'ici là vous ne me verrez plus. Constance et discrétion. »

– Eh bien ! que pensez-vous de cela, cher ami ?

– Mais je pense, répondit Franz, que la chose prend tout le caractère d'une aventure fort agréable.

Enfin arriva le mardi, le dernier et le plus bruyant des jours du carnaval. Depuis deux heures jusqu'à cinq heures, Franz et Albert suivirent la file, échangèrent des poignées de confettis avec les voitures de la file opposée. Albert triomphait dans son costume de paillasse. Il avait sur l'épaule un nœud de ruban rose dont les extrémités lui tombaient jusqu'aux jarrets.

La nuit s'approchait rapidement ; et déjà, au cri de : *Moccoli !* répété par les voix stridentes, deux ou trois étoiles commencèrent à briller au-dessus de la foule. Ce fut comme un signal. Au bout de dix minutes, cinquante mille lumières scintillèrent, descendant du palais de Venise à la place du Peuple, et remontant de la place du Peuple au palais de Venise.

Cette course folle et flamboyante dura deux heures à peu près ; la rue du Cours était éclairée comme en plein jour ; on distinguait les traits des spectateurs jusqu'au troisième et quatrième étage.

De cinq minutes en cinq minutes Albert tirait sa montre ; enfin elle marqua sept heures. Les deux amis se trouvaient justement à la hauteur de la via dei Pontefici ; Albert sauta à bas de la calèche, son *moccoletto* à la main.

Deux ou trois masques voulurent s'approcher de lui pour l'éteindre ou le lui arracher ; mais, en habile boxeur, Albert les renvoya les uns après les autres rouler à dix pas de lui en continuant sa course vers l'église San Giacomo.

Les degrés étaient chargés de curieux et de masques qui luttaient à qui s'arracherait le flambeau des mains. Franz suivait des yeux Albert, et le vit mettre le pied sur la première marche ; puis presque aussitôt un masque portant le costume bien connu de la paysanne au bouquet allongea le bras, et, sans que cette fois il fît aucune résistance, lui enleva le *moccoletto*.

Franz était trop loin pour entendre les paroles qu'ils échangèrent ; mais sans doute elles n'eurent rien d'hostile, car il vit s'éloigner Albert et la paysanne bras dessus bras dessous.

Les catacombes de Saint-Sébastien

Le dîner attendait ; mais comme Albert avait prévenu qu'il ne comptait pas rentrer de sitôt, Franz se mit à table sans lui. À onze heures, Albert n'était pas rentré. Franz s'habilla et partit, en prévenant qu'il passait la nuit chez le duc de Bracciano.

La maison du duc de Bracciano est une des plus charmantes maisons de Rome ; il en résulte que les fêtes qu'il donne ont une célébrité européenne. Franz et Albert étaient arrivés à Rome avec des lettres de recommandation pour lui ; aussi sa première question fut-elle pour demander à Franz ce qu'était devenu son compagnon de voyage ; Franz lui répondit qu'il l'avait quitté au moment où on allait éteindre les *moccoli*, et qu'il l'avait perdu de vue à la via Macello.

– Alors il n'est pas rentré ? demanda le duc.

– Je l'ai attendu jusqu'à cette heure, répondit Franz.

– Et a-t-il des armes ?

– Il est en paillasse.

– Vous n'auriez pas dû le laisser aller, dit le duc à Franz, vous qui connaissez Rome mieux que lui.

– Que voulez-vous qu'il lui arrive ?

– Qui sait ! la nuit est très sombre, et le Tibre est bien près de la via Macello.

Franz sentit un frisson qui lui courait dans les veines en voyant l'esprit du duc si bien d'accord avec ses inquiétudes personnelles.

– Aussi ai-je prévenu à l'hôtel que j'avais l'honneur de passer la nuit chez vous, monsieur le duc, dit Franz, et on doit venir m'annoncer son retour.

– Tenez, dit le duc, je crois justement que voilà un de mes domestiques qui vous cherche.

Le duc ne se trompait pas ; en apercevant Franz, le domestique s'approcha de lui.

– Excellence, dit-il, le maître de l'hôtel de Londres vous fait prévenir qu'un homme vous attend chez lui avec une lettre du vicomte de Morcerf.

– Pourquoi n'est-il pas venu me l'apporter ici ?

– Le messager ne m'a donné aucune explication.

Franz prit son chapeau et partit en toute hâte. Par bonheur, le palais Bracciano est à dix minutes de chemin à peine de l'hôtel de Londres. En s'approchant de l'hôtel, Franz vit un homme debout au milieu de la rue, enveloppé d'un grand manteau. Il alla à lui ; mais, au grand étonnement de Franz, ce fut cet homme qui lui adressa la parole le premier.

– Que me voulez-vous, Excellence ? dit-il en faisant un pas en arrière.

– N'est-ce pas vous, demanda Franz, qui m'apportez une lettre du vicomte de Morcerf?

– Comment s'appelle Votre Excellence?

– Le baron Franz d'Épinay.

– C'est bien à Votre Excellence alors que cette lettre est adressée.

– Y a-t-il une réponse? demanda Franz en lui prenant la lettre des mains.

– Oui, du moins votre ami l'espère bien.

La lettre était écrite de la main d'Albert et signée par lui. Franz la relut deux fois, tant il était loin de s'attendre à ce qu'elle contenait:

«Cher ami, aussitôt la présente reçue, ayez l'obligeance de prendre dans mon portefeuille, que vous trouverez dans le tiroir carré du secrétaire, ma lettre de crédit; joignez-y la vôtre si elle n'est pas suffisante. Il est urgent que cette somme me soit adressée sans aucun retard.

«Je n'insiste pas davantage, comptant sur vous comme vous pourriez compter sur moi.

«P.-S. *I believe now to Italian bandetti.*

«Votre ami,

«Albert de Morcerf.»

Au-dessous de ces lignes étaient écrits d'une main étrangère ces quelques mots italiens:

«*Se alle sei della mattina le quattro mila piastre non sono nelle mie mani, alle sette il conte Alberto avra cessato di vivere**.

«Luigi Vampa.»

Albert était tombé entre les mains du fameux chef de bandits à l'existence duquel il s'était refusé de croire.

Il n'y avait pas de temps à perdre. Franz courut au secrétaire, l'ouvrit, dans le tiroir indiqué trouva le portefeuille, et

* Si, à six heures du matin, les quatre mille piastres ne sont point entre mes mains, à sept heures le comte Albert de Morcerf aura cessé d'exister. (N.d.A.)

dans le portefeuille la lettre de crédit : elle était en tout de six mille piastres, mais sur ces six mille piastres Albert en avait déjà dépensé trois mille. Quant à Franz, il n'avait aucune lettre de crédit ; comme il habitait Florence, et qu'il était venu à Rome pour y passer sept à huit jours seulement, il avait pris une centaine de louis, et de ces cent louis il lui en restait cinquante tout au plus.

Il s'en fallait donc de sept à huit cents piastres pour qu'à eux deux Franz et Albert pussent réunir la somme demandée.

Tout à coup une idée lumineuse traversa son esprit.

Il songea au comte de Monte-Cristo.

Franz traversa le carré, un domestique l'introduisit chez le comte. Il était dans un petit cabinet que Franz n'avait pas encore vu, et qui était entouré de divans. Le comte vint au-devant de lui.

– Eh ! quel bon vent vous amène à cette heure ? lui dit-il.

Franz lui présenta la lettre d'Albert.

– Lisez, lui dit-il.

Le comte lut la lettre.

– Avez-vous la somme qu'on vous a demandée ?

– Oui, moins huit cents piastres.

Le comte alla à son secrétaire, l'ouvrit et, faisant glisser un tiroir plein d'or :

– J'espère, dit-il à Franz, que vous ne me ferez pas l'injure de vous adresser à un autre qu'à moi ?

– Vous voyez, au contraire, que je suis venu droit à vous, dit Franz.

– Et je vous en remercie ; prenez.

Et il fit signe à Franz de puiser dans le tiroir.

– Où est l'homme qui a apporté ce billet ?

– Dans la rue.

Le comte alla à la fenêtre du cabinet qui donnait sur la rue, et siffla d'une certaine façon. Le messager obéit sans retard, et, franchissant les quatre marches du perron, entra dans l'hôtel. Cinq secondes après, il était à la porte du cabinet.

– Ah ! c'est toi, Peppino ? dit le comte.

Mais Peppino, au lieu de répondre, se jeta à genoux, saisit la main du comte et y appliqua ses lèvres à plusieurs reprises.

– Ah ! ah ! dit le comte, tu n'as pas encore oublié que je t'ai sauvé la vie !

– Non, Excellence, et je ne l'oublierai jamais, répondit Peppino avec l'accent d'une profonde reconnaissance.

– Monsieur d'Épinay, connaissez-vous les catacombes de Saint-Sébastien ?

– Non, je n'y suis jamais descendu.

– Eh bien ! voici l'occasion toute trouvée.

Franz et le comte sortirent suivis de Peppino.

À la porte, ils trouvèrent la voiture. Ali était sur le siège. Franz reconnut l'esclave muet de la grotte de Monte-Cristo.

La route que suivait la voiture était l'ancienne voie Appienne, toute bordée de tombeaux. De temps en temps, au clair de la lune qui commençait à se lever, il semblait à Franz voir comme une sentinelle se détacher d'une ruine ; mais aussitôt, à un signe échangé entre Peppino et cette sentinelle, elle rentrait dans l'ombre et disparaissait.

Un peu avant le cirque de Caracalla la voiture s'arrêta, Peppino vint ouvrir la portière, et le comte et Franz descendirent. Ils avancèrent silencieusement, le comte guidant Franz comme s'il avait eu cette singulière faculté de voir dans les ténèbres.

Trois arcades, dont celle du milieu servait de porte, leur donnaient passage. Ces arcades s'ouvraient sur une grande chambre carrée tout entourée de niches. Au milieu de cette chambre s'élevaient quatre pierres qui autrefois avaient servi d'autel, comme l'indiquait la croix qui les surmontait encore.

Une seule lampe posée sur un fût de colonne, éclairait

d'une lumière pâle et vacillante l'étrange scène qui s'offrait aux yeux des deux visiteurs cachés dans l'ombre.

Un homme était assis, le coude appuyé sur cette colonne, et lisait, tournant le dos aux arcades par l'ouverture desquelles les nouveaux arrivés le regardaient.

C'était Luigi Vampa.

Tout autour de lui, groupés selon leur caprice, couchés dans leurs manteaux ou adossés à une espèce de banc de pierre, on distinguait une vingtaine de brigands ; chacun avait sa carabine à la portée de la main.

– Qui vive ? cria la sentinelle.

À ce cri Vampa se leva vivement, tirant du même coup un pistolet de sa ceinture. En un instant tous les bandits furent sur pied, et vingt canons de carabine se dirigèrent sur le comte.

– Eh bien ! dit tranquillement celui-ci ; eh bien ! mon cher Vampa, il me semble que voilà bien des frais pour recevoir un ami !

– Pardon, monsieur le comte, mais j'étais loin de m'attendre à l'honneur de votre visite.

– Il paraît que vous avez la mémoire courte, Vampa, dit le comte. N'a-t-il pas été convenu que non seulement ma personne, mais encore celle de mes amis vous seraient sacrées ?

- Et en quoi ai-je manqué au traité, Excellence ?

- Vous avez enlevé ce soir et vous avez transporté ici le vicomte Albert de Morcerf; eh bien ! ce jeune homme est de mes amis...

– Pourquoi ne m'avez-vous pas prévenu de cela, vous autres ? dit le chef en se tournant vers ses hommes, pourquoi m'avez-vous exposé ainsi à manquer à ma parole envers un homme comme M. le comte ?

– Eh bien ! dit le comte en se retournant du côté de Franz, je vous avais bien dit qu'il y avait erreur.

– Mais, dit Franz en regardant tout autour de lui avec inquiétude, où donc est le prisonnier ? je ne le vois pas.

– Le prisonnier est là, dit Vampa en montrant de la main l'enfoncement devant lequel se promenait un bandit en faction, et je vais lui annoncer moi-même qu'il est libre.

Le chef s'avança vers l'endroit désigné par lui comme servant de prison à Albert, et Franz et le comte le suivirent.

Le rendez-vous

Le lendemain en se levant, le premier mot d'Albert fut pour proposer à Franz d'aller faire une visite au comte ; il l'avait déjà remercié la veille, mais il comprenait qu'un service comme celui qu'il lui avait rendu valait bien deux remerciements.

Franz l'accompagna ; tous deux furent introduits dans le salon : cinq minutes après, le comte parut.

– Monsieur le comte, lui dit Albert en allant à lui, permettez-moi de vous répéter ce matin ce que je vous ai mal dit hier : c'est que je me souviendrai toujours que je vous dois la vie ou à peu près. Mon père, le comte de Morcerf, qui est d'origine espagnole, a une haute position en France et en Espagne ; je viens me mettre, moi et tous les gens qui m'aiment, à votre disposition.

– Eh bien ! dit le comte, je vous avoue, monsieur de Morcerf, que j'attendais votre offre et que je l'accepte de grand cœur. J'avais déjà jeté mon dévolu sur vous pour vous demander un grand service.

– Lequel ?

– Je ne connais pas Paris. Vous engagez-vous, mon cher monsieur de Morcerf (le comte accompagna ces mots d'un singulier sourire), vous engagez-vous, lorsque j'irai en France, à m'ouvrir les portes de ce monde où je serai aussi étranger qu'un Huron ?

– Oh ! quant à cela, monsieur le comte, répondit Albert ; je vous le répète, moi et les miens sommes à vous corps et âme. Et quand cela ?

– Mais quand y serez-vous vous-même ?

– Moi, dit Albert ; oh, mon Dieu ! dans quinze jours ou trois semaines au plus tard ; le temps de revenir.

– Eh bien ! dit le comte, je vous donne trois mois ; vous voyez que je vous fais la mesure large.

– Et dans trois mois, s'écria Albert avec joie, vous venez frapper à ma porte ?

– Voulez-vous un rendez-vous jour pour jour, heure pour heure ? dit le comte.

– Jour pour jour, heure pour heure, dit Albert.

– Eh bien ! soit. Nous sommes aujourd'hui le 21 février, il est dix heures et demie du matin. Voulez-vous m'attendre le 21 mai prochain, à dix heures et demie du matin ?

– À merveille ! dit Albert, le déjeuner sera prêt.

– Vous demeurez ?

– Rue du Helder, n° 27.

– Vous êtes chez vous en garçon, je ne vous gênerai pas ?

– J'habite dans l'hôtel de mon père, mais un pavillon au fond de la cour entièrement séparé.

– Bien.

Le comte prit ses tablettes et écrivit : « Rue du Helder, n° 27, 21 mai, à dix heures et demie du matin. »

– Et maintenant, dit le comte en remettant ses tablettes dans sa poche, soyez tranquille, l'aiguille de votre pendule ne sera pas plus exacte que moi.

Sur quoi les deux jeunes gens saluèrent le comte et sortirent.

– Qu'avez-vous donc ? dit en rentrant chez lui Albert à Franz, vous avez l'air tout soucieux.

– Oui, dit Franz, je vous l'avoue, le comte est un homme singulier, et je vois avec inquiétude ce rendez-vous qu'il vous a donné à Paris.

– Ce rendez-vous… avec inquiétude ! Ah çà ! mais êtes-vous fou, mon cher Franz ? s'écria Albert.

– Que voulez-vous, dit Franz, fou ou non, c'est ainsi.

Le déjeuner

Dans cette maison de la rue du Helder, où Albert de Morcerf avait donné rendez-vous à Rome au comte de Monte-Cristo, tout se préparait dans la matinée du 21 mai pour faire honneur à la parole du jeune homme.

Le jeune homme, en demi-toilette, avait établi son quartier général dans le petit salon du rez-de-chaussée.

À dix heures moins un quart, un valet de chambre entra.

Ce valet de chambre, qui s'appelait Germain, tenait à la main une liasse de journaux qu'il déposa sur une table.

– À quelle heure Monsieur veut-il être servi ?

– Servez pour dix heures et demie précises ; Debray sera peut-être forcé d'aller à son ministère… Et d'ailleurs… (Albert consulta ses tablettes), c'est bien l'heure que j'ai indiquée au comte, le 21 mai, à dix heures et demie du matin, et quoique je ne fasse pas grand fond sur sa promesse, je veux être exact. À propos, savez-vous si Mme la comtesse est levée ?

– Si monsieur le vicomte le désire, je m'en informerai.

– Oui… et vous lui direz que j'aurai l'honneur de passer chez elle vers trois heures, et que je lui fais demander la permission de lui présenter quelqu'un.

En ce moment, une voiture légère s'arrêta devant la porte, et un instant après le valet de chambre rentra pour annoncer

M. Lucien Debray. Un grand jeune homme blond, pâle, à l'œil gris et assuré, entra sans sourire, sans parler, et d'un air demi-officiel.

– Bonjour, Lucien, bonjour ! dit Albert. Ah ! vous m'effrayez, mon cher, avec votre exactitude ! C'est miraculeux ! le ministère serait-il renversé, par hasard ?

– Non, très cher, dit le jeune homme en s'incrustant dans le divan ; rassurez-vous, nous chancelons toujours, mais nous ne tombons jamais, et je commence à croire que nous passons tout bonnement à l'inamovibilité.

– Eh bien, soit, je vous distrairai, moi.

– Comment cela ?

– En vous faisant faire une connaissance nouvelle.

– En homme ou en femme ?

– En homme.

– Oh ! j'en connais déjà beaucoup !

– Mais vous n'en connaissez pas comme celui dont je vous parle.

– D'où vient-il donc ? du bout du monde ?

– De plus loin peut-être. Tenez, j'entends la voix de Beauchamp dans l'antichambre, vous vous disputerez, cela vous fera prendre patience.

– M. Beauchamp ! annonça le valet de chambre.

– Entrez, entrez ! plume terrible ! dit Albert en se levant et en allant au-devant du jeune homme.

– Nous n'attendons plus que deux personnes et l'on se mettra à table aussitôt qu'elles seront arrivées.

– Et quelles sortes de personnes attendez-vous à déjeuner ? dit Beauchamp.

– Un gentilhomme et un diplomate.

– Alors c'est l'affaire de deux petites heures pour le gentilhomme et de deux grandes heures pour le diplomate. Je reviendrai au dessert.

– N'en faites rien, Beauchamp, car le gentilhomme fût-il

un Montmorency et le diplomate un Metternich, nous déjeunerons à onze heures précises.

– Allons donc, soit, je reste. Il faut absolument que je me distraie ce matin.

– Bon, vous voilà comme Debray ! Il me semble cependant que lorsque le ministère est triste l'opposition doit être gaie.

– Ah ! voyez-vous, cher ami, c'est que vous ne savez point ce qui me menace. J'entendrai ce matin un discours de M. Danglars à la Chambre des députés, et ce soir, chez sa femme, une tragédie d'un pair de France. Le diable emporte le gouvernement constitutionnel !

– Mon cher, dit Albert à Beauchamp, vous êtes ce matin d'une aigreur révoltante. Rappelez-vous donc que la chronique parisienne parle d'un mariage entre moi et Mlle Eugénie Danglars. Je ne puis donc pas, en conscience, vous laisser mal parler de l'éloquence d'un homme qui doit me dire un jour : « Monsieur le vicomte, vous savez que je donne deux millions à ma fille. »

– Monsieur de Château-Renaud ! M. Maximilien Morrel ! dit le valet de chambre, en annonçant deux nouveaux convives.

– Complets alors ! dit Beauchamp, et nous allons déjeuner ; car si je ne me trompe, vous n'attendiez plus que deux personnes, Albert ?

– Morrel ! murmura Albert surpris ; Morrel ! qu'est-ce que cela ?

Mais avant qu'il eût achevé, M. de Château-Renaud, beau jeune homme de trente ans, avait pris Albert par la main.

– Permettez-moi, mon cher, lui dit-il, de vous présenter M. le capitaine de spahis Maximilien Morrel, mon ami, et de plus mon sauveur. Au reste, l'homme se présente assez bien par lui-même. Saluez mon héros, vicomte.

Et il se rangea pour démasquer un grand et noble jeune

homme au front large, à l'œil perçant, aux moustaches noires. Un riche uniforme, demi-français, demi-oriental, admirablement porté, faisait valoir sa large poitrine décorée de la croix de la Légion d'honneur et ressortir la cambrure hardie de sa taille.

Le jeune officier s'inclina avec une politesse pleine d'élégance ; Morrel était gracieux dans chacun de ses mouvements, parce qu'il était fort.

– Monsieur, dit Albert avec une affectueuse courtoisie, M. le baron de Château-Renaud savait d'avance tout le plaisir qu'il me procurait en me faisant faire votre connaissance ; vous êtes de ses amis, monsieur, soyez des nôtres.

– À quelle heure déjeunez-vous, Albert ?

– À dix heures et demie.

– Précises ? demanda Debray en tirant sa montre.

– Oh ! vous m'accorderez bien les cinq minutes de grâce, dit Morcerf ; car moi aussi j'attends un sauveur. Quand je l'ai invité, il y a deux mois de cela, il était à Rome ; mais depuis ce temps-là qui peut dire le chemin qu'il a fait !

– Voyons, mon cher Albert, dit Debray, avouez que votre cuisinier est en retard et qu'à l'exemple de Mme de Maintenon, vous voulez remplacer le plat par un conte. Dites-le, mon cher, nous sommes d'assez bonne compagnie pour vous le pardonner et pour écouter votre histoire, toute fabuleuse qu'elle promet d'être.

– Et moi je vous dis, toute fabuleuse qu'elle est, je vous la donne pour vraie d'un bout à l'autre. Les brigands m'avaient enlevé et m'avaient conduit dans un endroit fort triste qu'on appelle les catacombes de Saint-Sébastien. On m'avait annoncé que j'étais prisonnier sauf rançon, une misère, quatre mille écus romains. J'écrivis à Franz que s'il n'arrivait pas à six heures du matin avec les quatre mille écus, à six heures dix minutes j'aurais rejoint les bienheureux saints et les glorieux martyrs dans la compagnie desquels j'avais l'honneur de me trouver, et M. Luigi Vampa, c'est le nom de mon chef de brigands, m'aurait, je vous prie de le croire, tenu scrupuleusement parole.

– Mais Franz arriva avec les quatre mille écus ? dit Château-Renaud. Que diable ! on n'est pas embarrassé pour quatre mille écus quand on s'appelle Franz d'Épinay !

– Non, il arriva purement et simplement accompagné du convive que je vous annonce et que j'espère vous présenter.

– Il traita de votre rançon ?

– Il dit deux mots à l'oreille du chef, et je fus libre.

– Ah çà ! mais c'était donc l'Arioste que cet homme !

– Non, c'était tout simplement le comte de Monte-Cristo.

– Toujours est-il, ajouta Château-Renaud, que votre comte de Monte-Cristo est un galant homme dans ses moments perdus, sauf que voilà dix heures et demie qui sonnent.

Mais la vibration de la pendule ne s'était pas encore éteinte, lorsque la porte s'ouvrit, et que Germain annonça :

– Son Excellence le comte de Monte-Cristo !

Tous les auditeurs firent malgré eux un bond. Le comte s'avança en souriant au milieu du salon, et vint droit à Albert, qui, marchant au-devant de lui, lui offrit la main avec empressement.

– L'exactitude, dit Monte-Cristo, est la politesse des rois, à ce qu'a prétendu, je crois, un de vos souverains. Mais quelle que soit leur bonne volonté, elle n'est pas toujours celle des voyageurs. Cependant, j'espère, mon cher vicomte, que vous excuserez, en faveur de ma bonne volonté, les deux ou trois secondes de retard que je crois avoir mises à paraître au rendez-vous.

– Monsieur le comte, répondit Albert, j'étais en train d'annoncer votre visite à quelques-uns de mes amis que j'ai réunis à l'occasion de la promesse que vous avez bien voulu me faire, et que j'ai l'honneur de vous présenter. Ce sont MM. le comte de Château-Renaud, dont la noblesse remonte aux douze pairs, et dont les ancêtres ont eu leur place à la Table ronde ; M. Lucien Debray, secrétaire particulier du ministre de l'Intérieur. M. Beauchamp, terrible journaliste, l'effroi du gouvernement français, mais dont peut-être, malgré sa célébrité nationale, vous n'avez jamais entendu parler en Italie, attendu que son journal n'y entre pas ; enfin M. Maximilien Morrel, capitaine de spahis.

À ce nom, le comte qui avait jusque-là salué courtoisement, mais avec une froideur et une impassibilité tout anglaises, fit malgré lui un pas en avant, et un léger ton de vermillon passa comme l'éclair sur ses joues pâles.

– Messieurs, dit Albert, Germain m'annonce que vous êtes servis. Mon cher comte, permettez-moi de vous montrer le chemin.

On passa silencieusement dans la salle à manger. Chacun prit sa place.

– Messieurs, dit le comte en s'asseyant, permettez-moi un aveu qui sera mon excuse pour toutes les inconvenances que je pourrai faire : je suis étranger, mais étranger à tel point que c'est la première fois que je viens à Paris. Je vous prie donc de m'excuser si vous trouvez en moi quelque chose de trop turc, de trop napolitain ou de trop arabe. Cela dit, messieurs, déjeunons.

– Monsieur le comte, vous ne vous faites pas l'idée du plaisir que j'éprouve! dit Morcerf. Je vous avais annoncé d'avance à mes amis comme un homme fabuleux, comme un enchanteur des *Mille et Une Nuits*, comme un sorcier du Moyen Âge; mais les Parisiens sont gens tellement subtils en paradoxes, qu'ils prennent pour des caprices de l'imagination les vérités les plus incontestables, quand ces vérités ne rentrent pas dans toutes les conditions de leur existence quotidienne. Dites-leur donc vous-même, je vous en prie, monsieur le comte, que j'ai été pris par ces bandits, et que, sans votre généreuse intercession, j'attendrais, selon toute probabilité, aujourd'hui la résurrection éternelle dans les catacombes de Saint-Sébastien.

– Mon cher vicomte, dit Monte-Cristo, vous le savez, j'avais, en vous sauvant, une arrière-pensée qui était de me servir de vous pour m'introduire dans les salons de Paris quand je viendrais visiter la France. Quelque temps vous avez pu considérer cette résolution comme un projet vague et fugitif; mais aujourd'hui, vous le voyez, c'est une belle et bonne réalité, à laquelle il faut vous soumettre sous peine de manquer à votre parole.

– Et je la tiendrai, dit Morcerf; mais je crains bien que vous ne soyez fort désenchanté, mon cher comte, vous, habitué aux fantastiques horizons. Je n'ose vous proposer de partager mon logement comme j'ai partagé le vôtre à Rome; car chez moi, excepté moi, il ne tiendrait pas une ombre, à moins que cette ombre ne fût celle d'une femme.

– Ah! fit le comte, voici une réserve toute conjugale. Vous m'avez en effet, monsieur, dit à Rome quelques mots d'un mariage ébauché; dois-je vous féliciter sur votre prochain bonheur?

– Mon père y tient, et j'espère bien, avant peu, vous présenter, sinon ma femme, du moins ma future : Mlle Eugénie Danglars.

– Eugénie Danglars ! reprit Monte-Cristo, attendez donc ; son père n'est-il pas M. le baron Danglars ?

– Oui, répondit Morcerf ; mais baron de nouvelle création.

– Oh ! qu'importe ! répondit Monte-Cristo, s'il a rendu à l'État des services qui lui aient mérité cette distinction.

– D'énormes, dit Beauchamp. Il a, quoique libéral dans l'âme, complété en 1829 un emprunt de six millions pour le roi Charles X, qui l'a, ma foi, fait baron et chevalier de la Légion d'honneur. Mais vous avez prononcé son nom comme quelqu'un qui connaîtrait le baron ?

– Je ne le connais pas, dit négligemment Monte-Cristo ; mais je ne tarderai pas probablement à faire sa connaissance, attendu que j'ai un crédit ouvert sur lui par les maisons Richard et Blount de Londres, Arstein et Eskeles de Vienne, et Thomson et French de Rome.

– Mais, dit Morcerf, nous nous sommes singulièrement écartés, à propos de M. Danglars, du sujet de notre conversation. Il était question de trouver une habitation convenable au comte de Monte-Cristo : voyons, messieurs, cotisons-nous pour avoir une idée.

– Merci, monsieur, merci, dit Monte-Cristo, j'ai déjà mon habitation toute prête. Une maison à moi, j'entends. J'ai envoyé d'avance mon valet de chambre et il a déjà dû acheter cette maison et me la faire meubler.

– Mais dites-nous donc que vous avez un valet de chambre qui connaît Paris, s'écria Beauchamp.

– C'est la première fois, comme moi, qu'il vient en France, il est noir et ne parle pas, dit Monte-Cristo.

– Alors, c'est Ali ? demanda Albert au milieu de la surprise générale.

– Oui, monsieur, c'est Ali lui-même, mon Nubien, mon muet, que vous avez vu à Rome, je crois.

Et Monte-Cristo passa un papier à Albert.

– « Champs-Élysées, 30 », lut Morcerf.

– Alors, dit Château-Renaud, vous voilà avec une maison montée ; vous avez un hôtel aux Champs-Élysées, domestiques, intendant ; il ne vous manque plus qu'une maîtresse.

Albert sourit : il songeait à la belle Grecque qu'il avait vue dans la loge du comte.

– J'ai mieux que cela, dit Monte-Cristo ; j'ai une esclave ; vous louez vos maîtresses au théâtre de l'Opéra, moi j'ai acheté la mienne à Constantinople ; cela m'a coûté plus cher ; mais, sous ce rapport-là, je n'ai plus besoin de m'inquiéter de rien.

Depuis longtemps on était passé au dessert et aux cigares.

– Mon cher, dit Debray en se levant, il est deux heures et demie ; il faut que je retourne à mon ministère. Je parlerai du comte au ministre, et il faudra bien que nous sachions qui il est.

– Prenez garde, dit Morcerf, les plus malins y ont renoncé.

– Bah ! nous avons trois millions pour notre police ; il restera toujours bien une cinquantaine de mille francs à mettre à cela.

– Et, quand vous saurez qui il est, vous me le direz ?

– Je vous le promets. Au revoir, Albert ; messieurs, votre très humble.

– Bon, dit Beauchamp à Albert. Je n'irai pas à la Chambre ; mais j'ai à offrir à mes lecteurs mieux qu'un discours de M. Danglars.

– De grâce ! Beauchamp, dit Morcerf, pas un mot, je vous en supplie ; ne m'ôtez pas le mérite de le présenter et de l'expliquer. N'est-ce pas qu'il est curieux ?

– Il est mieux que cela, répondit Château-Renaud, et

c'est vraiment un des hommes les plus extraordinaires que j'aie vus de ma vie. Venez-vous, Morrel ?

– Le temps de donner ma carte à M. le comte, qui veut bien me promettre de venir nous faire une petite visite, rue Meslay, 14.

– Soyez sûr que je n'y manquerai pas, monsieur, dit en s'inclinant le comte.

Et Maximilien Morrel sortit avec le baron de Château-Renaud, laissant Monte-Cristo seul avec Morcerf.

La présentation

Quand Albert se trouva en tête à tête avec Monte-Cristo :

– Maintenant, monsieur le comte, veuillez m'accompagner jusque chez M. de Morcerf, à qui j'ai écrit de Rome le service que vous m'avez rendu, à qui j'ai annoncé la visite que vous m'aviez promise ; et, je puis le dire, le comte et la comtesse attendaient avec impatience qu'il leur fût permis de vous remercier.

Monte-Cristo s'inclina sans répondre ; il acceptait la proposition sans enthousiasme et sans regrets, comme une des convenances de société dont tout homme comme il faut se fait un devoir. Albert appela son valet de chambre, et lui ordonna d'aller prévenir M. et Mme de Morcerf de l'arrivée prochaine du comte de Monte-Cristo.

Albert le suivit avec le comte.

En arrivant dans l'antichambre, on voyait au-dessus de la porte qui donnait dans le salon un écusson qui, par son entourage riche et son harmonie avec l'ornementation de la pièce, indiquait l'importance que le propriétaire de l'hôtel attachait à ce blason.

Dans l'endroit le plus apparent de ce salon se voyait aussi un portrait ; c'était celui d'un homme de trente-cinq à trente-huit ans, vêtu d'un uniforme d'officier général, portant cette double épaulette en torsade, signe des grades supérieurs, le ruban de la Légion d'honneur au cou, ce qui indiquait qu'il était commandeur, et sur la poitrine, à droite, la plaque de grand officier de l'ordre du Sauveur, et à gauche, celle de grand-croix de Charles III, ce qui indiquait que la personne représentée par ce portrait avait dû faire les guerres de Grèce et d'Espagne, ou, ce qui revient absolument au même en matière de cordons, avoir rempli quelque mission diplomatique dans les deux pays.

Monte-Cristo était occupé à détailler ce portrait, lorsqu'une porte latérale s'ouvrit, et qu'il se trouva en face du comte de Morcerf lui-même.

Cet homme entra d'un pas assez noble et avec une sorte d'empressement. Monte-Cristo le vit venir à lui sans faire un seul pas ; on eût dit que ses pieds étaient cloués au parquet comme ses yeux sur le visage du comte de Morcerf.

– Mon père, dit le jeune homme, j'ai l'honneur de vous présenter M. le comte de Monte-Cristo, ce généreux ami que j'ai eu le bonheur de rencontrer dans les circonstances difficiles que vous savez.

– Monsieur est le bienvenu parmi nous, dit le comte de Morcerf en saluant Monte-Cristo avec un sourire, et il a rendu à notre maison, en lui conservant son unique héritier, un service qui sollicitera éternellement notre reconnaissance.

Et en disant ces paroles le comte de Morcerf indiquait un fauteuil à Monte-Cristo, en même temps que lui-même s'asseyait en face de la fenêtre.

– Ah ! voici ma mère, s'écria le vicomte.

En effet, Monte-Cristo, en se retournant vivement, vit Mme de Morcerf à l'entrée du salon, au seuil de la porte opposée à celle par laquelle était entré son mari : immobile et pâle, elle laissa, lorsque Monte-Cristo se retourna de son côté, tomber son bras qui, on ne sait pourquoi, s'était appuyé sur le chambranle doré.

– Eh! mon Dieu, madame, demanda le comte, qu'avez-vous donc? serait-ce par hasard la chaleur de ce salon qui vous fait mal?

– Souffrez-vous, ma mère? s'écria le vicomte en s'élançant au-devant de Mercédès.

Elle les remercia tous deux avec un sourire.

– Non, dit-elle, mais j'ai éprouvé quelque émotion en voyant pour la première fois celui sans l'intervention duquel nous serions en ce moment dans les larmes et dans le deuil. Monsieur, continua la comtesse en s'avançant avec la majesté d'une reine, je vous dois la vie de mon fils, et pour ce bienfait je vous bénis.

Monte-Cristo s'inclina; il était plus pâle encore que Mercédès.

– Il est bien heureux pour mon fils, monsieur, de vous avoir pour ami, et je rends grâce à Dieu qui a fait les choses ainsi.

Et Mercédès leva ses beaux yeux au ciel avec une gratitude si infinie, que le comte crut y voir trembler deux larmes.

– Monsieur le comte, continua-t-elle, nous fera-t-il la grâce de passer le reste de la journée avec nous?

– Merci, madame, et vous me voyez, croyez-le bien, on ne peut plus reconnaissant de votre offre, mais je suis descendu ce matin à votre porte de ma voiture de voyage. Comment suis-je installé à Paris, je l'ignore; où le suis-je, je le sais à peine. C'est une inquiétude légère, je le sais, mais appréciable cependant.

– Nous aurons ce plaisir une autre fois au moins, vous nous le promettez? demanda la comtesse.

Monte-Cristo s'inclina sans répondre, mais le geste pouvait passer pour un assentiment.

– Alors, je ne vous retiens pas, monsieur, dit la comtesse, car je ne veux pas que ma reconnaissance devienne ou une indiscrétion ou une importunité.

Le soir même, à son arrivée à la maison des Champs-Élysées, le comte de Monte-Cristo visita toute l'habitation comme eût pu le faire un homme familiarisé avec elle depuis de longues années ; pas une seule fois, quoiqu'il marchât le premier, il n'ouvrit une porte pour une autre, et ne prit un escalier ou un corridor qui ne le conduisît pas directement où il comptait aller. Ali l'accompagnait dans cette revue nocturne. Le comte dit au Nubien attentif :

– Il est onze heures et demie, Haydée ne peut tarder à arriver. A-t-on prévenu les femmes françaises ?

Ali étendit la main vers l'appartement destiné à la belle Grecque, montra le nombre trois avec les doigts de sa main gauche, et sur cette même main mise à plat appuyant sa tête, ferma les yeux en guise de sommeil.

– Ah ! fit Monte-Cristo, habitué à ce langage, elles sont trois qui attendent dans la chambre à coucher, n'est-ce pas ?

– Oui, fit Ali en agitant la tête du haut en bas.

Bientôt on entendit héler le concierge ; la grille s'ouvrit, une voiture roula dans l'allée et s'arrêta devant le perron. Le comte descendit ; la portière était déjà ouverte ; il tendit la main à une jeune femme tout enveloppée d'une mante de soie verte toute brodée d'or qui lui couvrait la tête. La jeune femme prit la main qu'on lui tendait, la baisa avec un certain amour mêlé de respect, et quelques mots furent échangés tendrement de la part de la jeune femme, et avec une douce gravité de la part du comte, dans cette langue sonore que le vieil Homère a mise dans la bouche de ses dieux.

Alors, précédée d'Ali qui portait un flambeau de cire rose, la jeune femme, laquelle n'était autre que cette belle Grecque, compagne ordinaire de Monte-Cristo en Italie, fut conduite à son appartement, puis le comte se retira dans le pavillon qu'il s'était réservé.

Le crédit illimité

Le lendemain, vers deux heures de l'après-midi, une calèche, attelée de deux magnifiques chevaux anglais, s'arrêta devant la porte de Monte-Cristo ; un homme passa sa tête par la portière d'un coupé sur le panneau duquel était peinte une couronne de baron, et envoya son groom demander au concierge si le comte de Monte-Cristo était chez lui.

L'œil de cet homme était vif, mais plutôt rusé que spirituel. Ses lèvres étaient si minces, qu'au lieu de saillir en dehors elles rentraient dans la bouche ; enfin la largeur et la proéminence des pommettes, signe infaillible d'astuce, la dépression du front, le renflement de l'occiput qui dépassait de beaucoup de larges oreilles des moins aristocratiques, contribuaient à donner pour tout physionomiste un caractère presque repoussant à la figure de ce personnage fort recommandable aux yeux du vulgaire par ses chevaux magnifiques, l'énorme diamant qu'il portait à sa chemise et le ruban rouge qui s'étendait d'une boutonnière à l'autre de son habit.

Le groom frappa au carreau du concierge, et demanda :

– N'est-ce point ici que demeure M. le comte de Monte-Cristo ?

– C'est ici que demeure Son Excellence, répondit le concierge ; mais Son Excellence n'est pas visible.

– En ce cas, voici la carte de mon maître : M. le baron Danglars. Vous la remettrez au comte de Monte-Cristo, et vous lui direz qu'en allant à la Chambre mon maître s'est détourné pour avoir l'honneur de le voir.

Le groom retourna vers la voiture.

– Eh bien ? demanda Danglars.

L'enfant apporta à son maître la réponse du concierge.

– Oh ! fit Danglars, c'est donc un prince que ce monsieur qu'on l'appelle Excellence, et n'importe, puisqu'il a un crédit sur moi, il faudra bien que je le voie quand il voudra de l'argent.

Et Danglars se rejeta dans le fond de sa voiture en criant au cocher :

– À la Chambre des députés !

Au travers d'une jalousie de son pavillon, Monte-Cristo, prévenu à temps, avait vu le baron et l'avait étudié à l'aide d'une excellente lorgnette avec non moins d'attention que M. Danglars en avait mis lui-même à analyser la maison, le jardin et les livrées.

– Ali ! cria-t-il, puis il frappa un coup sur le timbre de cuivre.

Ali parut.

– Comment se fait-il, dit Monte-Cristo en fronçant le sourcil, qu'il y ait à Paris deux autres chevaux aussi beaux que les miens, et que ces chevaux ne soient pas dans mes écuries ?

Au froncement de sourcil et à l'intonation sévère de cette voix, Ali baissa la tête et pâlit.

– Ce soir, j'ai une visite à rendre ; je veux que ces deux chevaux soient attelés à ma voiture avec un harnais neuf.

À cinq heures, le comte descendit et vit, attelés à sa voiture, les chevaux qu'il avait admirés le matin à la voiture de Danglars.

Le comte fit un signe de satisfaction, descendit les degrés, sauta dans sa voiture, qui, entraînée au trot du magnifique attelage, ne s'arrêta que devant l'hôtel du banquier.

Danglars présidait une commission nommée pour un chemin de fer, lorsqu'on vint lui annoncer la visite du comte de Monte-Cristo. Au nom du comte, il se leva.

– Messieurs, dit-il, en s'adressant à ses collègues, dont plusieurs étaient des honorables membres de l'une ou l'autre Chambre, pardonnez-moi si je vous quitte ainsi ; mais imaginez-vous que la maison Thomson et French, de Rome, m'adresse un certain comte de Monte-Cristo, en lui ouvrant chez moi un crédit illimité. C'est la plaisanterie la plus drôle que mes correspondants de l'étranger se soient encore permise vis-à-vis de moi. Ma foi, vous le comprenez, la curiosité m'a saisi et me tient encore.

En achevant ces mots et en leur donnant une emphase qui gonfla les narines de M. le baron, celui-ci quitta ses hôtes et passa dans un salon blanc et or qui faisait grand bruit dans la chaussée d'Antin. C'est là qu'il avait ordonné d'introduire le visiteur pour l'éblouir du premier coup.

Au bruit que fit Danglars en entrant, le comte se retourna.

Danglars salua légèrement de la tête, et fit signe au comte de s'asseoir dans un fauteuil de bois doré garni de satin blanc broché d'or. Le comte s'assit.

– C'est à M. de Monte-Cristo que j'ai l'honneur de parler ?

– Et moi, répondit le comte, à M. le baron Danglars, chevalier de la Légion d'honneur, membre de la Chambre des députés ?

Monte-Cristo redisait tous les titres qu'il avait trouvés sur la carte du baron. Danglars se mordit les lèvres.

– Excusez-moi, monsieur, dit-il, de ne pas vous avoir donné du premier coup le titre sous lequel vous m'avez été annoncé ; mais, vous le savez, nous vivons sous un gouvernement populaire, et moi je suis un représentant des intérêts du peuple.

– De sorte, répondit Monte-Cristo, que, tout en conservant l'habitude de vous faire appeler baron, vous avez perdu celle d'appeler les autres comte.

Danglars se pinça les lèvres ; il vit que, sur ce terrain-là, il n'était pas de force avec Monte-Cristo, il essaya donc de revenir sur un terrain qui lui était plus familier.

– Monsieur le comte, dit-il en s'inclinant, j'ai reçu une lettre d'avis de la maison Thomson et French. Mais je vous avoue que je n'en ai pas parfaitement compris le sens. Cette lettre, je l'ai sur moi, je crois (il fouilla dans sa poche). Oui, la voici : cette lettre ouvre à M. le comte de Monte-Cristo un crédit illimité sur ma maison.

– Eh bien ! monsieur le baron, que voyez-vous d'obscur là-dedans ?

– Rien, monsieur, seulement le mot *illimité*...

– Eh bien ! ce mot-là n'est-il pas français ?

– Oh ! si fait, monsieur, et du côté de la syntaxe il n'y a rien à redire, mais il n'en est pas de même du côté de la comptabilité.

– Est-ce que la maison Thomson et French n'est point parfaitement sûre, à votre avis, monsieur le baron ? Diable ! cela me contrarierait, car j'ai quelques fonds de placés chez elle.

– Ah ! parfaitement sûre, répondit Danglars avec un sourire presque railleur; mais le sens du mot *illimité*, en matière de finances, est tellement vague…

– Qu'il est illimité, n'est-ce pas? dit Monte-Cristo.

– C'est justement cela, monsieur, que je voulais dire. Or le vague, c'est le doute, et, dit le sage, dans le doute, abstiens-toi.

– Ce qui signifie, reprit Monte-Cristo, que si la maison Thomson et French est disposée à faire des folies, la maison Danglars ne l'est pas à suivre son exemple.

– Enfin, monsieur, dit Danglars après un moment de silence, je vais essayer de me faire comprendre en vous priant de fixer vous-même la somme que vous comptez toucher chez moi.

– Mais, monsieur, reprit Monte-Cristo décidé à ne pas perdre un pouce de terrain dans la discussion, si j'ai demandé un crédit illimité sur vous, c'est que je ne sais justement pas de quelles sommes j'avais besoin.

Le banquier crut que le moment était venu enfin de prendre le dessus; il se renversa dans son fauteuil, et avec un lourd et orgueilleux sourire:

– Oh! monsieur, dit-il, le chiffre de la maison Danglars peut satisfaire les plus larges exigences, et dussiez-vous demander un million…

– Plaît-il? fit Monte-Cristo.

– Je dis un million, répéta Danglars avec l'aplomb de la sottise.

– Et que ferais-je d'un million? dit le comte. Bon Dieu! monsieur, s'il ne m'eût fallu qu'un million, je ne me serais pas fait ouvrir un crédit pour une pareille misère. Un million? mais j'ai toujours un million dans mon portefeuille ou dans mon nécessaire de voyage.

Et Monte-Cristo retira d'un petit carnet où étaient ses cartes de visite, deux bons de cinq cent mille francs chacun, payables au porteur, sur le Trésor.

Le coup de massue fit son effet : le banquier chancela ; il ouvrit sur Monte-Cristo des yeux hébétés.

– Voyons, avouez-moi, dit Monte-Cristo, que vous vous défiez de la maison Thomson et French. Mon Dieu, c'est tout simple ! j'ai prévu le cas, et quoique assez étranger aux affaires, j'ai pris mes précautions. Voici donc deux autres lettres pareilles à celle qui vous est adressée : l'une est de la maison Arstein et Eskeles de Vienne sur M. le baron de Rothschild, l'autre est de la maison Baring de Londres sur M. Laffitte. Dites un mot, monsieur, et je vous ôterai toute préoccupation, en me présentant dans l'une ou dans l'autre de ces deux maisons.

C'en était fait, Danglars était vaincu ; il ouvrit avec un tremblement visible la lettre d'Allemagne et la lettre de Londres que lui tendait du bout des doigts le comte.

– Oh ! monsieur, voilà trois signatures qui valent bien des millions, dit Danglars en se levant comme pour saluer la puissance de l'or personnifiée en cet homme qu'il avait devant lui. Trois crédits illimités sur nos trois maisons ! Pardonnez-moi, monsieur le comte, mais tout en cessant d'être défiant, on peut demeurer encore étonné.

– Oh ! ce n'est pas une maison comme la vôtre qui s'étonnerait ainsi ! dit Monte-Cristo avec toute sa politesse ; ainsi vous pourrez donc m'envoyer quelque argent, n'est-ce pas ?

– Parlez, monsieur le comte ; je suis à vos ordres.

– Eh bien ! reprit Monte-Cristo, à présent que nous nous entendons, car nous nous entendons, n'est-ce pas ?

Danglars fit un signe de tête affirmatif.

– Eh bien ! répéta le comte, maintenant que nous nous entendons, maintenant que vous n'avez plus aucune défiance, fixons, si vous le voulez bien, une somme générale pour la première année, six millions par exemple.

– Six millions, soit ! dit Danglars suffoqué.

– S'il me faut plus, reprit nonchalamment Monte-Cristo,

nous mettrons plus; mais je ne compte rester qu'une année en France, et pendant cette année, je ne crois pas dépasser ce chiffre... enfin nous verrons... Veuillez, pour commencer, me faire porter cinq cent mille francs demain, je serai chez moi jusqu'à midi.

– L'argent sera chez vous demain à dix heures du matin, monsieur le comte, répondit Danglars. Voulez-vous de l'or, des billets de banque, ou de l'argent?

– Or et billets par moitié, s'il vous plaît.

Et le comte se leva.

– Avec vos goûts et vos intentions, monsieur, continua Danglars, vous allez déployer dans la capitale un luxe qui va nous écraser tous, nous autres pauvres petits millionnaires; pour aujourd'hui je désirerais, si vous le permettez toutefois, vous présenter à Mme la baronne Danglars; excusez mon empressement, monsieur le comte, mais un client comme vous fait presque partie de la famille.

Monte-Cristo s'inclina, en signe qu'il acceptait l'honneur que le financier voulait bien lui faire.

Danglars sonna: un laquais parut.

– Mme la baronne est-elle chez elle? demanda Danglars.

– Oui, monsieur le baron, répondit le laquais.

– Seule?

– Non, madame a du monde.

– Ce ne sera pas indiscret de vous présenter devant quelqu'un, n'est-ce pas, monsieur le comte? vous ne gardez pas l'incognito?

– Non, monsieur le baron, dit en souriant Monte-Cristo, je ne me reconnais pas ce droit-là.

– Et qui est près de madame? M. Debray? demanda Danglars avec une bonhomie qui fit sourire intérieurement Monte-Cristo, déjà renseigné sur les transparents secrets d'intérieur du financier.

M. Debray, oui, monsieur le baron, répondit le laquais.

Mme Danglars, dont la beauté pouvait encore être citée, malgré ses trente-six ans, était à son piano, petit chef-d'œuvre de marqueterie, tandis que Lucien Debray, assis devant une table à ouvrage, feuilletait un album.

Lucien avait déjà, avant son arrivée, eu le temps de raconter à la baronne bien des choses relatives au comte. On sait combien, pendant le déjeuner chez Albert, Monte-Cristo avait fait impression sur ses convives ; cette impression n'était pas encore effacée chez Debray, et les renseignements qu'il avait donnés à la baronne sur le comte s'en étaient ressentis. La curiosité de Mme Danglars était donc portée à son comble. La baronne reçut en conséquence M. Danglars avec un sourire, ce qui de sa part n'était pas chose habituelle. Quant au comte, il eut en échange de son salut gracieuse révérence.

Lucien, de son côté, échangea avec le comte un salut de demi-connaissance, et avec Danglars un geste d'intimité.

– Madame la baronne, dit Danglars, permettez que je vous présente M. le comte de Monte-Cristo, qui m'est adressé par mes correspondants de Rome avec les recommandations les plus instantes ; je n'ai qu'un mot à en dire et qui va en un instant le rendre la coqueluche de toutes nos belles dames ; il vient à Paris avec l'intention d'y rester un an et de dépenser six millions pendant cette année ; cela promet une série de bals, de dîners, de médianoches, dans lesquels j'espère que M. le comte ne nous oubliera pas plus que nous ne l'oublierons nous-mêmes dans nos petites fêtes.

Mme Danglars jeta sur le comte un coup d'œil qui n'était pas dépourvu d'un certain intérêt.

– Et vous êtes arrivé, monsieur... ? demanda la baronne.

– Depuis hier matin, madame.

– Et vous venez, à ce qu'on m'a dit, du bout du monde ?

– De Cadix, madame, purement et simplement.

En ce moment la camérière favorite de Mme la baronne Danglars entra, et, s'approchant de sa maîtresse, lui glissa quelques mots à l'oreille.

Mme Danglars pâlit.

– Impossible ! dit-elle.

– C'est l'exacte vérité, cependant, Madame, répondit la caméristе.

Mme Danglars se retourna du côté de son mari.

– Est-ce vrai, monsieur ?

– Quoi ? madame ! demanda Danglars visiblement agité.

– Ce que me dit cette fille…

– Et que vous dit-elle ?

– Elle me dit qu'au moment où mon cocher a été pour mettre mes chevaux à ma voiture, il ne les a plus trouvés.

– Madame, dit Danglars, écoutez-moi.

– Oh ! je vous écoute, monsieur, car je suis curieuse de savoir ce que vous allez me dire ; je ferai ces messieurs juges entre nous, et je vais commencer par leur dire ce qu'il en est. Messieurs, continua la baronne, M. le baron Danglars a dix chevaux à l'écurie ; parmi ces dix chevaux, il y en a deux qui sont à moi ! Eh bien ! au moment où Mme de Villefort m'emprunte ma voiture, voilà les deux chevaux qui ne se retrouvent plus ! M. Danglars aura trouvé à gagner dessus quelques milliers de francs.

– Madame, répondit Danglars, les chevaux étaient trop vifs, ils me faisaient pour vous des peurs horribles.

– Eh ! monsieur, dit la baronne, vous savez bien que j'ai depuis un mois à mon service le meilleur cocher de Paris, à moins toutefois que vous ne l'ayez vendu avec les chevaux.

La baronne haussa les épaules avec un air de profond mépris. Danglars ne parut pas s'apercevoir de ce geste plus que conjugal, et, se retournant vers Monte-Cristo :

– En vérité, je regrette de ne pas vous avoir connu plus tôt, monsieur le comte, dit-il ; vous montez votre maison ?

– Mais oui, dit le comte.

– Je vous les eusse proposés. Imaginez-vous que je les ai donnés pour rien ; mais, comme je vous l'ai dit, je voulais m'en défaire : ce sont des chevaux de jeune homme.

– Monsieur, dit le comte, je vous remercie ; j'en ai acheté ce matin d'assez bons et pas trop cher. Tenez, voyez, monsieur Debray, vous êtes amateur, je crois ?

Pendant que Debray s'approchait de la fenêtre, Danglars s'approcha de sa femme.

– Imaginez-vous, madame, lui dit-il tout bas, qu'on est venu m'offrir un prix exorbitant de ces chevaux. Je ne sais quel est le fou en train de se ruiner qui m'a envoyé ce matin son intendant, mais le fait est que j'ai gagné seize mille francs dessus ; ne me boudez pas, et je vous en donnerai quatre mille, et deux mille à Eugénie.

Mme Danglars laissa tomber sur son mari un regard écrasant.

– Oh ! mon Dieu ! s'écria Debray. Ce sont vos chevaux, vos propres chevaux attelés à la voiture du comte.

– Mes gris pommelé ! s'écria Mme Danglars.

Et elle s'élança vers la fenêtre.

– En effet, ce sont eux, dit-elle.

Danglars était stupéfait.

– Est-ce possible ? dit Monte-Cristo en jouant l'étonnement.

– C'est incroyable ! murmura le banquier.

La baronne dit deux mots à l'oreille de Debray, qui s'approcha à son tour de Monte-Cristo.

– La baronne vous fait demander combien son mari vous a vendu son attelage.

– Mais je ne sais trop, dit le comte, c'est une surprise que mon intendant m'a faite et... qui m'a coûté trente mille francs, je crois.

Debray alla reporter la réponse à la baronne. Danglars était si pâle et si décontenancé, que le comte eut l'air de le prendre en pitié.

– Voyez, lui dit-il, combien les femmes sont ingrates: cette prévenance de votre part n'a pas touché un instant la baronne.

Danglars ne répondit rien, il prévoyait dans un prochain avenir une scène désastreuse; déjà le sourcil de Mme la baronne s'était froncé, et, comme celui de Jupiter Olympien, présageait un orage; Debray, qui le sentait grossir, prétexta une affaire et partit. Monte-Cristo, qui ne voulait pas gâter la position qu'il comptait conquérir en demeurant plus longtemps, salua Mme Danglars et se retira, livrant le baron à la colère de sa femme.

Deux heures après, Mme Danglars reçut une lettre charmante du comte de Monte-Cristo, dans laquelle il lui déclarait que, ne voulant pas commencer ses débuts dans le monde parisien en désespérant une jolie femme, il la suppliait de reprendre ses chevaux. Ils avaient le même harnais qu'elle leur avait vu le matin; seulement, au centre de chaque rosette qu'ils portaient sur l'oreille, le comte avait fait coudre un diamant.

Danglars, aussi, eut sa lettre. Le comte lui demandait la permission de passer à la baronne ce caprice de millionnaire, le priant d'excuser les façons orientales dont le renvoi des chevaux était accompagné.

Le lendemain, vers trois heures, Ali, appelé par un coup de timbre, entra dans le cabinet du comte.

– Ali, lui dit-il, tu m'as souvent parlé de ton adresse à lancer le lasso?

Ali fit signe que oui et se redressa fièrement.

– Bien!... Ainsi, avec le lasso, tu arrêterais un bœuf?

Ali fit signe de la tête que oui.

– Mais arrêterais-tu dans leur course deux chevaux emportés ?

Ali sourit.

– Eh bien ! écoute, dit Monte-Cristo. Tout à l'heure une voiture passera emportée par deux chevaux gris pommelé, les mêmes que j'avais hier. Dusses-tu te faire écraser, il faut que tu arrêtes cette voiture devant ma porte.

Ali descendit dans la rue et traça devant la porte une ligne sur le pavé ; puis le Nubien alla fumer sa chibouque sur la borne qui formait l'angle de la maison et de la rue, tandis que Monte-Cristo rentrait sans plus s'occuper de rien.

Vers cinq heures, on entendit un roulement lointain, mais qui se rapprochait avec la rapidité de la foudre ; puis une calèche apparut dont le cocher essayait inutilement de retenir les chevaux, qui s'avançaient furieux, hérissés, bondissant avec des élans insensés.

Dans la calèche, une jeune femme et un enfant de sept à huit ans, se tenant embrassés, avaient perdu par l'excès de la terreur jusqu'à la force de pousser un cri ; il eût suffi d'une pierre sous la roue ou d'un arbre accroché pour briser tout à fait la voiture qui craquait. La voiture tenait le milieu du pavé, et on entendait dans la rue les cris de terreur de ceux qui la voyaient venir.

Soudain Ali pose sa chibouque, tire de sa poche le lasso, le lance, enveloppe d'un triple tour les jambes de devant du cheval de gauche ; se laisse entraîner trois ou quatre pas par la violence de l'impulsion ; mais au bout de ces trois ou quatre pas, le cheval enchaîné s'abat, tombe sur la flèche, qu'il brise, et paralyse les efforts que fait le cheval resté debout pour continuer sa course. Le cocher saisit cet instant de répit pour sauter en bas de son siège ; mais déjà Ali a saisi les naseaux du second cheval, et l'animal hennissant de douleur s'est allongé convulsivement près de son compagnon.

Il a fallu à tout cela le temps qu'il faut à la balle pour frapper le but.

Cependant il a suffi pour que, de la maison en face de laquelle l'accident est arrivé, un homme se soit élancé suivi de plusieurs serviteurs. Au moment où le cocher ouvre la portière, il enlève de la calèche la dame, qui d'une main se cramponne au coussin, tandis que de l'autre elle serre contre sa poitrine son fils évanoui. Monte-Cristo les emporta tous les deux dans le salon et, les déposant sur un canapé :

– Ne craignez plus rien, madame, dit-il ; vous êtes sauvée.

La femme revint à elle, et pour réponse elle lui présenta son fils avec un regard plus éloquent que toutes les prières.

En effet, l'enfant était toujours évanoui.

Monte-Cristo fit de la main un geste pour calmer la mère éplorée, et ouvrant un coffret, il en tira un flacon de Bohême, incrusté d'or, contenant une liqueur rouge comme du sang et dont il laissa tomber une seule goutte sur les lèvres de l'enfant.

L'enfant, quoique toujours pâle, rouvrit aussitôt les yeux.

À cette vue, la joie de la mère fut presque un délire.

– Où suis-je, s'écria-t-elle, et à qui dois-je tant de bonheur après une si cruelle épreuve ?

– Vous êtes, madame, répondit Monte-Cristo, chez l'homme le plus heureux d'avoir pu vous épargner un chagrin.

– Oh ! maudite curiosité ! dit la dame. Tout Paris parlait de ces magnifiques chevaux de Mme Danglars, et j'ai eu la folie de vouloir les essayer.

– Comment ! s'écria le comte avec une surprise admirablement jouée, ces chevaux sont ceux de la baronne ?

– Oui, monsieur ; la connaissez-vous ?

– Mme Danglars ?... j'ai cet honneur, j'avais acheté hier ces chevaux au baron ; mais la baronne a paru tellement les regretter, que je les lui ai renvoyés hier en la priant de les accepter de ma main.

– Mais alors vous êtes donc le comte de Monte-Cristo dont Hermine m'a tant parlé hier !

– Oui, madame, fit le comte.

– Moi, monsieur, je suis Mme Héloïse de Villefort.

Le comte salua en homme devant lequel on prononce un nom parfaitement inconnu.

– Oh ! que M. de Villefort sera reconnaissant ! reprit Héloïse ; car enfin il vous devra notre vie à tous deux : vous lui avez rendu sa femme et son fils.

Idéologie

Si le comte de Monte-Cristo eût vécu depuis longtemps dans le monde parisien, il eût apprécié de toute sa valeur la démarche que faisait près de lui M. de Villefort.

En général, M. de Villefort faisait ou rendait peu de visites. Sa femme visitait pour lui ; c'était chose reçue dans le monde, où l'on mettait sur le compte des graves et nombreuses occupations du magistrat ce qui n'était en réalité qu'un calcul d'orgueil, qu'une quintessence d'aristocratie.

M. de Villefort avait la réputation d'être l'homme le moins curieux et le moins banal de France ; il donnait un bal tous les ans et n'y paraissait qu'un quart d'heure, c'est-à-dire quarante-cinq minutes de moins que ne le fait le roi aux siens ; jamais on ne le voyait ni aux théâtres, ni aux concerts, ni dans aucun lieu public ; quelquefois, mais rarement, il faisait une partie de whist, et l'on avait soin alors de lui choisir des joueurs dignes de lui : c'était quelque ambassadeur, quelque archevêque, quelque prince, quelque président, ou enfin quelque duchesse douairière.

Voilà quel était l'homme dont la voiture venait de s'arrêter devant la porte du comte de Monte-Cristo.

Le valet de chambre annonça M. de Villefort au moment

où le comte, incliné sur une grande table, suivait sur une carte un itinéraire de Saint-Pétersbourg en Chine.

Le procureur du roi entra du même pas grave et compassé qu'il entrait au tribunal; c'était bien le même homme, ou plutôt la suite du même homme que nous avons vu autrefois substitut à Marseille. De mince, il était devenu maigre; de pâle, il était devenu jaune; ses yeux enfoncés étaient caves, et ses lunettes aux branches d'or, en posant sur l'orbite, semblaient faire partie de la figure; excepté sa cravate blanche, le reste de son costume était parfaitement noir; et cette couleur funèbre n'était tranchée que par le léger liséré de ruban rouge qui passait imperceptible par sa boutonnière, et qui semblait une ligne de sang tracée au pinceau.

– Monsieur, dit Villefort avec ce ton glapissant affecté par les magistrats dans leurs périodes oratoires, et dont ils ne peuvent ou ne veulent pas se défaire dans la conversation; monsieur, le service signalé que vous avez rendu hier à ma femme et à mon fils me fait un devoir de vous remercier. Je viens vous exprimer toute ma reconnaissance.

– Monsieur, répliqua le comte avec une froideur glaciale, je suis fort heureux d'avoir pu conserver un fils à sa mère, car on dit que le sentiment de la maternité est le plus saint de tous, et ce bonheur qui m'arrive vous dispensait de remplir un devoir dont l'exécution m'honore, mais qui ne vaut pas pour moi la satisfaction intérieure.

Villefort, étonné de cette sortie, à laquelle il ne s'attendait pas, tressaillit et un pli de sa lèvre dédaigneuse indiqua que dès l'abord il ne tenait pas le comte de Monte-Cristo pour un gentilhomme bien civil.

Il jeta les yeux autour de lui pour raccrocher à quelque chose la conversation tombée, et qui semblait s'être brisée en tombant.

Il vit la carte qu'interrogeait Monte-Cristo au moment où il était entré, et il reprit:

– Vous vous occupez de géographie, monsieur? C'est une riche étude, pour vous surtout qui, à ce qu'on assure, avez vu autant de pays qu'il y en a de gravés sur cet atlas.

– Oui, monsieur, répondit le comte, j'ai voulu faire sur l'espèce humaine prise en masse ce que vous pratiquez chaque jour sur des exceptions, c'est-à-dire une étude physiologique. J'ai pensé qu'il me serait plus facile de descendre ensuite du tout à la partie, que de la partie au tout... Mais asseyez-vous donc, monsieur, je vous en supplie.

– Ah! vous philosophez, reprit Villefort après un instant de silence, pendant lequel, comme un athlète qui rencontre un rude adversaire il avait fait provision de forces. Eh bien! monsieur, parole d'honneur si, comme vous, je n'avais rien à faire, je chercherais une moins triste occupation.

– C'est vrai, monsieur, reprit Monte-Cristo, et l'homme est une laide chenille pour celui qui l'étudie au microscope solaire. Mais vous venez de dire, je crois, que je n'avais rien à faire. Voyons, par hasard, croyez-vous avoir quelque chose à faire, vous, monsieur? ou, pour parler plus clairement, croyez-vous que ce que vous faites vaille la peine de s'appeler quelque chose?

L'étonnement de Villefort redoubla à ce second coup si rudement porté par cet étrange adversaire; il y avait longtemps que le magistrat ne s'était entendu dire un paradoxe de cette force, ou plutôt, pour parler plus exactement, c'était la première fois qu'il l'entendait.

Le procureur du roi se mit à l'œuvre pour répondre.

– Monsieur, dit-il, vous êtes étranger, et, vous le dites vous-même, je crois, une portion de votre vie s'est écoulée dans les pays orientaux; vous ne savez donc pas combien la justice humaine, expéditive en ces contrées barbares, a chez nous des allures prudentes et compassées? Nos codes existent avec leurs articles, tirés des coutumes gauloises, des lois romaines, des usages francs ; or la connaissance de toutes ces lois-là ne s'acquiert pas sans de longs travaux.

– Je suis de cet avis-là, monsieur ; mais tout ce que vous savez, vous, à l'égard de ce code français, je le sais, moi, non seulement à l'égard de ce code, mais à l'égard du code de toutes les nations ; comparé à tout ce que j'ai fait, vous avez bien peu de choses à faire, et relativement à ce que j'ai appris, vous avez encore bien des choses à apprendre.

– Pardon, monsieur, reprit Villefort abasourdi, mais vous m'excuserez si, en me présentant chez vous, j'ignorais me présenter chez un homme dont les connaissances dépassent de si loin les connaissances ordinaires. Et je n'ai jamais entendu parler personne comme vous faites.

– C'est que vous êtes constamment resté enfermé dans le cercle des conditions générales, et que vous n'avez jamais osé vous élever d'un coup d'aile dans les sphères supérieures que Dieu a peuplées d'êtres invisibles ou exceptionnels.

– Ainsi, vous-même...

– Je suis un de ces êtres exceptionnels, oui, monsieur, et je crois que, jusqu'à ce jour, aucun homme ne s'est trouvé dans une position semblable à la mienne. Les royaumes des rois sont limités, soit par des montagnes, soit par des rivières, soit par un changement de mœurs, soit par une mutation de langage. Mon royaume, à moi, est grand comme le monde, car je ne suis ni italien, ni français, ni indou, ni américain, ni espagnol ; je suis cosmopolite. Nul pays ne peut dire qu'il m'a vu naître. Dieu seul sait quelle contrée me verra mourir. J'adopte tous les usages, je parle toutes les langues. Vous me croyez français, vous, n'est-ce pas, car je parle français avec la même facilité et la même pureté que vous ? eh bien ! Ali, mon Nubien, me croit arabe ; Bertuccio, mon intendant, me croit romain ; Haydée, mon esclave, me croit grec. Donc vous comprenez, n'étant d'aucun pays, ne demandant protection à aucun gouvernement, ne reconnaissant aucun homme pour mon frère, pas un seul des scrupules qui arrêtent les puissants ou des obstacles qui paralysent les faibles ne me paralyse ou ne m'arrête. Je n'ai que deux adversaires ; je ne dirai pas deux vainqueurs, car avec de la persistance je les soumets ; c'est la distance et le temps. Le troisième, et le plus terrible, c'est ma condition d'homme mortel. Celle-là seule peut m'arrêter dans le chemin où je marche, et avant que je n'aie atteint le but auquel je tends : tout le reste, je l'ai calculé. Ce que les hommes appellent les chances du sort, c'est-à-dire la ruine, le changement, les éventualités, je les ai toutes prévues ; et si quelques-unes peuvent m'atteindre, aucune ne peut me renverser. À moins que je ne meure, je serai toujours ce que je suis ; voilà pourquoi je vous dis des choses que vous n'avez jamais entendues, même de la bouche des rois, car les rois ont besoin de vous, et les autres hommes en ont peur. Qui est-ce qui ne se dit pas, dans une société aussi ridiculement organisée que la nôtre : « Peut-être un jour aurai-je affaire au procureur du roi ! »

– Mais, vous-même, monsieur, pouvez-vous dire cela ? car, du moment où vous habitez la France, vous êtes naturellement soumis aux lois françaises.

– Je le sais, monsieur, répondit Monte-Cristo ; mais quand je dois aller dans un pays, je commence à étudier, par des moyens qui me sont propres, tous les hommes dont je puis avoir quelque chose à espérer ou à craindre, et j'arrive à les connaître aussi bien, et mieux peut-être, qu'ils ne se connaissent eux-mêmes. Cela amène ce résultat, que le procureur du roi, quel qu'il fût, à qui j'aurais affaire, serait très certainement plus embarrassé que moi-même.

– Ce qui veut dire, reprit avec hésitation Villefort, que la nature humaine étant faible, tout homme, selon vous, a commis… des fautes.

– Des fautes… ou des crimes, répondit négligemment Monte-Cristo.

Villefort regardait Monte-Cristo avec un suprême étonnement.

– Monsieur le comte, dit-il, avez-vous des parents ?

– Non, monsieur, je suis seul au monde.

– Tant pis !

– Pourquoi ? demanda Monte-Cristo.

– Parce que vous auriez pu voir un spectacle propre à briser votre orgueil. Vous ne craignez que la mort, dites-vous ?

– Je ne dis pas que je la craigne, je dis qu'elle seule peut m'arrêter.

– Et la vieillesse ?

– Ma mission sera remplie avant que je ne sois vieux.

– Et la folie ?

– J'ai manqué de devenir fou, et vous connaissez l'axiome *non bis in idem*[1] ; c'est un axiome criminel, et qui, par conséquent, est de votre ressort.

– Monsieur, reprit Villefort, il y a encore autre chose à craindre que la mort, que la vieillesse, ou que la folie : il y a, par exemple, l'apoplexie, ce coup de foudre qui vous frappe sans vous détruire, et après lequel cependant tout est fini. Venez, s'il vous plaît, continuer cette conversation chez moi, monsieur le comte, et je vous montrerai mon père, M. Noirtier de Villefort, un des plus fougueux jacobins de la Révolution française, c'est-à-dire la plus brillante audace mise au service de la plus vigoureuse organisation, un homme qui, comme vous, n'avait peut-être pas vu tous les royaumes de la terre, mais avait aidé à bouleverser un des plus puissants ; eh bien ! monsieur, la rupture d'un vaisseau sanguin dans un lobe du cerveau a brisé tout cela, non pas en un jour, non pas en une heure, mais en une seconde. La veille, M. Noirtier, si redoutable, était le lendemain *ce pauvre M. Noirtier*, vieillard

1. Axiome de droit : jugée sur un fait, une personne ne peut être jugée à nouveau pour le même fait.

immobile, livré aux volontés de l'être le plus faible de la maison, c'est-à-dire de sa petite-fille Valentine; un cadavre muet et glacé enfin, qui ne vit que pour donner le temps à la matière d'arriver à son entière décomposition.

– Et que concluez-vous, monsieur? demanda Monte-Cristo.

– Je conclus, monsieur, répondit Villefort, que mon père, égaré par les passions, a commis quelques-unes de ces fautes qui échappent à la justice humaine, mais qui relèvent de la justice de Dieu!... et que Dieu, ne voulant punir qu'une seule personne, n'a frappé que lui seul.

Monte-Cristo, le sourire sur les lèvres, poussa au fond du cœur un rugissement qui eût fait fuir Villefort, si Villefort eût pu l'entendre.

– Adieu, monsieur, reprit le magistrat qui, depuis quelque temps déjà, s'était levé et parlait debout; je vous quitte, emportant de vous un souvenir d'estime qui, je l'espère, pourra vous être agréable lorsque vous me connaîtrez mieux, car je ne suis point un homme banal, tant s'en faut. Vous vous êtes fait d'ailleurs dans Mme de Villefort une amie éternelle.

Le comte salua et se contenta de reconduire jusqu'à la porte de son cabinet seulement Villefort, lequel regagna sa voiture, précédé de deux laquais qui, sur un signe de leur maître, s'empressaient de la lui ouvrir.

Pyrame et Thisbé

Aux deux tiers du faubourg Saint-Honoré, derrière un bel hôtel remarquable entre les remarquables habitations de ce riche quartier, s'étend un vaste jardin dont les marronniers touffus dépassent les énormes murailles. À un angle où le feuillage devient tellement touffu qu'à peine si la lumière y pénètre, un large banc de pierre et des sièges de jardin indiquent un lieu de réunion ou une retraite favorite à quelque habitant de l'hôtel situé à cent pas, et que l'on aperçoit à peine à travers le rempart de verdure qui l'enveloppe.

Vers le soir, d'une des plus chaudes journées que le printemps eût encore accordées aux habitants de Paris, il y avait sur ce banc de pierre un livre, une ombrelle, un panier à ouvrage et un mouchoir de batiste dont la broderie était commencée, et non loin de ce banc, près de la grille, debout devant les planches, l'œil appliqué à la cloison à claire-voie, une jeune femme.

Presque au même moment, la petite porte de ce terrain se refermait sans bruit, et un jeune homme, grand, vigoureux, après un rapide coup d'œil jeté autour de lui pour s'assurer que personne ne l'épiait, passant par cette porte, qu'il referma derrière lui, se dirigeait d'un pas précipité vers la grille.

À la vue de celui qu'elle attendait, la jeune fille eut peur et se rejeta en arrière.

Et cependant déjà, à travers les fentes de la porte, le jeune homme, avec ce regard qui n'appartient qu'aux amants, avait vu flotter la robe blanche et la longue ceinture bleue. Il s'élança vers la cloison, et appliquant sa bouche à une ouverture :

– N'ayez pas peur, Valentine, dit-il, c'est moi.

La jeune fille s'approcha.

– Oh ! monsieur, dit-elle, pourquoi donc êtes-vous venu si tard aujourd'hui ? Savez-vous que l'on va dîner bientôt, et qu'il m'a fallu bien de la diplomatie et bien de la promptitude pour me débarrasser de ma belle-mère qui m'épie, de ma femme de chambre qui m'espionne et de mon frère qui me tourmente, pour venir travailler ici à cette broderie, qui, j'en ai bien peur, ne sera pas finie de longtemps ?

– Chère Valentine, dit le jeune homme, je vous remercie de votre gronderie : elle est toute charmante, car elle me prouve, je n'ose pas dire que vous m'attendiez, mais que vous pensiez à moi. Vous m'avez dit, pauvre enfant, que vous étiez fiancée à M. d'Épinay, que votre père avait décidé cette alliance, c'est-à-dire qu'elle était certaine ; car tout ce que veut M. de Villefort arrive infailliblement. Valentine, dit le jeune homme avec une émotion profonde, quand je pense à vous, mon sang bout, ma poitrine se gonfle, mon cœur déborde ; mais cette force, cette ardeur, cette puissance surhumaine, je les emploierai à vous aimer seulement jusqu'au jour où vous me direz de les employer à vous servir. M. Franz d'Épinay sera absent un an encore, dit-on ; en un an, que de chances favorables peuvent nous servir, que d'événements peuvent nous seconder ! Espérons donc toujours, c'est si bon et si doux d'espérer !

– Chut ! s'écria tout à coup Valentine. Cachez-vous, sauvez-vous ; on vient !

Maximilien sauta sur une bêche et se mit à retourner impitoyablement la luzerne.

– Mademoiselle ! mademoiselle, cria une voix derrière les arbres, Mme de Villefort vous cherche partout et vous appelle ; il y a une visite au salon.

– Une visite ! dit Valentine tout agitée ; et qui nous fait cette visite ?

– Un grand seigneur, un prince, à ce qu'on dit, M. le comte de Monte-Cristo.

Toxicologie

M. le comte de Monte-Cristo venait d'entrer chez Mme de Villefort, dans l'intention de rendre à M. le procureur du roi la visite qu'il lui avait faite.

Après les premières politesses d'usage, le comte s'informa de M. de Villefort.

– Mon mari dîne chez M. le chancelier, répondit la jeune

femme ; il regrettera bien d'avoir été privé du bonheur de vous voir.

Deux visiteurs qui avaient précédé le comte dans le salon, et qui le dévoraient des yeux, se retirèrent.

– À propos, que fait donc ta sœur Valentine ? dit Mme de Villefort à Édouard.

– Vous avez une fille, madame ? demanda le comte.

– C'est la fille de M. de Villefort, répliqua la jeune femme ; une fille d'un premier mariage, une grande et belle personne.

– Mais mélancolique, interrompit le jeune Édouard en arrachant les plumes de la queue d'un magnifique ara qui criait de douleur sur son perchoir doré.

– Et où est-elle ? Si vous le savez, dites-le.

– Elle est sous le grand marronnier, continua le méchant garçon, en présentant des mouches vivantes au perroquet.

Mme de Villefort étendait la main pour sonner, et pour indiquer à la femme de chambre le lieu où elle trouverait Valentine, lorsque celle-ci entra.

– Mlle de Villefort, ma belle-fille, dit Mme de Villefort à Monte-Cristo, en se penchant sur son sofa.

– Et M. le comte de Monte-Cristo, roi de la Chine, dit le jeune drôle en lançant un regard à sa sœur.

En ce moment six heures sonnèrent.

– Voilà six heures, dit Mme de Villefort, n'allez-vous pas voir, Valentine, si votre grand-père est prêt à dîner ?

– Oh ! mon Dieu, madame, serait-ce à cause de moi que vous congédiez Mlle de Villefort ? dit le comte.

– Pas le moins du monde, reprit vivement la jeune femme ; mais c'est l'heure à laquelle nous faisons faire à M. Noirtier le triste repas qui soutient sa triste existence. Vous savez, monsieur, dans quel état déplorable est le père de mon mari ?

– M. de Villefort m'en a parlé ; une paralysie, je crois.

– Hélas ! oui, il y a chez le pauvre vieillard absence complète du mouvement, l'âme seule veille dans cette machine humaine, et comme une lampe prête à s'éteindre. Mais vous êtes un grand chimiste, et cet élixir que vous avez fait prendre à mon fils, et qui l'a si rapidement rappelé à la vie...

– J'en fais un usage fréquent ; avec toute la prudence possible, bien entendu.

– C'est un secret sans doute, et je ne suis pas assez indiscrète pour vous le demander.

– Mais moi, madame, dit Monte-Cristo en se levant, je suis assez galant pour vous l'offrir.

– Oh ! monsieur.

– Seulement rappelez-vous une chose, c'est qu'à petite dose c'est un remède, à forte dose c'est un poison. Une goutte rend la vie, comme vous l'avez vu ; cinq ou six tueraient infailliblement, et d'une façon d'autant plus terrible, qu'étendues dans un verre de vin, elles n'en changeraient aucunement le goût. Mais je m'arrête, madame, j'aurais presque l'air de vous conseiller.

Six heures et demie venaient de sonner, on annonça une amie de Mme de Villefort qui venait dîner avec elle.

Monte-Cristo salua et sortit.

– Allons, dit-il en s'en allant, voilà une bonne terre ; je suis convaincu que le grain qu'on y laisse tomber n'y avorte pas.

Le lendemain, fidèle à sa promesse, il envoya la recette demandée.

La hausse et la baisse

Quelques jours après cette rencontre, Albert de Morcerf vint faire visite au comte de Monte-Cristo dans sa maison des Champs-Élysées. Il venait lui renouveler les remerciements de Mme Danglars.

– Vous êtes en rapports presque continuels avec le baron Danglars ? demanda le comte à Albert de Morcerf.

– Mais oui, monsieur le comte ; vous savez ce que je vous ai dit.

– Cela tient donc toujours ?

– Plus que jamais, dit Albert, c'est une affaire arrangée.

– Est-elle jolie, Mlle Eugénie ? car je crois me rappeler que c'est Eugénie qu'elle s'appelle.

Fort jolie ou plutôt fort belle, répondit Albert, mais d'une beauté que je n'apprécie pas. Je suis un indigne! Il y a encore autre chose. Ma mère est un œil prudent et sûr. Eh bien! elle ne sourit pas à cette union, elle a je ne sais quelle prévention contre les Danglars.

– Alors ne l'épousez pas, fit le comte.

– Je verrai, j'essaierai.

– Alors, dit le comte, me voilà enhardi à vous parler à cœur ouvert: j'ai projeté de réunir à ma maison de campagne d'Auteuil M. et Mme Danglars, M. et Mme de Villefort. Si je vous invite à ce dîner, ainsi que M. le comte et Mme la comtesse de Morcerf, cela n'aura-t-il pas l'air d'une espèce de rendez-vous matrimonial, ou du moins Mme la comtesse de Morcerf n'envisagera-t-elle point la chose ainsi, surtout si M. le baron Danglars me fait l'honneur d'amener sa fille? Alors votre mère me prendra en horreur et je ne veux aucunement de cela, moi, je tiens, au contraire, à rester au mieux dans son esprit.

– Ma foi, comte, dit Morcerf, je vous remercie d'y mettre avec moi cette franchise, et j'accepte l'exclusion que vous me proposez. Ma mère veut aller respirer l'air de la mer. À quel jour est fixé votre dîner?

– À samedi.

– Nous sommes à mardi, bien; demain soir nous partons; après-demain matin nous serons au Tréport. Savez-vous, monsieur le comte, que vous êtes un homme charmant de mettre ainsi les gens à leur aise?

– Eh bien! voilà qui est conclu.

Albert se leva.

– Vous vous en allez?

– La question est bonne! il y a deux heures que je vous assomme, et vous avez la politesse de me demander si je m'en vais! En vérité, comte, vous êtes l'homme le plus poli de la terre!

Le major Cavalcanti

Sept heures venaient de sonner, lorsqu'un fiacre s'arrêta à la porte de l'hôtel, et sembla s'enfuir tout honteux aussitôt qu'il eut déposé près de la grille un homme de cinquante-deux ans environ, vêtu d'une redingote verte à brandebourgs noirs.

On introduisit l'étranger dans le salon le plus simple. Le comte l'y attendait et alla au-devant de lui d'un air riant.

– Ah ! cher monsieur, dit-il, soyez le bienvenu. Je vous attendais. N'êtes-vous pas monsieur le major Bartolomeo Cavalcanti ?

– Bartolomeo Cavalcanti, c'est bien cela.

– Vous m'êtes adressé par cet excellent abbé Busoni ?

– C'est cela, s'écria le major joyeux.

– Et vous avez une lettre ?

– La voilà.

Monte-Cristo prit la lettre, qu'il ouvrit et qu'il lut.

– C'est bien cela… ce cher abbé, « le major Cavalcanti, un digne patricien de Lucques, descendant des Cavalcanti de Florence, continua Monte-Cristo tout en lisant, jouissant d'une fortune d'un demi-million de revenu ».

Monte-Cristo leva les yeux de dessus le papier et salua.

– D'un demi-million, dit-il ; peste ! mon cher monsieur Cavalcanti.

Monte-Cristo continua :

– « Et auquel il ne manquait qu'une chose pour être heureux. »

– Oh ! mon Dieu, oui ! une seule, dit le Lucquois.

– « De retrouver un fils adoré… enlevé dans sa jeunesse, soit par un ennemi de sa noble famille, soit par des bohémiens. »

– À l'âge de cinq ans, monsieur ! dit le Lucquois.

– Pauvre père, dit Monte-Cristo.

Le comte continua :

– « Je lui rends l'espoir, je lui rends la vie, monsieur le comte, en lui annonçant que ce fils, que depuis quinze ans il cherche vainement, vous pouvez le lui faire retrouver. »

Le Lucquois regarda Monte-Cristo avec une indéfinissable expression d'inquiétude.

– Je le puis, répondit Monte-Cristo.

Le major se redressa.

– Ah ! c'est vrai, dit Monte-Cristo, il y a un post-scriptum.

– Oui, répéta le Lucquois... oui... il... y... a... un... post-scriptum.

– « Pour ne point causer au major Cavalcanti l'embarras de déplacer des fonds de chez son banquier, je lui envoie le crédit sur vous de la somme de quarante-huit mille francs que vous restez me redevoir... »

Le major suivait des yeux le post-scriptum avec une visible anxiété.

– Bon ! se contenta de dire le comte.

– Ainsi, le post-scriptum...

– Eh bien ! le post-scriptum...

– Est accueilli par vous aussi favorablement que le reste de la lettre ?

– Certainement. Nous sommes en compte l'abbé Busoni et moi ; nous n'en sommes pas entre nous à quelques billets de banque. Ah çà, vous attachiez donc une grande importance à ce post-scriptum, cher monsieur Cavalcanti ?

– Je vous avouerai, répondit le Lucquois, que, plein de confiance dans la signature de l'abbé Busoni, je ne m'étais pas muni d'autres fonds ; de sorte que si cette ressource m'eût manqué, je me serais trouvé fort embarrassé à Paris.

– Est-ce qu'un homme comme vous est embarrassé quelque part ? dit Monte-Cristo ; allons donc !

Le major roulait de gros yeux ébahis.

– Mais asseyez-vous donc, dit Monte-Cristo ; en vérité, je ne sais ce que je fais... Je vous tiens debout depuis un quart d'heure.

Le major tira un fauteuil et s'assit.

– Ainsi, monsieur, dit Monte-Cristo, vous habitiez Lucques, vous étiez riche, vous êtes noble, vous jouissiez de la considération générale, vous aviez tout ce qui peut rendre un homme heureux ?

– Tout, Excellence, dit le major, tout absolument.

– Et il ne manquait qu'une chose à votre bonheur ?

– Qu'une seule, dit le Lucquois.

– C'était de retrouver votre enfant ?

Le digne Lucquois leva les yeux au ciel et tenta un effort pour soupirer.

– Maintenant voyons, cher monsieur Cavalcanti, dit Monte-Cristo, qu'était-ce que ce fils tant regretté ? car on m'avait dit à moi que vous étiez resté célibataire.

– On le croyait, monsieur, dit le major, et moi-même...

– Oui, reprit Monte-Cristo, et vous-même aviez accrédité ce bruit. Un péché de jeunesse que vous vouliez cacher à tous les yeux.

Le Lucquois prit son air le plus calme et le plus digne, tout en regardant en dessous le comte, dont le sourire annonçait toujours la même bienveillante curiosité.

– Oui, monsieur, dit-il, je voulais cacher cette faute à tous les yeux.

– Pas pour vous, dit Monte-Cristo, car un homme est au-dessus de ces choses-là.

– Oh ! non, pas pour moi certainement, dit le major avec un sourire et en hochant la tête.

– Mais pour sa mère, dit le comte.

– Pour sa pauvre mère ! murmura le Lucquois en essayant si la puissance de la volonté ne pourrait pas, en agissant sur la glande lacrymale, mouiller le coin de son œil.

– Qui appartenait à l'une des premières familles de l'Italie, je crois?

– Patricienne de Fiesole, monsieur le comte!

– Vous avez épousé Oliva Corsinari dans l'église de Sainte-Paule de Monte-Cattini; voici le certificat du prêtre.

– Oui, ma foi! le voilà, dit le major en le regardant avec étonnement.

– Et voici l'acte de baptême d'Andrea Cavalcanti, délivré par le curé de Saravezza.

– Tout est en règle, dit le major.

– Alors prenez ces papiers, dont je n'ai que faire, vous les donnerez à votre fils, qui les gardera soigneusement. Quant à la mère du jeune homme…

– Mon Dieu! dit le Lucquois, est-ce qu'on aurait besoin d'elle?

– Non, monsieur, reprit Monte-Cristo; d'ailleurs, n'a-t-elle point…

– Si fait, si fait, dit le major, elle a…

– J'ai su cela, reprit Monte-Cristo; elle est morte il y a dix ans.

– Et je pleure encore sa mort, monsieur, dit le major.

– Que voulez-vous, dit Monte-Cristo, nous sommes tous mortels. Maintenant vous comprenez, cher monsieur Cavalcanti, vous comprenez qu'il est inutile qu'on sache en France que vous êtes séparé de votre fils depuis quinze ans. Si l'on apprenait quelque chose de cette séparation…

– Ah! oui. Que dirais-je?

– Qu'un précepteur infidèle, vendu aux ennemis de votre famille…

– Aux Corsinari?

– Certainement… avait enlevé cet enfant pour que votre nom s'éteignît.

– C'est juste puisqu'il est fils unique.

– Eh bien! maintenant que tout est arrêté, que vos souvenirs remis à neuf ne vous trahiront pas, vous avez deviné sans doute que je vous ai ménagé une surprise? Votre enfant, votre fils, votre Andrea.

– Il est ici?

– Ici même, dit Monte-Cristo.

– Ah! fort bien! ah! fort bien! dit le major en resserrant à chaque exclamation les brandebourgs de sa polonaise. Vous me l'amenez donc? vous poussez donc la bonté jusqu'à me le présenter vous-même?

– Non, je ne veux point me placer entre un père et son fils, vous serez seuls, monsieur le major; mais soyez tranquille, au cas même où la voix du sang resterait muette, il n'y aurait pas à vous tromper: il entrera par cette porte. C'est un beau jeune homme blond, vous verrez.

Les yeux du major brillèrent comme des escarboucles.

En faisant un charmant salut au Lucquois ravi en extase, Monte-Cristo disparut derrière la tapisserie

Andrea Cavalcanti

Le comte de Monte-Cristo entra dans le salon voisin, où venait de le précéder un jeune homme de tournure dégagée, assez élégamment vêtu, et qu'un cabriolet de place avait, une demi-heure auparavant, jeté à la porte de l'hôtel.

Quand le comte entra dans le salon, le jeune homme était négligemment étendu sur un sofa.

En apercevant Monte-Cristo, il se leva vivement.

– Monsieur est le comte de Monte-Cristo? dit-il.

– Oui, monsieur, répondit celui-ci, et j'ai l'honneur de parler, je crois, à monsieur le vicomte Andrea Cavalcanti? Vous devez avoir une lettre qui vous accrédite près de moi?

– Je ne vous en parlais pas à cause de la signature, qui m'a paru étrange

– Simbad le Marin, n'est-ce pas?

– Justement. Or comme je n'ai jamais connu d'autre Simbad le Marin que celui des *Mille et Une Nuits*…

– Eh bien! c'est un de ses descendants, un de mes amis fort riche, un Anglais plus qu'original, presque fou, dont le véritable nom est lord Wilmore.

– Ah! voilà qui m'explique tout, dit Andrea. Alors cela va à merveille. C'est ce même Anglais que j'ai connu… à… oui, très bien!… Monsieur le comte, je suis votre serviteur.

– En vérité, monsieur, dit le comte, regardant avec une sombre satisfaction cette mine dégagée, empreinte d'une beauté pareille à celle du mauvais ange, vous avez fort bien fait de vous conformer à l'invitation de mon ami Simbad, car votre père est ici et vous cherche.

– Mon père! mon père ici!

– Sans doute, répondit Monte-Cristo, votre père, le major Bartolomeo Cavalcanti.

L'impression de terreur répandue sur les traits du jeune homme s'effaça presque aussitôt.

– Ah! oui, c'est vrai, dit-il, le major Bartolomeo Cavalcanti. Et vous dites, monsieur le comte, qu'il est ici?

– Oui, monsieur. J'ajouterai même que je le quitte à l'instant; que l'histoire qu'il m'a contée de ce fils chéri, perdu autrefois, m'a fort touché; en vérité, ses douleurs, ses craintes, ses espérances à ce sujet composeraient un poème attendrissant. Vous allez le voir, il est un peu raide, un peu guindé; mais c'est une question d'uniforme, et quand on saura que depuis dix-huit ans il est au service de l'Autriche, tout s'excusera; nous ne sommes pas, en général, exigeants pour les Autrichiens. En somme, c'est un père fort suffisant, je vous assure. Et puis, vous savez, une grande fortune fait passer sur bien des choses.

– Mon père est donc réellement riche, monsieur?

– Millionnaire… cinq cent mille livres de rente.

– Alors, demanda le jeune homme avec anxiété, je vais me trouver dans une position… agréable ?

– Des plus agréables, mon cher monsieur ; il vous fait cinquante mille livres de rentes par an pendant tout le temps que vous resterez à Paris.

– Mais j'y resterai toujours, en ce cas.

– Heu ! qui peut répondre des circonstances, mon cher monsieur ? L'homme propose et Dieu dispose.

Andrea poussa un soupir.

– Mais enfin, dit-il, tout le temps que je resterai à Paris, et… qu'aucune circonstance ne me forcera pas de m'éloigner, cet argent m'est-il assuré ?

– Oh ! parfaitement.

– Par mon père ? demanda Andrea avec inquiétude.

– Oui, mais garanti par lord Wilmore, qui vous a, sur la demande de votre père, ouvert un crédit de cinq mille francs par mois chez M. Danglars, un des plus sûrs banquiers de Paris.

– Oh ! ce cher père ! dit Andrea, visiblement enchanté.

– Aussi, dit Monte-Cristo, faisant semblant de se tromper à l'accent de ces paroles ; aussi, je ne veux pas retarder d'un instant l'heure de votre réunion. Êtes-vous préparé à embrasser ce digne M. Cavalcanti ? Eh bien ! entrez donc dans le salon, mon jeune ami, et vous trouverez votre père qui vous attend.

Andrea fit un profond salut au comte et entra dans le salon.

Le comte le suivit des yeux, et l'ayant vu disparaître, poussa un ressort correspondant à un tableau, lequel, en s'écartant du cadre, laissait, par un interstice habilement ménagé, pénétrer la vue dans le salon.

Andrea referma la porte derrière lui et s'avança vers le major, qui se leva dès qu'il entendit le bruit des pas qui s'approchaient.

– Ah! monsieur et cher père, dit Andrea à haute voix, est-ce bien vous?

– Bonjour, mon cher fils, dit gravement le major.

– Après tant d'années de séparation, dit Andrea, quel bonheur de nous revoir!

– En effet, la séparation a été longue.

– Ainsi donc nous voici réunis!

– Nous voici réunis, reprit le major.

– Pour ne plus nous séparer?

– Si fait; je crois, mon cher fils, que vous regardez maintenant la France comme une seconde patrie?

– Le fait est, dit le jeune homme, que je serais désespéré de quitter Paris.

– Et moi, vous comprenez, je ne saurais vivre hors de Lucques. Je retournerai donc en Italie aussitôt que je pourrai.

– Mais avant de partir, très cher père, vous me remettrez sans doute les papiers à l'aide desquels il me sera facile de constater le sang dont je sors.

– Les voici.

Andrea saisit avidement l'acte de mariage de son père, son certificat de baptême à lui, et parcourut les deux pièces avec une rapidité et une habitude qui dénotaient le coup d'œil le plus exercé en même temps que l'intérêt le plus vif.

Lorsqu'il eut fini, une indéfinissable expression de joie brilla sur son front:

– Ah çà, dit-il en excellent toscan, il n'y a donc pas de galères en Italie?...

Le major se redressa.

– Et pourquoi cela? dit-il.

– Qu'on y fabrique impunément de pareilles pièces?

– Plaît-il? dit le Lucquois en essayant de conquérir un air majestueux.

– Mon cher monsieur Cavalcanti, combien vous donne-t-on pour être mon père?

Le major voulut parler.

– Chut! dit Andrea en baissant la voix, on me donne cinquante mille francs par an pour être votre fils: par conséquent, vous comprenez que ce n'est pas moi qui serai jamais disposé à nier que vous soyez mon père.

Le major regarda avec inquiétude autour de lui.

– Eh! soyez tranquille, nous sommes seuls, dit Andrea.

– Eh bien! à moi, dit le Lucquois, on me donne cinquante mille francs.

Le major tira de son gousset une poignée d'or.

– Palpables, comme vous voyez.

Monte-Cristo choisit ce moment pour rentrer dans le salon. En entendant le bruit de ses pas, les deux hommes se jetèrent dans les bras l'un de l'autre; le comte les trouva embrassés.

– Eh bien! monsieur le marquis, dit Monte-Cristo, il paraît que vous avez retrouvé un fils selon votre cœur?

– Ah! monsieur le comte, je suffoque de joie.

– Et vous, jeune homme?

– Ah! monsieur le comte, j'étouffe de bonheur.

– Heureux père! heureux enfant! dit le comte.

– Une seule chose m'attriste, dit le major, c'est la nécessité où je suis de quitter Paris si vite.

– Oh! cher monsieur Cavalcanti, dit Monte-Cristo, vous ne partirez pas, je l'espère, que je ne vous aie présenté à quelques amis.

– Je suis aux ordres de monsieur le comte, dit le major.

– Maintenant, voyons, jeune homme, confessez-vous.

– À qui?

– Mais à monsieur votre père; dites-lui quelques mots de l'état de vos finances.

– Ah! diable! fit Andrea, vous touchez la corde sensible.

– Entendez-vous, major? dit Monte-Cristo.

– Sans doute que je l'entends.

Monte-Cristo passa entre les deux hommes.

– Tenez! dit-il à Andrea en lui glissant un paquet de billets de banque dans la main.

– Qu'est-ce que cela?

– La réponse de votre père.

– Oh! cher père!

– Silence, dit Monte-Cristo, vous voyez bien qu'il ne veut pas que je dise que cela vient de lui.

– Et quand aurons-nous l'honneur de revoir monsieur le comte? demanda Cavalcanti.

– Samedi, si vous voulez... oui... tenez... samedi. J'ai à dîner à ma maison d'Auteuil, rue La Fontaine, n° 28, plusieurs personnes, et entre autres M. Danglars, votre banquier; je vous présenterai à lui, il faut bien qu'il vous connaisse tous deux pour vous compter votre argent.

– À quelle heure pourrons-nous nous présenter?

– Mais vers six heures et demie.

– C'est bien, on y sera, dit le major en portant la main à son chapeau.

Les deux Cavalcanti saluèrent le comte et sortirent.

Le comte s'approcha de la fenêtre, et les vit qui traversaient la cour bras dessus bras dessous.

– En vérité, dit-il, voilà deux grands misérables! Quel malheur que ce ne soit pas véritablement le père et le fils!

M. Noirtier de Villefort

M. Noirtier, assis dans son grand fauteuil à roulettes, regardait avec des yeux intelligents et vifs ses enfants, dont la cérémonieuse révérence lui annonçait quelque démarche officielle et inattendue.

– Monsieur, dit Villefort, ne vous étonnez pas que Valentine ne soit pas montée avec nous et que j'aie éloigné Barrois, car la conférence que nous allons avoir ensemble est de celles qui ne peuvent avoir lieu devant une jeune fille ou un domestique; Mme de Villefort et moi avons une communication à vous faire.

Le visage de Noirtier resta impassible pendant ce préambule, tandis qu'au contraire l'œil de Villefort semblait vouloir plonger jusqu'au plus profond du cœur du vieillard.

– Cette communication, continua le procureur du roi, nous sommes sûrs, Mme de Villefort et moi, qu'elle vous agréera.

L'œil du vieillard continua de demeurer atone.

– Monsieur, reprit Villefort, nous marions Valentine.

L'œil du vieillard continua d'être inanimé.

Mme de Villefort prit la parole à son tour, et se hâta d'ajouter:

– Nous avons pensé que cette nouvelle aurait de l'intérêt pour vous, monsieur; il nous reste donc à vous dire seulement le nom du jeune homme qui lui est destiné. Il s'agit de M. Franz de Quesnel, baron d'Épinay.

Lorsque Mme de Villefort prononça le nom de Franz, l'œil de Noirtier, que son fils connaissait si bien, frissonna, et les paupière laissèrent, elles, passer un éclair.

Le procureur du roi, qui savait les anciens rapports d'inimitié publique qui avaient existé entre son père et le père de Franz, comprit ce feu et cette agitation; mais cependant il les laissa passer comme inaperçus, et reprenant la parole où sa femme l'avait laissée:

– Monsieur, dit-il, il est important, vous le comprenez bien, près comme elle est d'atteindre sa dix-neuvième année, que Valentine soit enfin établie.

L'éclair du regard de Noirtier devint sanglant.

– Ce mariage, ajouta Mme de Villefort, plaît à M. d'Épinay et à sa famille; d'ailleurs sa famille se compose seulement d'un oncle et d'une tante. Sa mère étant morte au moment où elle le mettait au monde, et son père ayant été assassiné en 1815, c'est-à-dire quand l'enfant avait deux ans à peine, il ne relève donc que de sa propre volonté.

– Assassinat mystérieux, dit Villefort, et dont les auteurs sont restés inconnus, quoique le soupçon ait plané sans s'abattre au-dessus de la tête de beaucoup de gens.

Puis il fit signe à sa femme de se lever.

– Maintenant, monsieur, dit Mme de Villefort, agréez tous mes respects. Vous plaît-il qu'Édouard vienne vous présenter ses hommages ?

Il était convenu que le vieillard exprimait son approbation en fermant les yeux, son refus en les clignant à plusieurs reprises, et avait quelques désirs à exprimer quand il les levait au ciel.

S'il demandait Valentine, il fermait l'œil droit seulement.

S'il demandait Barrois, il fermait l'œil gauche.

À la proposition de Mme de Villefort, il cligna vivement les yeux.

Mme de Villefort, accueillie par un refus évident, se pinça les lèvres.

– Je vous enverrai donc Valentine, alors ? dit-elle.

– Oui, fit le vieillard en fermant les yeux avec vivacité.

M. et Mme de Villefort saluèrent et sortirent en ordonnant qu'on appelât Valentine.

Derrière eux, Valentine, toute rose encore d'émotion, entra chez le vieillard. Il ne lui fallut qu'un regard pour qu'elle comprît combien souffrait son aïeul.

– Oh ! bon papa, s'écria-t-elle, qu'est-il donc arrivé ? On t'a fâché, n'est-ce pas, et tu es en colère ?

Le vieillard fit signe que oui.

– Contre moi ? reprit Valentine étonnée.

Le vieillard renouvela le signe.

– Et que t'ai-je donc fait, cher bon papa ? s'écria Valentine. Ah !... M. et Mme de Villefort sortent d'ici, n'est-ce pas ?

– Oui.

– Oh ! j'y suis, dit-elle, en baissant la voix et en se rapprochant du vieillard. Ils ont parlé de mon mariage, peut-être ?

– Oui, répliqua le regard courroucé.

– Tu n'aimes pas M. Franz ?

Les yeux répétèrent trois ou quatre fois :

– Non, non, non.

– Eh bien ! écoute, dit Valentine en se mettant à genoux devant Noirtier et en lui passant ses bras autour du cou, moi non plus je n'aime pas M. Franz d'Épinay.

Noirtier leva les yeux au ciel. Valentine chercha un instant dans son esprit, exprima tout haut ses pensées à mesure qu'elles se présentaient à elle, et voyant qu'à tout ce qu'elle pouvait dire, le vieillard répondait constamment non :

– Allons, fit-elle, les grands moyens !

Alors elle récita l'une après l'autre toutes les lettres de l'alphabet depuis A jusqu'à N, tandis que son sourire interrogeait l'œil du paralytique ; à N, Noirtier fit signe que oui.

– Ah ! dit Valentine, la chose que vous désirez commence par la lettre N ; c'est à l'N que nous avons affaire. Eh bien ? voyons, que lui voulons-nous à l'N ? Na-ne-ni-no.

– Oui, oui, oui, fit le vieillard.

– Ah ! c'est *no*.

– Oui.

Valentine alla chercher un dictionnaire qu'elle posa sur un pupitre devant Noirtier ; elle l'ouvrit ; et quand elle eut vu l'œil du vieillard fixé sur les feuilles, son doigt courut vivement du haut en bas des colonnes.

Au mot *notaire*, Noirtier fit signe de s'arrêter.

– Notaire, dit-elle ; tu veux un notaire, bon papa ?

– Oui, fit le paralytique.

Valentine courut à la sonnette et appela le domestique pour le prier de faire venir M. et Mme de Villefort.

M. de Villefort entra ramené par Barrois.

– Monsieur, dit Valentine, mon grand-père désire un notaire.

– Pour nous faire quelque mauvais tour ? dit Villefort ; est-ce la peine ? On aura un notaire, puisque vous en voulez absolument un, monsieur ; mais je m'excuserai près de lui et vous excuserai vous-même, car la scène sera fort ridicule.

– N'importe, dit Barrois, je vais toujours l'aller chercher.

Le testament

Trois quarts d'heure après, le domestique rentra avec le notaire.

– Monsieur, dit Villefort après les premières salutations, vous êtes mandé par M. Noirtier de Villefort que voici ; une paralysie générale lui a ôté l'usage des membres et de la voix, et nous seuls à grand-peine parvenons à saisir quelques lambeaux de ses pensées.

Noirtier fit de l'œil un appel à Valentine, appel si sérieux et si impératif, qu'elle répondit sur-le-champ :

– Moi, monsieur, je comprends tout ce que veut dire mon grand-père.

– C'est vrai, ajouta Barrois, tout, absolument tout, comme je le disais à monsieur en venant.

– Vous avez entendu et compris ce que vient de dire votre petite-fille, monsieur ? demanda le notaire.

Noirtier ferma doucement les yeux, et les rouvrit après un instant.

– C'est vous qui m'avez fait demander ?

– Oui.

– Pour faire votre testament ?

– Oui.

– Essayons donc, dit le notaire ; vous acceptez mademoiselle pour votre interprète ?

Le paralytique fit signe que oui.

– Monsieur, dit le notaire qui se promettait de raconter dans le monde les détails de cet épisode pittoresque ; monsieur, avez-vous quelque idée du chiffre auquel se monte votre fortune ?

Noirtier fit signe que oui.

– Possédez-vous quatre cent mille francs ? demanda le notaire.

Noirtier resta immobile.

– Six cent mille ? sept cent mille ? huit cent mille ? neuf cent mille ?

Noirtier fit signe que oui.

– En immeubles ? demanda le notaire.

Un coup d'œil adressé à Barrois fit sortir le vieux serviteur qui revint un instant après avec une petite cassette.

– Permettez-vous qu'on ouvre cette cassette ? demanda le notaire.

Noirtier fit signe que oui.

On ouvrit la cassette et l'on trouva pour neuf cent mille francs d'inscriptions sur le Grand-Livre.

– À qui désirez-vous laisser cette fortune ?

– Oh ! dit Mme de Villefort, M. Noirtier aime uniquement sa petite-fille, Mlle Valentine de Villefort.

L'œil de Noirtier lança un éclair comme s'il n'était pas dupe de ce faux assentiment donné par Mme de Villefort.

– Est-ce donc à Mlle Valentine de Villefort que vous laissez ces neuf cent mille francs ? demanda le notaire.

Valentine avait fait un pas en arrière et pleurait les yeux baissés ; le vieillard la regarda un instant avec l'expression d'une profonde tendresse, puis se retournant vers le notaire, il cligna des yeux de la façon la plus significative.

– Non ? dit le notaire, ce n'est pas Mlle Valentine de Villefort que vous instituez pour votre légataire universelle ?

Noirtier fit signe que non.

– Alors c'est donc à votre petit-fils Édouard de Villefort que vous laissez votre fortune, cher monsieur Noirtier ? demanda la mère.

Le clignement des yeux fut terrible.

– Non, fit le notaire ; alors c'est à monsieur votre fils ici présent ?

– Non ! répliqua le vieillard.

Noirtier fixa son regard ardent sur la main de Valentine.

– Ma main ? dit-elle.

– Oui, fit Noirtier.

– Oh ! s'écria tout à coup Valentine, je comprends ! Mon mariage, n'est-ce pas, bon père ?

– Oui, oui, oui, répéta trois fois le paralytique, lançant un éclair à chaque fois que se relevait sa paupière.

– Tu ne veux pas que j'épouse M. Franz d'Épinay ?

– Non, je ne veux pas, exprima l'œil du vieillard.

– Et vous déshéritez votre petite-fille, s'écria le notaire, parce qu'elle fait un mariage contre votre gré ?

– Oui, répondit Noirtier.

– De sorte que sans ce mariage elle serait votre héritière ?

– Oui.

Il se fit alors un silence profond autour du vieillard.

– Mais, dit enfin Villefort rompant le premier ce silence, il me semble que je suis seul juge des convenances qui plaident en faveur de cette union.

– Monsieur, dit le notaire s'adressant au vieillard, que comptez-vous faire de votre fortune au cas où Mlle Valentine épouserait M. Franz ?

Le vieillard resta immobile.

– Vous comptez en disposer, cependant ?

– Oui, fit Noirtier.

– En faveur de quelqu'un de votre famille ?

– Non.

– En faveur des pauvres, alors ?

– Oui.

Le même jour, le testament fut fait ; on alla chercher les témoins, il fut approuvé par le vieillard, fermé en leur présence et déposé chez M. Deschamps, le notaire de la famille.

Le dîner

À la première vue, et examinée du dehors, la maison d'Auteuil n'avait rien de ce qu'on pouvait attendre d'une habitation destinée au magnifique comte de Monte-Cristo ; mais à peine la porte était-elle ouverte que le spectacle changeait.

À six heures précises, on entendit piétiner un cheval.

C'était un capitaine des spahis. Monte-Cristo l'attendait sur le perron, le sourire aux lèvres.

– Me voilà le premier, j'en suis bien sûr, lui cria Morrel; je l'ai fait exprès pour vous avoir un instant à moi seul avant tout le monde. Dites-moi, comte, est-ce que vos gens auront bien soin de mon cheval?

– Soyez tranquille, mon cher Maximilien.

– Il est si bon, mon cher comte, que M. de Château-Renaud et M. Debray courent après moi en ce moment, et sont un peu distancés, comme vous voyez; et encore sont-ils talonnés par les chevaux de la baronne Danglars qui vont d'un trot à faire leurs six lieues à l'heure.

– Alors, ils vous suivent? demanda Monte-Cristo.

– Tenez, les voilà.

En un instant Debray eut mis pied à terre, et se trouva à la portière. Il offrit sa main à la baronne, qui lui fit en descendant un geste imperceptible pour tout autre que pour Monte-Cristo. Mais le comte ne perdait rien, et dans ce geste il vit reluire un petit billet blanc aussi imperceptible que le geste, et qui passa de la main de Mme Danglars dans celle du secrétaire du ministre.

Derrière sa femme descendit le banquier.

– M. le major Bartolomeo Cavalcanti, M. le vicomte Andrea Cavalcanti, annonça Baptistin, le maître d'hôtel du comte.

– Qu'est-ce que ces messieurs? demanda Danglars au comte de Monte-Cristo.

– Vous avez entendu, des Cavalcanti.

– Cela m'apprend leur nom, voilà tout.

– Ah! c'est vrai, vous n'êtes pas au courant de nos noblesses d'Italie, qui dit Cavalcanti, dit race de princes.

– Belle fortune? demanda le banquier.

– Fabuleuse.

– Que font-ils?

– Ils essaient de la manger sans pouvoir en venir à bout. Ils ont d'ailleurs des crédits sur vous, à ce qu'ils m'ont dit en me venant voir avant-hier. Je les ai même invités à votre intention. Je vous les présenterai.

– M. et Mme de Villefort! cria Baptistin.

Les deux personnes annoncées entrèrent. M. de Villefort, malgré sa puissance sur lui-même, était visiblement ému. En touchant sa main, Monte-Cristo sentit qu'elle tremblait.

«Décidément il n'y a que les femmes pour savoir dissimuler», se dit Monte-Cristo à lui-même et en regardant Mme Danglars qui souriait au procureur du roi et qui embrassait sa femme.

M. de Villefort avait à sa droite Mme Danglars et à sa gauche Morrel.

Le comte était assis entre Mme de Villefort et Danglars.

Les autres intervalles étaient remplis par Debray, assis entre Cavalcanti père et Cavalcanti fils, et par Château-Renaud, assis entre Mme de Villefort et Morrel.

Le repas fut magnifique, mais oriental à la manière dont pouvaient l'être les festins des fées arabes.

– Tout cela est fort aimable, dit Château-Renaud; cependant ce que j'admire le plus, je l'avoue, c'est l'admirable promptitude avec laquelle vous êtes servi. N'est-il pas vrai, monsieur le comte, que vous n'avez acheté cette maison d'Auteuil qu'il y a cinq ou six jours?

– Ma foi, tout au plus, dit Monte-Cristo.

– Je me rappelle avoir été chargé par ma mère de la visiter, quand M. de Saint-Méran l'a mise en vente, il y a deux ou trois ans.

– M. de Saint-Méran, dit Mme de Villefort; mais cette maison appartenait donc à M. de Saint-Méran avant que vous ne l'achetiez, monsieur le comte?

– Il paraît que oui, répondit Monte-Cristo.

– Comment, il paraît! Vous ne savez pas à qui vous avez acheté cette maison?

– Ma foi non, c'est mon intendant qui s'occupe de tous ces détails.

– Il est vrai qu'il y a au moins dix ans qu'elle n'avait été habitée, dit Château-Renaud. En vérité, si elle n'eût point appartenu au beau-père d'un procureur du roi, on eût pu la prendre pour une de ces maisons maudites où quelque grand crime a été commis.

Villefort, qui jusque-là n'avait point touché aux trois ou quatre verres de vins extraordinaires placés devant lui, en prit un au hasard et le vida d'un seul trait.

Monte-Cristo laissa s'écouler un instant; puis, au milieu du silence qui avait suivi les paroles de Château-Renaud:

– C'est bizarre, dit-il, monsieur le baron, mais la même pensée m'est venue la première fois que j'y entrai; et cette maison me parut si lugubre, que jamais je ne l'eusse achetée si mon intendant n'eût fait la chose pour moi. Probablement que le drôle avait reçu quelque pourboire du tabellion.

– C'est probable, balbutia Villefort en essayant de sourire; mais croyez que je ne suis pour rien dans cette corruption. M. de Saint-Méran a voulu que cette maison, qui fait partie de la dot de sa petite-fille, fût vendue, parce qu'en restant trois ou quatre ans inhabitée encore, elle fût tombée en ruine.

– Il y avait surtout, continua Monte-Cristo, une chambre, ah! mon Dieu, bien simple en apparence, une chambre comme toutes les chambres, tendue de damas rouge, qui m'a paru dramatique au possible.

– Pourquoi cela? demanda Debray.

– Est-ce que l'on se rend compte des choses instinctives? dit Monte-Cristo. Eh! ma foi, tenez, puisque nous avons fini de dîner il faut que je vous la montre.

Mme de Villefort se leva, Monte-Cristo en fit autant, tout le monde imita leur exemple. Villefort et Mme Danglars demeurèrent un instant comme cloués à leur place; ils s'interrogeaient des yeux, muets et glacés.

– Avez-vous entendu? dit Mme Danglars.

– Il faut y aller, répondit Villefort en se levant et en lui offrant le bras.

Chacun s'élança par les portes ouvertes. Monte-Cristo attendit les deux retardataires; puis, quand ils furent passés à leur tour, il ferma la marche avec un sourire qui, s'ils eussent pu le comprendre, eût épouvanté les convives bien autrement que cette chambre dans laquelle on allait entrer.

Elle n'avait rien de particulier, si ce n'est que, quoique le jour tombât, elle n'était point éclairée. Plusieurs observations se croisèrent dont le résultat fut qu'en effet la chambre de damas rouge avait un aspect sinistre.

– N'est-ce pas? dit Monte-Cristo. Voyez donc comme ce lit est bizarrement placé, quelle sombre et sanglante tenture; et ces deux portraits au pastel ne semblent-ils pas dire avec leurs lèvres blêmes et leurs yeux effarés: J'ai vu!

On chercha M. Danglars; il était descendu au jardin. Monte-Cristo semblait désespéré; il prit le bras de Mme Danglars et la conduisit au jardin où l'on retrouva M. Danglars, prenant le café entre MM. Cavalcanti père et fils.

– Eh bien! dit Monte-Cristo, vous m'en croirez si vous voulez, j'ai la conviction qu'un crime a été commis dans cette maison.

– Prenez garde, dit Mme de Villefort, nous avons ici le procureur du roi.

– Ma foi, répondit Monte-Cristo, puisque cela se rencontre ainsi, j'en profiterai pour faire ma déclaration.

– Votre déclaration? dit Villefort.

Monte-Cristo prit le bras de Villefort, et en même temps qu'il serrait sous le sien celui de Mme Danglars, il traîna le procureur du roi jusque sous le platane, où l'ombre était la plus épaisse.

Tous les autres convives suivaient.

– Tenez, dit Monte-Cristo, ici, à cette place même (et il frappait la terre du pied), ici, pour rajeunir ces arbres déjà vieux, j'ai fait creuser et mettre du terreau ; eh bien ! mes travailleurs, en creusant, ont déterré un coffre ou plutôt des ferrures de coffre, au milieu desquelles était le squelette d'un enfant nouveau-né.

Monte-Cristo sentit se raidir le bras de Mme Danglars et frissonner le poignet de Villefort.

– Oh ! qui dit que c'est un crime ? reprit Villefort, tentant un dernier effort.

– Comment ! un enfant enterré vivant dans un jardin, ce n'est pas un crime ? s'écria Monte-Cristo.

– Mais qui dit qu'il a été enterré vivant ?

– Pourquoi l'enterrer là, s'il était mort ? ce jardin n'a jamais été un cimetière.

– Que fait-on aux infanticides dans ce pays-ci ? demanda naïvement le major Cavalcanti.

– Oh ! mon Dieu ! on leur coupe tout bonnement le cou... N'est-ce pas, monsieur de Villefort ? demanda Monte-Cristo.

– Oui, monsieur le comte, répondit celui-ci avec un accent qui n'avait plus rien d'humain.

Monte-Cristo vit que c'était tout ce que pouvaient supporter les deux personnes pour lesquelles il avait préparé cette scène ; et ne voulant pas la pousser trop loin :

– Mais le café, messieurs, dit-il ; il me semble que nous l'oublions.

Et il ramena ses convives vers la table placée au milieu de la pelouse.

Le cabinet du procureur du roi

Le lendemain de cette scène, à l'heure que Debray avait coutume de venir faire, en allant à son bureau, une petite visite à Mme Danglars, c'est-à-dire vers midi et demi, Mme Danglars demanda sa voiture et sortit.

Elle se dirigea du côté du faubourg Saint-Germain, prit la rue Mazarine, et fit arrêter au passage du Pont-Neuf.

Elle descendit et traversa le passage. Rue Guénégaud, elle monta en fiacre en désignant comme le but de sa course la rue de Harlay.

Il y avait encombrement dans l'antichambre de M. de Villefort; mais Mme Danglars n'eut pas même besoin de prononcer son nom; dès qu'elle parut, un huissier se leva, vint à elle, lui demanda si elle n'était point la personne à laquelle M. le procureur du roi avait donné rendez-vous, et, sur sa réponse affirmative, il la conduisit par un corridor réservé au cabinet de M. de Villefort.

Le magistrat écrivait assis sur son fauteuil, le dos tourné à la porte: il se retourna vivement, alla pousser les verrous et tirer les rideaux.

– Merci, madame, dit-il, merci de votre exactitude.

Et il lui offrit un siège que Mme Danglars accepta.

– Voilà bien longtemps, madame, qu'il ne m'est arrivé d'avoir ce bonheur de causer seul avec vous, et, à mon grand regret, nous nous retrouvons pour entamer une conversation bien pénible.

– Monsieur, dit Mme Danglars, vous comprenez mon émotion, n'est-ce pas? ménagez-moi donc, je vous prie.

– Eh bien! je dois vous dire... rassemblez tout votre courage, madame, car vous n'êtes pas encore au bout.

– Mon Dieu! s'écria Mme Danglars effrayée, qu'y a-t-il donc encore?

– Comment est-il ressuscité, ce passé terrible, s'écria Villefort; comment, du fond de la tombe et du fond de nos cœurs où il dormait, est-il sorti comme un fantôme, pour faire pâlir nos joues et rougir nos fronts?

– Hélas! dit Hermine, sans doute le hasard!

– Eh bien! non, madame; et voilà ce que j'avais de terrible à vous dire, répondit Villefort d'une voix sourde: non, il n'y a pas eu de dépouille trouvée sous les fleurs; non, il n'y a pas eu d'enfant déterré; non, il ne faut pas pleurer; non, il ne faut pas gémir, il faut trembler.

– Que voulez-vous dire? s'écria Mme Danglars toute frémissante.

– Je veux dire que M. de Monte-Cristo, en creusant au pied de ces arbres, n'a pu trouver ni squelette d'enfant, ni ferrures de coffre, parce que sous ces arbres il n'y avait ni l'un ni l'autre.

– Mon Dieu! vous m'effrayez! mais n'importe, parlez, je vous écoute.

– Vous savez comment s'accomplit cette nuit douloureuse où vous étiez expirante sur votre lit, dans cette chambre de damas rouge, tandis que moi, presque aussi haletant que vous, j'attendais votre délivrance. L'enfant vint, me fut remis sans mouvement, sans souffle, sans voix: nous le crûmes mort. Je le mis dans un coffre qui devait remplacer le cercueil, je descendis au jardin, je creusai une fosse et l'enfouis à la hâte. J'achevais à peine de le couvrir de terre, que je vis comme une ombre se dresser, comme un éclair reluire. Je sentis une douleur, je voulus crier, un frisson glacé me parcourut tout le corps et m'étreignit à la gorge... Je tombai mourant, et me crus tué. Je n'oublierai jamais votre sublime courage, quand, revenu à moi, je me traînai expirant jusqu'au bas de l'escalier, où, expirante vous-même, vous vîntes au-devant de moi. Il fallait garder le silence sur la terrible catastrophe; vous eûtes le courage de regagner votre maison, soutenue par votre nourrice; un duel fut le prétexte de ma blessure. Contre toute attente, le secret nous fut gardé à tous deux; on me transporta à Versailles; pendant trois mois, je luttai contre la mort; enfin comme je parus me rattacher à la vie, on m'ordonna le soleil et l'air du Midi. Ma convalescence dura dix mois; je n'entendais plus parler de vous, je n'osai m'informer de ce que vous étiez devenue. Quand je revins à Paris, j'appris que, veuve de M. de Nargonne, vous aviez épousé M. Danglars. Je m'informai; la maison n'avait pas été habitée depuis que nous en étions sortis, mais elle venait d'être louée pour neuf ans. J'allai trouver le locataire, je feignis d'avoir un grand désir de ne pas voir passer entre des mains étrangères cette maison qui appartenait au père et à la mère de ma femme, j'offris un dédommagement pour qu'on rompît le bail; lorsque je tins cette cession tant désirée, je partis au galop pour Auteuil. Personne, depuis que j'en étais sorti, n'était entré dans la maison.

Il était cinq heures de l'après-midi, je montai dans la chambre rouge et j'attendis la nuit.

La nuit arriva, je la laissai bien s'épaissir et je me décidai à descendre.

J'arrivai à la porte d'en bas; en dehors de cette porte, une bêche était posée contre le mur. Je m'étais muni d'une lanterne sourde; au milieu de la pelouse, je m'arrêtai pour l'allumer, puis je continuai mon chemin.

J'en étais donc arrivé à cette heure que j'attendais depuis plus d'un an!

Aussi, comme j'espérais, comme je travaillais, comme je sondais chaque touffe de gazon, croyant sentir de la résistance au bout de ma bêche; rien! et cependant je fis un trou deux fois plus grand que n'était le premier. Je crus m'être abusé, m'être trompé de place; je m'orientai, je regardai les arbres, je cherchai à reconnaître les détails qui m'avaient frappé. À ma droite était le faux ébénier, derrière moi était le rocher, je me mis à creuser et à élargir le trou : rien ! toujours rien ! le coffret n'y était pas.

– Oh ! mon Dieu !

– Le jour venu, je descendis de nouveau. Ma première visite fut pour le massif ; j'espérais y retrouver des traces qui m'auraient échappé pendant l'obscurité. J'avais retourné la

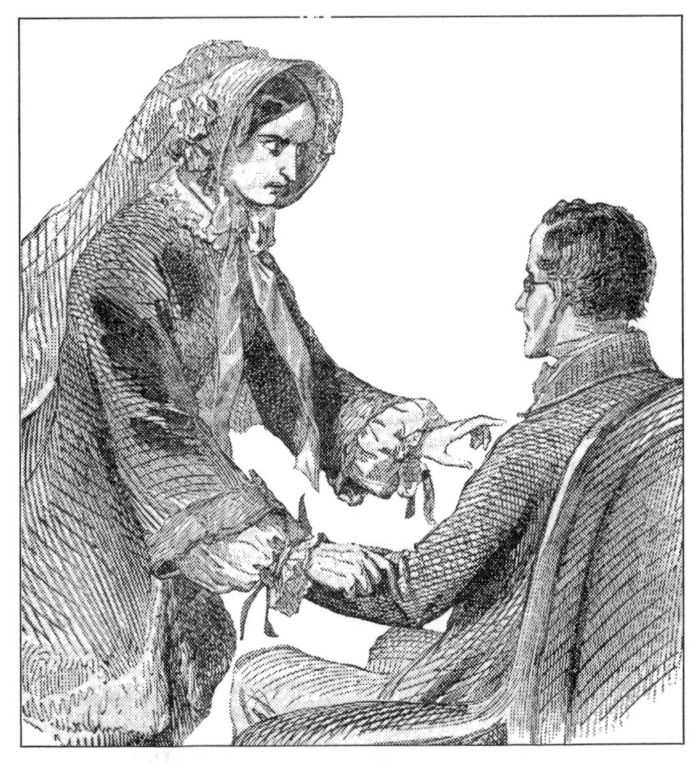

terre sur une superficie de plus de vingt pieds carrés et sur une profondeur de plus de deux pieds. Une journée eût à peine suffi à un homme salarié pour faire ce que j'avais fait, moi, en une heure. Rien, je ne vis absolument rien.

– Eh bien ! alors ?... demanda Hermine toute palpitante.

– Alors, il y a quelque chose de plus terrible, de plus fatal, de plus effrayant pour nous, il y a que l'enfant était vivant peut-être, et que l'assassin l'a sauvé.

Mme Danglars poussa un cri terrible, et saisissant les mains de Villefort :

– Mon enfant était vivant ! dit-elle, vous avez enterré mon enfant vivant, monsieur !

Mme Danglars s'était redressée et elle se tenait devant le procureur du roi, dont elle serrait les poignets.

Villefort comprit que, pour détourner l'orage maternel qui s'amassait sur sa tête, il fallait faire passer chez Mme Danglars la terreur qu'il éprouvait lui-même.

– Vous comprenez alors que si cela est ainsi, dit-il, nous sommes perdus ; cet enfant vit, et quelqu'un sait qu'il vit, quelqu'un a notre secret ; et puisque Monte-Cristo parle devant nous d'un enfant déterré où cet enfant n'était plus, ce secret c'est lui qui l'a.

– Dieu ! Dieu juste ! Dieu vengeur ! murmura Mme Danglars.

– Avant huit jours d'ici, je saurai ce que c'est que M. de Monte-Cristo, d'où il vient, où il va et pourquoi il parle devant nous des enfants qu'on déterre dans son jardin.

Villefort prononça ces mots avec un accent qui eût fait frissonner le comte s'il eût pu les entendre.

Le caveau de la famille Villefort

À deux jours de là, une foule considérable se trouvait rassemblée, vers dix heures du matin, à la porte de M. de Villefort, et l'on avait vu s'avancer une longue file de voitures de deuil et de voitures particulières tout le long du faubourg Saint-Honoré et de la rue de la Pépinière.

Parmi ces voitures, il y en avait une d'une forme singulière, et qui paraissait avoir fait un long voyage. C'était une espèce de fourgon peint en noir, et qui, un des premiers, s'était trouvé au funèbre rendez-vous.

Alors on s'était informé et l'on avait appris que, par une coïncidence étrange, cette voiture renfermait le corps de M. le marquis de Saint-Méran; et que ceux qui étaient venus pour un seul convoi suivraient deux cadavres.

– J'ai vu Mme de Saint-Méran l'an dernier encore à Marseille, disait Château-Renaud, je revenais d'Algérie; c'était une femme destinée à vivre cent ans, grâce à sa santé parfaite, à son esprit toujours présent et à son activité toujours prodigieuse. Quel âge avait-elle?

– Soixante-six ans, répondit Albert, du moins à ce que Franz m'a assuré. Mais ce n'est point l'âge qui l'a tuée, c'est le chagrin qu'elle a ressenti de la mort du marquis; il paraît que depuis cette mort, qui l'avait violemment ébranlée, elle n'a pas repris complètement la raison.

Dans chacune des voitures qui suivaient le deuil, la conversation était à peu près pareille; on s'étonnait de ces deux morts si rapprochées et si rapides.

Au bout d'une heure de marche à peu près, on arriva à la porte du cimetière: il faisait un temps calme, mais sombre, et par conséquent assez en harmonie avec la funèbre cérémonie qu'on y venait accomplir. Parmi les groupes qui se dirigèrent vers le caveau de famille, Château-Renaud reconnut Morrel, qui était venu en cabriolet; il marchait seul, très pâle et silencieux sur le petit chemin bordé d'ifs.

– Vous ici? dit Château-Renaud en passant son bras sous celui du jeune capitaine; vous connaissez donc M. de Villefort? Comment se fait-il donc, en ce cas, que je ne vous aie jamais vu chez lui?

– Ce n'est pas M. de Villefort que je connais, répondit Morrel, c'est Mme de Saint-Méran que je connaissais.

En ce moment, Albert les rejoignit avec Franz.

– L'endroit est mal choisi pour une présentation, dit

Albert ; mais n'importe, nous ne sommes pas superstitieux. Monsieur Morrel, permettez que je vous présente M. Franz d'Épinay, un excellent compagnon de voyage avec lequel j'ai fait le tour de l'Italie. Mon cher Franz, M. Maximilien Morrel, un excellent ami que je me suis acquis en ton absence, et dont tu entendras revenir le nom dans ma conversation, toutes les fois que j'aurai à parler de cœur et d'amabilité.

Morrel eut un moment d'indécision et salua Franz en se contenant.

– Mlle de Villefort est bien triste, n'est-ce pas ? dit Debray à Franz.

– Oh ! monsieur, répondit Franz, d'une tristesse inexprimable ; ce matin elle était si défaite que je l'ai à peine reconnue.

Ces mots si simples en apparence brisèrent le cœur de Morrel. Cet homme avait donc vu Valentine, il lui avait donc parlé ?

Il prit le bras de Château-Renaud et l'entraîna rapidement vers le caveau devant lequel les employés des pompes funèbres venaient de déposer les deux cercueils.

Le caveau de la famille de Villefort formait un carré de pierres blanches d'une hauteur de vingt pieds environ ; une séparation intérieure divisait en deux compartiments la famille Saint-Méran et la famille Villefort, et chaque compartiment avait sa porte d'entrée.

Les deux cercueils entrèrent dans le caveau de droite : c'était celui de la famille de Saint-Méran ; ils furent placés sur des tréteaux préparés, et qui attendaient d'avance leur dépôt mortel ; Villefort, Franz et quelques proches parents pénétrèrent seuls dans le sanctuaire.

Comme les cérémonies religieuses avaient été accomplies à la porte, et qu'il n'y avait pas de discours à prononcer, les assistants se séparèrent aussitôt ; Château-Renaud, Albert et Morrel se retirèrent de leur côté, et Debray et Beauchamp du leur.

Franz resta avec M. de Villefort; à la porte du cimetière, Morrel s'arrêta sous le premier prétexte venu; il vit sortir Franz et M. de Villefort dans une voiture de deuil, et il conçut un mauvais présage de ce tête-à-tête. Il revint donc à Paris, et quoique lui-même fût dans la même voiture que Château-Renaud et Albert, il n'entendit pas un mot de ce que dirent les deux jeunes gens.

En effet, au moment où Franz allait quitter M. de Villefort :

– Monsieur le baron, avait dit celui-ci, quand vous reverrai-je ?

– Quand vous voudrez, monsieur, avait répondu Franz.

– Le plus tôt possible.

– Je suis à vos ordres, monsieur; vous plaît-il que nous revenions ensemble ?

– Si cela ne vous cause aucun dérangement?

– Aucun.

Ce fut ainsi que le futur beau-père et le futur gendre montèrent dans la même voiture, et que Morrel, en les voyant passer, conçut avec raison de graves inquiétudes.

Villefort et Franz revinrent au faubourg Saint-Honoré.

Le procureur du roi, sans entrer chez personne, sans parler ni à sa femme ni à sa fille, fit passer le jeune homme dans son cabinet, et lui montrant une chaise :

– Monsieur d'Épinay, lui dit-il, je dois vous rappeler, et le moment n'est peut-être pas si mal choisi qu'on pourrait le croire au premier abord, car l'obéissance aux morts est la première offrande qu'il faut déposer sur le cercueil; je dois donc vous rappeler le vœu qu'exprimait avant-hier Mme de Saint-Méran sur son lit d'agonie, c'est que le mariage de Valentine ne souffre pas de retard.

– Monsieur, répondit d'Épinay, ce n'est pas le moment peut-être pour Mlle Valentine, plongée comme elle est dans la douleur, de songer à un époux; en vérité, je craindrais…

– Valentine, interrompit M. de Villefort, n'aura pas de plus vif désir que celui de remplir les dernières intentions de sa grand-mère.

– En ce cas, monsieur, répondit Franz, vous pouvez faire à votre convenance ; ma parole est engagée.

– Alors, reprit M. de Villefort, prenez la peine d'attendre une demi-heure ; Valentine va descendre au salon. J'enverrai chercher M. Deschamps, nous lirons et signerons le contrat séance tenante, et dès ce soir Mme de Villefort conduira Valentine à sa terre, où dans huit jours nous irons les rejoindre.

– Monsieur, dit Franz, j'ai une seule demande à vous faire.

– Laquelle ?

– Je désire qu'Albert de Morcerf et Raoul de Château-Renaud soient présents à cette signature ; vous savez qu'ils sont mes témoins.

– Je vous attendrai donc dans une demi-heure, baron, et dans une demi-heure Valentine sera prête.

Franz salua M. de Villefort et sortit.

À peine la porte de la rue se fut-elle refermée derrière le jeune homme, que Villefort envoya prévenir Valentine qu'elle eût à descendre au salon dans une demi-heure, parce qu'on attendait le notaire et les témoins de M. d'Épinay.

Cette nouvelle inattendue produisit une grande sensation dans la maison. Mme de Villefort n'y voulut pas croire, et Valentine en fut écrasée comme d'un coup de foudre.

Elle voulut descendre chez son grand-père ; mais elle rencontra sur l'escalier M. de Villefort, qui la prit par le bras et l'amena dans le salon.

Dans l'antichambre Valentine rencontra Barrois, et jeta au vieux serviteur un regard désespéré.

Un instant après Valentine, Mme de Villefort entra au salon avec le petit Édouard. Il était visible que la jeune femme avait eu sa part des chagrins de famille ; elle était pâle et semblait horriblement fatiguée.

Bientôt on entendit le bruit de deux voitures qui entraient dans la cour.

L'une était celle du notaire, l'autre celle de Franz et de ses amis.

En un instant tout le monde fut réuni au salon.

Le notaire, après avoir, avec la méthode ordinaire aux gens de loi, rangé les papiers sur la table, avoir pris place dans son fauteuil et avoir relevé ses lunettes, se retourna vers Franz :

– C'est vous, dit-il, qui êtes M. Franz de Quesnel, baron d'Épinay ? demanda-t-il, quoiqu'il le sût parfaitement.

– Oui, monsieur, répondit Franz.

Le notaire s'inclina.

– Je dois donc vous prévenir, monsieur, dit-il, et cela de la part de M. de Villefort, que votre mariage projeté avec Mlle de Villefort a changé les disposition de M. Noirtier envers sa petite-fille, et qu'il aliène entièrement la fortune qu'il devait lui transmettre.

– Monsieur, dit Franz, je suis fâché qu'on ait devant Mlle Valentine soulevé une pareille question. Je ne me suis jamais informé du chiffre de sa fortune, qui, si réduite qu'elle soit, sera plus considérable encore que la mienne.

– D'ailleurs, monsieur, dit Villefort s'adressant à son futur gendre, à part cette perte d'une portion de vos espérances, ce testament inattendu n'a rien qui doive personnellement vous blesser ; il s'explique par la faiblesse d'esprit de M. Noirtier. Ce qui déplaît à mon père, ce n'est point que Mlle de Villefort vous épouse, c'est que Valentine se marie : une union avec tout autre lui eût inspiré le même chagrin.

À peine M. de Villefort achevait-il ces paroles auxquelles Franz répondait par un salut, que la porte du salon s'ouvrit et que Barrois parut.

– Messieurs, dit-il d'une voix étrangement ferme pour un

serviteur qui parle à ses maîtres dans une circonstance si solennelle, messieurs, M. Noirtier de Villefort désire parler sur-le-champ à M. Franz de Quesnel, baron d'Épinay.

Le notaire regarda Villefort.

– C'est impossible, dit le procureur du roi; d'ailleurs M. d'Épinay ne peut quitter le salon en ce moment.

– C'est justement en ce moment, reprit Barrois avec la même fermeté, que M. Noirtier, mon maître, désire parler d'affaires importantes à M. Franz d'Épinay.

– Valentine, dit M. de Villefort, allez savoir ce que c'est que cette nouvelle fantaisie de votre grand-père.

– Pardon, monsieur, dit Franz à son tour, il me semble que, puisque c'est moi que M. Noirtier fait demander, c'est surtout à moi de me rendre à ses désirs.

Et sans se laisser retenir plus longtemps par Villefort, Franz se leva et suivit Valentine, qui déjà descendait l'escalier avec la joie d'un naufragé qui met la main sur une roche.

M. de Villefort les suivit tous deux.

Le procès-verbal

Noirtier attendait, vêtu de noir et installé dans son fauteuil.

Lorsque les trois personnes qu'il comptait voir venir furent entrées, il regarda la porte que son valet de chambre ferma aussitôt.

Villefort s'approcha de Noirtier.

– Voici M. Franz d'Épinay, lui dit-il; vous l'avez mandé, monsieur, et il se rend à vos désirs. Sans doute nous souhaitons cette entrevue depuis longtemps, et je serai charmé qu'elle vous prouve combien votre opposition au mariage de Valentine était peu fondée.

Noirtier ne répondit que par un regard qui fit courir un frisson dans les veines de Villefort.

Il fit de l'œil signe à Valentine de s'approcher.

En un moment, grâce aux moyens dont elle avait l'habitude de se servir dans les conversations avec son grand-père, elle eut trouvé le mot *clé*.

Alors elle consulta le regard du paralytique, qui se fixa sur le tiroir d'un petit meuble placé entre les deux fenêtres.

Elle ouvrit le tiroir et trouva effectivement une clé.

Quand elle eut cette clé et que le vieillard lui eut fait signe que c'était bien celle-là qu'il demandait, les yeux du paralytique se dirigèrent vers un vieux secrétaire qui ne renfermait, croyait-on, que des paperasses inutiles.

Valentine l'ouvrit et en tira une liasse.

– Est-ce là ce que vous désirez, bon père ? dit-elle.

– Non.

Elle tira successivement tous les autres papiers, jusqu'à ce qu'il ne restât plus rien absolument dans le tiroir.

– Mais le tiroir est vide maintenant, dit-elle.

Les yeux de Noirtier étaient fixés sur le dictionnaire.

– Oui, bon père, je vous comprends, dit la jeune fille.

Et elle répéta l'une après l'autre chaque lettre de l'alphabet ; à l'S, Noirtier l'arrêta.

Elle ouvrit le dictionnaire, et chercha jusqu'au mot *secret*.

– Ah ! il y a un secret, dit Valentine.

– Oui, fit Noirtier.

Valentine alla à la porte et appela Barrois.

Le vieux serviteur parut.

– Barrois, dit Valentine, mon grand-père m'a commandé d'ouvrir ce secrétaire et de tirer ce tiroir ; maintenant il y a un secret à ce tiroir, ouvrez-le.

Barrois regarda le vieillard.

– Obéissez, dit l'œil intelligent de Noirtier.

Barrois obéit ; un double fond s'ouvrit et présenta une liasse de papiers nouée avec un ruban noir.

– Est-ce cela que vous désirez monsieur ? demande Barrois.

– Oui, fit Noirtier.
– À qui faut-il remettre ces papiers, à M. de Villefort?
– Non.
– À Mlle Valentine?
– Non.
– À M. Franz d'Épinay?
– Oui.

Franz, étonné, fit un pas en avant.

– À moi, monsieur? dit-il.
– Oui.

Franz reçut les papiers des mains de Barrois, et jetant les yeux sur la couverture, il lut:

«Pour être déposé après ma mort chez mon ami le général Durand, qui lui-même en mourant léguera ce paquet à son fils, avec injonction de le conserver comme renfermant un papier de la plus grande importance.»

– Eh bien! monsieur, demanda Franz, que voulez-vous que je fasse de ce papier?

– Que vous le conserviez cacheté comme il est sans doute, dit le procureur du roi.

– Non, non, répondit vivement Noirtier.

– Vous désirez peut-être que monsieur le lise? demanda Valentine.

– Oui, répondit le vieillard.

– Vous entendez, monsieur le baron, mon grand-père vous prie de lire ce papier, dit Valentine.

– Alors asseyons-nous, fit Villefort avec impatience, car cela durera quelque temps.

Franz défit l'enveloppe, et un grand silence se fit dans la chambre.

Au milieu de ce silence, il lut:

«Extrait des procès-verbaux d'une séance du club bonapartiste de la rue Saint-Jacques, tenue le 5 février 1815.»

Franz s'arrêta.

– C'est le jour où mon père a été assassiné !

Valentine et Villefort restèrent muets ; l'œil seul du vieillard dit clairement : Continuez.

– Mais c'est en sortant de ce club, continua Franz, que mon père à disparu !

Le regard de Noirtier continua de dire : Lisez.

Il reprit :

« Les soussignés Louis-Jacques Beaurepaire, lieutenant-colonel d'artillerie ; Étienne Duchampy, général de brigade, et Claude Lecharpal, directeur des Eaux et Forêts,

« Déclarent que le 4 février 1815, une lettre arriva de l'île d'Elbe, qui recommandait à la bienveillance et à la confiance des membres du club bonapartiste le général Flavien de Quesnel, qui, ayant servi l'Empereur depuis 1804 jusqu'en 1815, devait être tout dévoué à la dynastie napoléonienne, malgré le titre de baron que Louis XVIII venait d'attacher à sa terre d'Épinay.

« En conséquence, un billet fut adressé au général de Quesnel, qui le priait d'assister à la séance du lendemain 5. Le billet n'indiquait ni la rue ni le numéro de la maison où devait se tenir la réunion ; il ne portait aucune signature, mais il annonçait au général que s'il voulait se tenir prêt, on le viendrait prendre à neuf heures du soir.

« À neuf heures, le président du club se présenta chez le général : le général était prêt ; le président lui dit qu'une des conditions de son introduction était qu'il ignorerait éternellement le lieu de la réunion, et qu'il se laisserait bander les yeux en jurant de ne point chercher à soulever le bandeau.

« Le général de Quesnel accepta la condition, et promit sur l'honneur de ne pas chercher à voir où on le conduirait.

« Pendant la route, le président crut s'apercevoir que le général cherchait à regarder sous son bandeau : il lui rappela son serment.

«– Ah! c'est vrai, dit le général.

«La voiture s'arrêta devant une allée de la rue Saint-Jacques, le général descendit en s'appuyant au bras du président, dont il ignorait la dignité, et qu'il prenait pour un simple membre du club; on traversa l'allée, on monta un étage, et l'on entra dans la chambre des délibérations.

«La séance était commencée. Les membres du club se trouvaient au grand complet. Arrivé au milieu de la salle, le général fut invité à ôter son bandeau. Il parut fort étonné de trouver un si grand nombre de figures de connaissance dans une société dont il n'avait pas même soupçonné l'existence jusqu'alors.

«Il fut alors donné communication au général de cette lettre de l'île d'Elbe qui le recommandait au club comme un homme sur le concours duquel on pouvait compter. Un paragraphe tout entier exposait le retour probable de l'île d'Elbe, et promettait une nouvelle lettre et de plus amples détails à l'arrivée du *Pharaon*, bâtiment appartenant à l'armateur Morrel, de Marseille, et dont le capitaine était à l'entière dévotion de l'Empereur.

« Pendant toute cette lecture, le général, sur lequel on avait cru pouvoir compter comme sur un frère, donna au contraire des signes de mécontentement et de répugnance visibles.

« La lecture terminée, il demeura silencieux et le sourcil froncé.

« – Eh bien ! demanda le président, que dites-vous de cette lettre, monsieur le général ?

« – Je dis qu'il y a bien peu de temps, répondit-il, qu'on a prêté serment au roi Louis XVIII, pour le violer déjà au bénéfice de l'ex-Empereur.

« Cette fois la réponse était trop claire pour que l'on pût se tromper à ses sentiments.

« – Général, dit le président, il n'y a pas plus pour nous de roi Louis XVIII qu'il n'y a d'ex-Empereur. Il n'y a que Sa Majesté l'empereur et roi, éloigné depuis dix mois de la France, son État, par la violence et la trahison.

« – Pardon, messieurs, dit le général, il se peut qu'il n'y ait pas pour vous de roi Louis XVIII ; mais il y en a un pour moi, attendu qu'il m'a fait baron et maréchal de camp, et que je n'oublierai jamais que c'est à son heureux retour en France que je dois ces deux titres.

« Ces mots furent suivis d'un murmure général, et l'on put voir, par les regards d'un grand nombre des membres du club, qu'ils agitaient la question de faire repentir M. d'Épinay de ces imprudentes paroles.

« Le président imposa silence.

« – Monsieur, lui dit-il, vous êtes un homme trop grave et trop sensé pour ne pas comprendre les conséquences de la situation où nous nous trouvons les uns en face des autres, et votre franchise même nous dicte les conditions qu'il nous reste à vous faire : vous allez donc jurer sur l'honneur de ne rien révéler de ce que vous avez entendu.

« Le général porta la main à son épée et s'écria :

« – Si vous parlez d'honneur, commencez par ne pas méconnaître ses lois, et n'imposez rien par la violence.

« – Et vous, monsieur, continua le président avec un calme plus terrible peut-être que la colère du général, ne touchez pas votre épée, c'est un conseil que je vous donne.

« Le général tourna autour de lui des regards qui décelaient un commencement d'inquiétude.

« Cependant il ne fléchit pas encore ; au contraire, rappelant toute sa force :

« – Je ne jurerai pas, dit-il.

« – Alors, monsieur, vous mourrez, répondit tranquillement le président.

« M. d'Épinay devint fort pâle : il regarda une seconde fois tout autour de lui ; plusieurs membres du club chuchotaient et cherchaient des armes sous leurs manteaux.

« – Général, dit le président, soyez tranquille ; vous êtes parmi des gens d'honneur qui essaieront de tous les moyens de vous convaincre avant de se porter contre vous à la dernière extrémité ; mais aussi vous l'avez dit, vous êtes parmi des conspirateurs, vous tenez notre secret, il faut nous le rendre.

« Un silence plein de signification suivit ces paroles, et comme le général ne répondait rien :

« – Fermez les portes, dit le président aux huissiers.

« Le général, dompté par cette supériorité du chef de l'assemblée, hésita un instant ; mais enfin, s'avançant jusqu'au bureau du président :

« – Quelle est la formule ? demanda-t-il.

« – La voici :

«Je jure sur l'honneur de ne jamais révéler à qui que ce soit au monde ce que j'ai vu et entendu, le 5 février 1815, entre neuf et dix heures du soir, et je déclare mériter la mort si je viole mon serment.»

«Le général parut éprouver un frémissement nerveux qui l'empêcha de répondre pendant quelques secondes; enfin, surmontant une répugnance manifeste, il prononça le serment exigé, mais d'une voix si basse qu'à peine si on l'entendit: aussi plusieurs membres exigèrent-ils qu'il le répétât à voix plus haute et plus distincte, ce qui fut fait.

«– Maintenant je désire me retirer, dit le général, suis-je enfin libre?

«Le président se leva, désigna trois membres de l'assemblée pour l'accompagner, et monta en voiture avec le général, après lui avoir bandé les yeux.

«Au nombre de ces trois membres était le cocher qui les avait amenés.

«Les autres membres du club se séparèrent en silence.

«– Où voulez-vous que nous vous reconduisions? demanda le président.

«– Partout où je pourrai être délivré de votre présence, répondit M. d'Épinay.

«– Monsieur, reprit alors le président, prenez garde, vous n'êtes plus ici dans l'assemblée, vous n'avez plus affaire qu'à des hommes isolés; ne les insultez pas si vous ne voulez pas être rendu responsable de l'insulte.

«Mais au lieu de comprendre ce langage, M. d'Épinay répondit:

«– Vous êtes toujours aussi brave dans votre voiture que dans votre club, par la raison, monsieur, que quatre hommes sont toujours plus forts qu'un seul.

«Le président fit arrêter la voiture.

«On était juste à l'endroit du quai des Ormes où se trouve l'escalier qui descend à la rivière.

«– Pourquoi faites-vous arrêter ici? demanda M. d'Épinay.

«– Parce que, monsieur, dit le président, vous avez insulté un homme, et que cet homme ne veut pas faire un pas de plus sans vous demander loyalement réparation.

«Le général arracha à l'instant même le mouchoir qu'il avait sur les yeux.

«– Enfin, dit-il, je vais savoir à qui j'ai affaire.

«On ouvrit la voiture: les quatre hommes descendirent...»

Franz s'interrompit. Il essuya une sueur froide qui coulait sur son front; il y avait quelque chose d'effrayant à voir le fils tremblant et pâle, lisant tout haut les détails ignorés jusqu'alors de la mort de son père.

Valentine joignait les mains comme si elle eût été en prière.

Noirtier regardait Villefort avec une expression presque sublime de mépris et d'orgueil.

Franz continua:

«On était, comme nous l'avons dit, au 5 février. Depuis trois jours il gelait à cinq ou six degrés; l'escalier était tout raide de glaçons; le général était gros et grand, le président lui offrit le côté de la rampe pour descendre.

«Un des témoins alla chercher une lanterne dans un bateau à charbons, et à la lueur de cette lanterne on examina les armes.

«On posa la lanterne à terre: les deux adversaires se mirent de chaque côté; le combat commença.

«La lumière faisait des deux épées deux éclairs. Quant aux hommes, à peine si on les apercevait, tant l'ombre était épaisse.

«M. le général passait pour une des meilleures lames de l'armée. Mais il fut pressé si vivement dès les premières bottes, qu'il rompit; en rompant, il tomba.

«On crut qu'il glissait; cependant les témoins, voyant qu'il ne se relevait pas, s'approchèrent de lui et tentèrent de le remettre sur ses pieds ; mais celui qui l'avait pris à bras-le-corps sentit sous sa main une chaleur.

« C'était du sang.

« Le général d'Épinay entra en agonie et expira cinq minutes après... »

Franz lut ces derniers mots d'une voix si étranglée, qu'à peine on put les entendre, et après les avoir lus il s'arrêta, passant sa main sur ses yeux comme pour en chasser un nuage.

Mais après un instant de silence il continua :

« Le président remonta l'escalier, après avoir repoussé son épée dans sa canne ; une trace de sang marquait son chemin sur la neige. Il n'était pas encore en haut de l'escalier, qu'il entendit un clapotement sourd dans l'eau : c'était le corps du général que les témoins venaient de précipiter dans la rivière après avoir constaté la mort.

« Le général a donc succombé dans un duel loyal, et non dans un guet-apens, comme on pourrait le dire.

« En foi de quoi nous avons signé le présent pour établir la vérité des faits, de peur qu'un moment n'arrive où quelqu'un des acteurs de cette scène terrible ne se trouve accusé de meurtre avec préméditation ou de forfaiture aux lois de l'honneur.

« Signé : Beauregard, Duchampy et Lecharpal. »

Quand Franz eut terminé cette lecture si terrible pour un fils, quand Valentine, pâle d'émotion, eut essuyé une larme, quand Villefort, tremblant et blotti dans un coin, eut essayé de conjurer l'orage par des regards suppliants adressés au vieillard implacable :

– Monsieur, dit d'Épinay à Noirtier, puisque vous connaissez cette terrible histoire dans tous ses détails, puisque vous l'avez fait attester par des signatures honorables, puisque enfin vous semblez vous intéresser à moi, quoique votre intérêt ne se soit encore révélé que par la douleur, ne me refusez pas une dernière satisfaction, dites-moi le nom du président du club, que je connaisse enfin celui qui a tué mon père.

Noirtier regarda le dictionnaire.

Franz le prit avec un tremblement nerveux, et prononça successivement les lettres de l'alphabet jusqu'à l'M.

À cette lettre, le vieillard fit signe que oui.

– M? répéta Franz.

Le doigt du jeune homme glissa sur les mots; mais à tous les mots Noirtier répondait par un signe négatif.

Valentine cachait sa tête entre ses mains.

Enfin Franz arriva au mot MOI.

– Oui! fit le vieillard.

– Vous! s'écria Franz, dont les cheveux se dressèrent sur sa tête; vous, monsieur Noirtier, c'est vous qui avez tué mon père?

– Oui, répondit Noirtier, en fixant sur le jeune homme un majestueux regard

Franz tomba sans force sur un fauteuil.

Villefort ouvrit la porte et s'enfuit, car l'idée lui venait d'étouffer ce peu d'existence qui restait encore dans le cœur du terrible vieillard.

On nous écrit de Janina

Franz était sorti de la chambre de Noirtier si chancelant et si égaré, que Valentine elle-même avait eu pitié de lui.

Villefort, qui n'avait articulé que quelques mots sans suite, et qui s'était enfui dans son cabinet, reçut deux heures après la lettre suivante:

«Après ce qui a été révélé ce matin, M. Noirtier de Villefort ne peut supposer qu'une alliance soit possible entre sa famille et celle de M. Franz d'Épinay.»

Valentine, heureuse et épouvantée à la fois, après avoir embrassé et remercié le faible vieillard qui venait de briser ainsi d'un seul coup une chaîne qu'elle regardait déjà comme indissoluble, avait demandé à se retirer.

Mais au lieu de remonter chez elle, Valentine, une fois sortie, prit le corridor, et, sortant par la petite porte, s'élança dans le jardin.

En effet, il était temps qu'elle arrivât à la grille. Maximilien, qui s'était douté de ce qui allait se passer en voyant Franz quitter le cimetière avec M. de Villefort, l'avait suivi, puis, après l'avoir vu entrer, l'avait vu sortir encore et rentrer de nouveau avec Albert et Château-Renaud. Pour lui il n'y avait donc plus de doute. Il s'était jeté dans son enclos, prêt à tout événement, certain qu'au premier moment de liberté qu'elle pourrait saisir, Valentine accourrait à lui.

Au premier coup d'œil qu'il jeta sur elle, Maximilien fut rassuré ; au premier mot qu'elle prononça, il bondit de joie.

– Sauvés ! dit Valentine.

– Sauvés ! répéta Morrel, ne pouvant croire à un pareil bonheur ; mais par qui sauvés ?

– Par mon grand-père. Oh ! aimez-le bien, Morrel.

– Mais comment cela s'est-il fait ? demanda Morrel ; quel moyen étrange a-t-il employé ?

Valentine ouvrait la bouche pour tout raconter, mais elle songea qu'il y avait au fond de tout cela un secret terrible qui n'était point à son grand-père seulement.

– Plus tard, dit-elle, je vous raconterai tout cela.

– Mais quand ?

– Quand je serai votre femme.

Pendant ce temps, Mme de Villefort était montée chez Noirtier.

Noirtier la regarda de cet œil sombre et sévère avec lequel il avait coutume de la recevoir.

– Monsieur, lui dit-elle, je n'ai pas besoin de vous apprendre que le mariage de Valentine est rompu, puisque c'est ici que cette rupture a eu lieu.

Noirtier resta impassible.

– Mais, continua Mme de Villefort, ce que vous ne savez pas, monsieur, c'est que j'ai toujours été opposée à ce mariage, qui se faisait malgré moi.

Noirtier regarda sa belle-fille en homme qui attend une explication.

– Or maintenant que ce mariage, pour lequel je connaissais votre répugnance, est rompu, je viens vous prier, monsieur, continua Mme de Villefort, de rendre, je ne dirai pas vos bonnes grâces, elle les a toujours eues, mais votre fortune à votre petite-fille.

Les yeux de Noirtier demeurèrent un instant incertains : il cherchait évidemment les motifs de cette démarche, et ne les pouvait trouver.

– Puis-je espérer, monsieur, dit Mme de Villefort, que vos intentions étaient en harmonie avec la prière que je venais vous faire ?

– Oui, fit Noirtier.

– En ce cas, monsieur, dit Mme de Villefort, je me retire à la fois reconnaissante et heureuse.

Et saluant M. Noirtier, elle se retira.

En effet, dès le lendemain Noirtier fit venir le notaire : le premier testament fut déchiré, et un fut fait, dans lequel il laissa toute sa fortune à Valentine, à la condition qu'on ne la séparerait pas de lui.

Quelques personnes alors calculèrent de par le monde que Mlle de Villefort, héritière du marquis et de la marquise de Saint-Méran, et rentrée en la grâce de son grand-père, aurait un jour bien près de trois cent mille livres de rente.

Tandis que ce mariage se rompait chez les Villefort, M. le comte de Morcerf endossait son grand uniforme de lieutenant général, qu'il avait fait orner de toutes ses croix, et demandait ses meilleurs chevaux.

Ainsi paré, il se rendit rue de la Chaussée-d'Antin et se fit annoncer à Danglars qui faisait son relevé de fin de mois.

– Baron, dit-il, me voici. Depuis longtemps nous tournons autour de nos paroles d'autrefois…

Morcerf s'attendait à ces mots à voir s'épanouir la figure du banquier ; mais au contraire cette figure devint plus impassible et plus froide encore.

– Quelles paroles, monsieur le comte ? demanda le banquier.

– Oh ! dit le comte, vous êtes formaliste, mon cher monsieur, et vous me rappelez que le cérémonial doit se faire selon tous les rites. Très bien ! ma foi. Pardonnez-moi, comme je n'ai qu'un fils, et que c'est la première fois que je songe à le marier, j'en suis encore à mon apprentissage ; allons, je m'exécute.

Et Morcerf, avec un sourire forcé, se leva, fit une profonde révérence à Danglars, et lui dit :

– Monsieur le baron, j'ai l'honneur de vous demander la main de Mlle Eugénie Danglars, votre fille, pour mon fils le vicomte Albert de Morcerf.

Mais Danglars fronça le sourcil, et, sans inviter le comte, qui était resté debout, à s'asseoir :

– Monsieur le comte, dit-il, avant de vous répondre, j'aurais besoin de réfléchir.

– Ce sont là des propos en l'air, mon cher monsieur, dit le comte, et dont pourrait peut-être se contenter le premier venu ; mais le comte de Morcerf n'est pas le premier venu ; et quand un homme comme lui vient trouver un autre homme, lui rappelle la parole donnée, et que cet homme manque à sa parole, il a le droit d'exiger en place qu'on lui donne au moins une bonne raison.

Danglars était lâche, mais il ne le voulait point paraître : il fut piqué du ton que Morcerf venait de prendre.

– Aussi n'est-ce pas la bonne raison qui me manque, répliqua-t-il.

– Vous sentez cependant, dit Morcerf, que je ne puis me payer de vos réticences ; et une chose, en tout cas, me paraît claire, c'est que vous refusez mon alliance.

– Non, monsieur, dit Danglars, je suspends ma résolution, voilà tout.

– Mais vous n'avez pas cependant la prétention de croire que je souscrive à vos caprices, au point d'attendre humblement le retour de vos bonnes grâces ?

– Alors, monsieur le comte, si vous ne pouvez attendre, regardons nos projets comme non avenus.

Le comte avait déjà commencé à gagner la porte du salon, lorsque, se ravisant, il revint sur ses pas.

– Voyons, dit-il, mon cher Danglars, nous nous connaissons depuis de longues années, et, par conséquent, nous devons avoir quelques ménagements l'un pour l'autre. Vous me devez une explication.

– Ce n'est point personnel au vicomte, voilà tout ce que je puis vous dire, monsieur, répondit Danglars.

Un tremblement nerveux agitait Morcerf.

– J'ai le droit, répondit-il en faisant un violent effort sur lui-même, j'ai le droit d'exiger que vous vous expliquiez ; est-ce donc contre Mme de Morcerf que vous avez quelque chose ? Est-ce ma fortune qui n'est pas suffisante ?

– Monsieur le comte, ne nous expliquons pas, vous dis-je.

– C'est bien, monsieur, n'en parlons plus, dit Morcerf.

Et froissant ses gants avec rage, il sortit de l'appartement.

Le lendemain en se réveillant, Danglars demanda les journaux : il en écarta trois ou quatre et prit *L'Impartial*. C'était celui dont Beauchamp était le rédacteur-gérant. Il brisa rapidement l'enveloppe, l'ouvrit avec une précipitation nerveuse et, arrivant aux faits divers, s'arrêta avec son méchant sourire sur un entrefilet commençant par ces mots: *On nous écrit de Janina.*

– Bon, dit-il après avoir lu, voici un petit bout d'article sur le colonel Fernand qui me dispensera de donner des explications à M. le comte de Morcerf.

Au même moment, c'est-à-dire comme neuf heures du matin sonnaient, Albert de Morcerf, vêtu de noir, boutonné méthodiquement, la démarche agitée et la parole brève, se présentait à la maison des Champs-Élysées.

Une seconde après, Monte-Cristo parut.

– Pardon de vous poursuivre, mon cher comte, dit Albert; mais je commence par vous dire que ce n'est point la faute de vos gens, et que moi seul suis indiscret.

– Ce que vous me dites là me donne l'espoir que vous venez me demander à déjeuner.

– Non pas, merci, il ne s'agit pas de déjeuner à cette heure; peut-être déjeunerons-nous plus tard, mais en mauvaise compagnie, pardieu!

– Que diable me contez-vous là?

– Mon cher, je me bats aujourd'hui.

– Vous? et pour quoi faire?

– À cause de l'honneur.

– Ah! ceci, c'est sérieux.

– Si sérieux, que je viens vous prier de me rendre un service.

– Lequel?

– Celui d'être mon témoin.

– Alors cela devient grave.

Monte-Cristo conduisit Morcerf dans son cabinet, et lui montra un siège. Tous deux s'assirent.

– Avec qui voulez-vous vous battre?

– Avec Beauchamp.

– Que vous a-t-il fait?

– Il y a, dans son journal d'hier soir... Mais tenez, lisez.

Albert tendit à Monte-Cristo un journal où il lut ces mots:

« On nous écrit de Janina:

« Un fait jusqu'alors ignoré, ou tout au moins inédit, est parvenu à notre connaissance; les châteaux qui défendaient la ville ont été livrés aux Turcs par un officier français dans lequel le vizir Ali-Tebelin avait mis toute sa confiance, et qui s'appelait Fernand. »

– Eh bien! demanda Monte-Cristo, que voyez-vous là-dedans qui vous choque?

– Comment, ce que je vois?

– Oui. Que vous importe, à vous, que les châteaux de Janina aient été livrés par un officier nommé Fernand?

– Il m'importe que mon père, le comte de Morcerf, s'appelle Fernand de son nom de baptême.

– Et votre père servait Ali-Pacha?

– C'est-à-dire qu'il combattait pour l'indépendance des Grecs; voilà où est la calomnie. Eh bien! moi, héritier du nom de mon père, je ne veux pas même que sur ce nom flotte l'ombre d'un doute. Je vais envoyer à Beauchamp, dont le journal a publié cette note, deux témoins, et il la rétractera.

– Beauchamp ne rétractera rien.

– Alors, nous nous battrons.

Morcerf prit son chapeau et sortit.

À la porte, il retrouva son cabriolet; et, contenant du mieux qu'il put sa colère, il se fit conduire chez Beauchamp; Beauchamp était à son journal. Albert se fit conduire au journal. Beauchamp était dans un cabinet sombre et poudreux, comme sont de fondation les bureaux de journaux.

On lui annonça Albert de Morcerf. Il fit répéter deux fois l'annonce; puis, mal convaincu encore, il cria: Entrez!

Albert parut.

Beauchamp poussa une exclamation de surprise en voyant son ami franchir les liasses de papier.

– Vous, Morcerf? Que désirez-vous?

– Je désire une rectification.

– Expliquez-vous.

– Une rectification sur un fait qui porte atteinte à l'honneur d'un membre de ma famille.

– Allons donc ! dit Beauchamp surpris. Quel fait ? Cela ne se peut pas.

– Le fait qu'on vous a écrit de Janina.

– De Janina ?

– Oui, de Janina. En vérité vous avez l'air d'ignorer ce qui m'amène ?

– Sur mon honneur... Baptiste ! un journal d'hier ! cria Beauchamp.

– C'est inutile, je vous apporte le mien.

Beauchamp lut en bredouillant :

« On nous écrit de Janina, etc. »

– Vous comprenez que le fait est grave, dit Morcerf quand Beauchamp eut fini.

– Cet officier est donc votre parent ? demanda le journaliste.

– C'est mon père ! tout simplement. C'est pour cela que je veux que le fait soit démenti.

Aux mots *je veux*, Beauchamp leva les yeux sur Morcerf et, les baissant presque aussitôt, il demeura un instant pensif.

– Vous démentirez ce fait, n'est-ce pas, Beauchamp ?

– Oui, dit Beauchamp.

– À la bonne heure, dit Albert.

– Mais quand je me serai assuré que le fait est faux. Il n'a pas été inséré par moi, je ne le connaissais pas ; mais vous avez, par votre démarche, attiré mon attention sur ce fait, elle s'y cramponne ; il subsistera donc jusqu'à ce qu'il soit démenti ou confirmé par qui de droit.

– Monsieur, dit Albert en se levant, je vais donc avoir l'honneur de vous envoyer mes témoins.

– Eh bien ! mon cher monsieur, je consens à me couper la gorge avec vous, mais je veux trois semaines ; dans trois semaines vous me retrouverez pour vous dire : Oui, le fait est faux, et je l'efface ; ou bien : Oui, le fait est vrai, et je sors les épées du fourreau, ou les pistolets de la boîte, à votre choix.

– Trois semaines, s'écria Albert, mais trois semaines, c'est trois siècles pendant lesquels je suis déshonoré !

– Monsieur Albert de Morcerf, dit Beauchamp en se levant, je ne puis vous jeter par les fenêtres que dans trois semaines, c'est-à-dire dans vingt-quatre jours, et vous, vous n'avez le droit de me pourfendre qu'à cette époque. Nous sommes le 29 du mois d'août, au 21 donc du mois de septembre. Jusque-là, croyez-moi, épargnons-nous les aboiements de deux dogues enchaînés à distance.

La limonade

Morrel marchait au pas gymnastique, et le pauvre Barrois le suivait de son mieux. Morrel avait trente et un ans, Barrois en avait soixante ; Morrel était ivre d'amour, Barrois était altéré par la grande chaleur. Ces deux hommes, ainsi divisés d'intérêt et d'âge, ressemblaient aux deux lignes que forme un triangle : écartées par la base, elles se rejoignent au sommet. Le sommet, c'était Noirtier, lequel avait envoyé chercher Morrel en lui recommandant de faire diligence.

Le vieux serviteur fit entrer Morrel par la porte particulière, ferma la porte du cabinet, et bientôt un froissement de robe sur le parquet annonça la visite de Valentine.

Le rêve devenait si doux, que Morrel se fût presque passé de converser avec Noirtier ; mais le fauteuil du vieillard roula bientôt sur le parquet, et il entra.

– Monsieur Morrel, dit alors Valentine au jeune homme, qui la dévorait des yeux, mon bon-papa Noirtier avait mille choses à vous dire.

– Oh ! j'écoute bien impatiemment, répondit le jeune homme ; parlez, mademoiselle, parlez.

– Mon grand-père veut quitter cette maison, dit-elle. Barrois s'occupe de lui chercher un appartement. Moi, je ne quitterai point mon grand-père ; c'est chose convenue entre lui et moi. Ou j'aurai le consentement de M. de Villefort pour aller habiter avec papa Noirtier, ou on me le refusera : dans le premier cas, je pars dès à présent ; dans le second, j'attends ma majorité, qui arrive dans dix mois. Alors je serai libre, j'aurai une fortune indépendante, et...

– Et ?... demanda Morrel.

– Et, avec l'autorisation de bon-papa, je tiendrai la promesse que je vous ai faite.

Morrel appuya sa main sur son cœur.

Cependant Noirtier les regardait tous deux avec tendresse. Barrois, qui était resté au fond comme un homme à qui l'on n'a rien à cacher, souriait en essuyant les grosses gouttes d'eau qui tombaient de son front chauve.

– Oh ! mon Dieu, comme il a chaud, ce bon Barrois, dit Valentine.

– Ah ! dit Barrois, c'est que j'ai bien couru, allez, mademoiselle, mais M. Morrel, je dois lui rendre cette justice-là, courait encore plus vite que moi.

Noirtier indiqua un plateau sur lequel étaient servis une carafe de limonade et un verre. Ce qui manquait dans la carafe avait été bu une demi-heure auparavant par Noirtier.

– Tiens, bon Barrois, dit la jeune fille, prends, car je vois que tu couves des yeux cette carafe entamée.

– Le fait est, dit Barrois, que je meurs de soif, et que je boirai bien volontiers un verre de limonade à votre santé.

– Bois donc, dit Valentine.

Valentine et Morrel échangeaient leurs adieux, quand on entendit la sonnette retentir dans l'escalier de Villefort.

– Qui a sonné ? demanda Valentine.

– M. le docteur d'Avrigny, dit Barrois, en chancelant sur ses jambes.

– Eh bien ! qu'avez-vous donc, Barrois, demanda Valentine.

– Mais il va tomber ! s'écria Morrel.

En effet, le tremblement dont Barrois était saisi augmentait par degrés ; les traits du visage, altérés par les mouvements convulsifs des muscles de la face, annonçaient une attaque nerveuse des plus intenses.

Barrois fit quelques pas vers son maître.

– Ah ! mon Dieu ! mon Dieu ! Seigneur ! dit-il, mais qu'ai-je donc ?... Je souffre... Je n'y vois plus.

En effet, les yeux devenaient saillants et hagards, et la tête se renversait en arrière, tandis que le corps se raidissait.

– Monsieur d'Avrigny ! monsieur d'Avrigny ! cria Valentine d'une voix étouffée, à nous ! au secours !

Barrois tourna sur lui-même, fit trois pas en arrière, trébucha et vint tomber aux pieds de Noirtier, sur le genou duquel il appuya sa main en criant :

– Mon maître ! mon bon maître !

En ce moment M. de Villefort, attiré par les cris, parut sur le seuil de la chambre.

Morrel lâcha Valentine à moitié évanouie, et se rejetant en arrière, s'enfonça dans l'angle de la chambre et disparut presque derrière un rideau.

Barrois, la face agitée, les yeux injectés de sang, le cou renversé en arrière, gisait battant le parquet de ses mains. Une légère écume montait à ses lèvres, et il haletait douloureusement. Villefort, stupéfait, demeura un instant les yeux fixés sur ce tableau. Il n'avait pas vu Morrel.

– Docteur! docteur! s'écria-t-il en s'élançant vers la porte, venez! venez!

– Madame! madame! cria Valentine appelant sa belle-mère, venez vite! et apportez votre flacon de sels!

Mme de Villefort descendit lentement. D'une main elle tenait le mouchoir avec lequel elle s'essuyait le visage, de l'autre un flacon de sels anglais.

Son premier regard, en arrivant à la porte, fut pour Noirtier, dont le visage, sauf l'émotion bien naturelle dans une semblable circonstance, annonçait une santé égale; son second coup d'œil rencontra le moribond.

– A-t-il mangé depuis peu?

– Madame, dit Valentine, il n'a pas déjeuné, mais il a fort couru pour faire une commission dont l'avait chargé bon-papa. Au retour il a pris un verre de limonade.

Mme de Villefort tressaillit; Noirtier l'enveloppa de son regard profond.

– Madame, dit Villefort, je vous demande où est M. d'Avrigny; au nom du ciel répondez!

– Il est dans la chambre d'Édouard qui est un peu souffrant, dit Mme de Villefort.

Villefort s'élança dans l'escalier.

– Tenez, dit la jeune femme en donnant son flacon à Valentine, on va le saigner sans doute. Je remonte chez moi, car je ne puis supporter la vue du sang.

Et elle suivit son mari.

Morrel sortit de l'angle sombre où il s'était retiré, et où personne ne l'avait vu, tant la préoccupation était grande.

Il serra la main de Valentine contre son cœur et sortit par le corridor dérobé.

En même temps Villefort et le docteur rentraient par la porte opposée.

Barrois commençait à revenir à lui : la crise était passée, sa parole revenait gémissante, et il se soulevait sur un genou.

D'Avrigny et Villefort portèrent Barrois sur une chaise longue.

– Qu'ordonnez-vous, docteur ? demanda Villefort.

– Que tout le monde se retire.

– Moi aussi ? demanda timidement Valentine.

– Vous surtout, dit rudement le docteur.

Derrière elle le docteur ferma la porte d'un air sombre.

– Comment vous sentez-vous, Barrois ?

– Un peu mieux, monsieur.

– Qu'avez-vous mangé aujourd'hui ?

– Je n'ai rien mangé ; j'ai bu seulement un verre de la limonade de Monsieur, voilà tout.

– Où est cette limonade ? demanda vivement le docteur.

– Dans la carafe, en bas.

– Où cela, en bas ?

– Dans la cuisine.

D'Avrigny fit un bond, ouvrit la porte, s'élança dans l'escalier de service, et faillit renverser Mme de Villefort, qui, elle aussi, descendait à la cuisine.

D'Avrigny n'y fit même pas attention ; emporté par la puissance d'une seule idée, il sauta les trois ou quatre dernières marches, se précipita dans la cuisine, et aperçut le carafon aux trois quarts vide sur son plateau.

Il fondit dessus comme un aigle sur sa proie.

Haletant, il remonta au rez-de-chaussée et rentra dans la chambre.

Le docteur versa quelques gouttes de limonade dans le creux de sa main, les aspira avec ses lèvres, et après s'en être rincé la bouche comme on fait avec le vin que l'on veut goûter, il cracha la liqueur dans la cheminée.

– Oh ! monsieur, criait Barrois, me laisserez-vous mourir ainsi sans secours ? Oh ! je me meurs !

Barrois était atteint d'une attaque nerveuse encore plus intense que la première. Il avait glissé de la chaise longue à terre, et se raidissait sur le parquet.

Le docteur le laissa en proie à cet accès, auquel il ne pouvait apporter aucun soulagement, et alla à Noirtier.

– Est-ce Barrois qui a fait votre limonade ?

– Oui.

– Est-ce vous qui l'avez engagé à en boire ?

– Non.

– Est-ce M. de Villefort ?

– Non.

– Madame ?

– Non.

– C'est donc Valentine, alors ?

– Oui.

– Barrois, dit le docteur, pouvez-vous parler ?

Barrois balbutia quelques paroles inintelligibles.

– Qui a fait la limonade ?

– Moi.

– Qui l'a apportée ici ?

– Mlle Valentine.

D'Avrigny se frappa le front.

– Oh ! mon Dieu ! mon Dieu ! murmura-t-il.

– Docteur ! docteur ! cria Barrois, qui sentait un troisième accès arriver.

Et, jetant un cri, il tomba renversé en arrière, comme s'il eût été foudroyé. D'Avrigny posa une main sur son cœur, approcha une glace de ses lèvres.

– Eh bien ? demanda Villefort.

– Il est mort.

Villefort recula de trois pas, joignit les mains au-dessus de sa tête, et avec une commisération non équivoque :

– Mort si promptement, dit-il en regardant le cadavre.

– Oui, bien promptement, n'est-ce pas ? dit d'Avrigny ; mais cela ne doit pas vous étonner : M. et Mme de Saint-Méran sont morts tout aussi promptement. Oh ! l'on meurt vite dans votre maison, monsieur de Villefort.

L'accusation

– Oh ! la mort est dans ma maison ! s'écria Villefort.

– Dites le crime, répondit le docteur.

– Vous soupçonnez donc quelqu'un !

– Cherche à qui le crime profite, dit un axiome de jurisprudence.

– Mon Dieu ! mon Dieu ! murmura Villefort en se tordant les bras.

– Suivez la marche du criminel ; il tue M. de Saint-Méran.

– Oh ! docteur !

– Je le jurerais ; ce que l'on m'a dit des symptômes s'accorde trop bien avec ce que j'ai vu de mes yeux.

Villefort cessa de combattre, et poussa un gémissement.

– Il tue M. de Saint-Méran, répéta le docteur, il tue Mme de Saint-Méran ; double héritage à recueillir.

Villefort essuya la sueur qui coulait sur son front.

– M. Noirtier, reprit de sa voix impitoyable M. d'Avrigny, M. Noirtier avait testé naguère contre vous, contre votre famille, en faveur des pauvres, enfin ; M. Noirtier est épargné, on n'attend rien de lui. Mais il n'a pas plus tôt détruit son premier testament, il n'a pas plus tôt fait le second, que, de peur qu'il n'en fasse sans doute un troisième, on le frappe : le testament est d'avant-hier, je crois; vous le voyez, il n'y a pas de temps de perdu.

– Oh! grâce! monsieur d'Avrigny!

– Pas de grâce, monsieur, le médecin a une mission sacrée sur la terre. Quand le crime a été commis et que Dieu détourne son regard du criminel, c'est au médecin de dire: Le voilà!

– Grâce pour ma fille, monsieur! murmura Villefort.

– Vous voyez bien que c'est vous qui l'avez nommée, vous, son père!

– Grâce pour Valentine! Écoutez, c'est impossible.

– Pas de grâce, monsieur le procureur du roi, le crime est flagrant. Monsieur le procureur du roi, je vous dénonce Mlle de Villefort, faites votre devoir!

Villefort tomba à genoux.

Et le docteur, sans toucher la main de Villefort, sans revenir un seul instant sur ce qu'il avait dit, sortit escorté par les larmes et les lamentations de tous les gens de la maison.

L'effraction

Le lendemain, le comte de Monte-Cristo était parti pour Auteuil avec Ali, plusieurs domestiques et des chevaux qu'il voulait essayer.

Comme Bertuccio allait sortir pour ordonner tout ce qui avait rapport à ce séjour, Baptistin ouvrit la porte; il tenait une lettre sur un plateau de vermeil.

– Que venez-vous faire ici? demanda le comte en le voyant tout couvert de poussière.

Baptistin, sans répondre, s'approcha du comte et lui présenta la lettre.

– Importante et pressée, dit-il.

Le comte ouvrit la lettre et lut:

« M. de Monte-Cristo est prévenu que cette nuit même un homme s'introduira dans sa maison des Champs-Élysées pour soustraire des papiers qu'il croit enfermés dans le secrétaire du cabinet de toilette : on sait M. le comte de Monte-Cristo assez brave pour ne pas recourir à l'intervention de la police, intervention qui pourrait compromettre fortement celui qui lui donne cet avis. »

Le comte rappela Baptistin, qui était sorti de la chambre après avoir apporté la lettre.

– Vous allez retourner à Paris, dit-il, vous ramènerez ici tous les domestiques qui restent. J'ai besoin de tout mon monde à Auteuil ; mais que tout reste dans l'état habituel ; vous fermerez les volets du rez-de-chaussée, voilà tout.

Le comte fit dire qu'il dînerait seul chez lui, et ne voulait être servi que par Ali.

Il dîna avec sa tranquillité et sa sobriété habituelles, et après le dîner, faisant signe à Ali de le suivre, il sortit par la petite porte, gagna le bois de Boulogne comme s'il se promenait, prit le chemin de Paris, et à la nuit tombante se trouva en face de sa maison des Champs-Élysées.

Il courut aussitôt à la petite porte avec Ali, entra précipitamment, et, par l'escalier de service, dont il avait la clé, rentra dans sa chambre à coucher, sans ouvrir ou déranger un seul rideau, sans que le concierge lui-même pût se douter que la maison qu'il croyait vide avait retrouvé son principal habitant.

Arrivé dans la chambre à coucher, le comte fit signe à Ali de s'arrêter, puis il passa dans le cabinet, qu'il examina ; tout était dans l'état habituel : le précieux secrétaire à sa place, et la clé au secrétaire ; il le ferma à double tour, prit la clé, revint à la porte de la chambre à coucher, enleva la double gâche du verrou, et rentra.

Pendant ce temps, Ali apportait sur une table les armes que le comte lui avait demandées, c'est-à-dire une carabine

courte et une paire de pistolets doubles. Armé ainsi, le comte tenait la vie de cinq hommes entre ses mains.

Onze heures trois quarts sonnèrent à l'horloge des Invalides; le vent d'ouest apportait sur ses humides bouffées la lugubre vibration des trois coups.

Comme le dernier coup s'éteignait, le comte crut entendre un léger bruit du côté du cabinet; ce premier bruit, ou plutôt ce premier grincement, fut suivi d'un second, puis d'un troisième; au quatrième, le comte savait à quoi s'en tenir. Une main ferme et exercée était occupée à couper les quatre côtés d'une vitre avec un diamant.

La fenêtre où l'on travaillait était en face de l'ouverture par laquelle le comte plongeait son regard dans le cabinet. Ses yeux se fixèrent donc vers cette fenêtre : il vit une ombre se dessiner plus épaisse sur l'obscurité ; puis un des carreaux devint tout à fait opaque, comme si l'on y collait du dehors une feuille de papier, puis le carreau craqua sans tomber. Par l'ouverture pratiquée, un bras passa ; une seconde après, la fenêtre tourna sur ses gonds, et un homme entra. L'homme était seul.

– Voilà un hardi coquin, murmura le comte.

En ce moment il sentit qu'Ali lui touchait doucement l'épaule ; il se retourna : Ali lui montrait la fenêtre de la chambre où ils étaient, et qui donnait sur la rue.

Monte-Cristo fit trois pas vers cette fenêtre ; il vit un autre homme qui se détachait d'une porte, et, montant sur une borne, semblait chercher à voir ce qui se passait chez le comte.

– Bon ! dit-il, ils sont deux ; l'un agit, l'autre guette.

Il fit signe à Ali de ne pas perdre des yeux l'homme de la rue, et revint à celui du cabinet.

Le coupeur de vitres était entré et s'orientait, les bras tendus en avant. Enfin il parut s'être rendu compte de toutes choses ; il y avait deux portes dans le cabinet, il alla pousser les verrous de toutes deux.

Lorsqu'il s'approcha de celle de la chambre à coucher, Monte-Cristo crut qu'il venait pour entrer, et prépara un de ses pistolets ; mais il entendit simplement le bruit des verrous glissant dans leurs anneaux de cuivre. C'était une précaution, voilà tout ; le nocturne visiteur, ignorant le soin qu'avait pris le comte d'enlever les gâches, pouvait désormais se croire chez lui et agir en toute tranquillité.

Ali leva sa hache.

– Ne bouge pas, lui dit Monte-Cristo tout bas, et laisse là ta hache, nous n'avons plus besoin d'armes ici.

Puis il ajouta quelques mots en baissant encore la voix. C'était un ordre que venait de donner le comte, car aussitôt Ali s'éloigna sur la pointe du pied, détacha de la muraille de l'alcôve un vêtement noir et un chapeau triangulaire. Pendant ce temps, Monte-Cristo ôtait rapidement sa redingote, son gilet et sa chemise, et l'on pouvait, grâce au rayon de lumière filtrant par la fente du panneau, reconnaître sur la poitrine du comte une de ces souples et fines tuniques de mailles d'acier, dont la dernière, dans cette France où l'on ne craint plus les poignards, fut peut-être portée par le roi Louis XVI, qui craignait le couteau pour sa poitrine, et qui fut frappé d'une hache à la tête.

Cette tunique disparut bientôt sous une longue soutane, comme les cheveux du comte sous une perruque à tonsure ; le chapeau triangulaire, placé sur la perruque, acheva de changer le comte en abbé.

Cependant l'homme, n'entendant plus rien, s'était relevé, et pendant le temps que Monte-Cristo opérait sa métamorphose, était allé droit au secrétaire, dont la serrure commençait à craquer sous son rossignol.

– Bon ! murmura le comte, tu en as pour quelques minutes.

Et il alla à la fenêtre.

L'homme qu'il avait vu monté sur une borne en était descendu, et se promenait toujours dans la rue ; mais, chose singulière, au lieu de s'inquiéter de ceux qui pouvaient venir, soit par l'avenue des Champs-Élysées, soit par le faubourg Saint-Honoré, il ne paraissait préoccupé que de ce qui se passait chez le comte, et tous ses mouvements avaient pour but de voir ce qui se passait dans le cabinet.

Monte-Cristo, tout à coup, se frappa le front et laissa errer sur ses lèvres entrouvertes un rire silencieux.

Puis, se rapprochant d'Ali :

– Demeure ici, lui dit-il tout bas, caché dans l'obscurité,

et quel que soit le bruit que tu entendes, quelque chose qui se passe, n'entre et ne te montre que si je t'appelle par ton nom.

Ali fit signe de la tête qu'il avait compris et qu'il obéirait.

Alors Monte-Cristo tira d'une armoire une bougie tout allumée, et au moment où le voleur était le plus occupé à sa serrure, il ouvrit doucement la porte, ayant soin que la lumière qu'il tenait à la main donnât tout entière sur son visage.

La porte tourna si doucement que le voleur n'entendit pas le bruit. Mais, à son grand étonnement, il vit tout à coup la chambre s'éclairer. Il se retourna.

– Eh ! bonsoir, cher monsieur Caderousse ! dit Monte-Cristo ; que diable venez-vous donc faire ici à une pareille heure ?

– L'abbé Busoni ! s'écria Caderousse.

Et ne sachant comment cette étrange apparition était venue jusqu'à lui, puisqu'il avait fermé les portes, il laissa tomber son trousseau de fausses clés, et resta immobile et comme frappé de stupeur.

Le comte alla se placer entre Caderousse et la fenêtre, coupant ainsi au voleur terrifié son seul moyen de retraite.

– L'abbé Busoni ! répéta Caderousse en fixant sur le comte des yeux hagards.

– Eh bien ! sans doute, l'abbé Busoni ! reprit Monte-Cristo, lui-même, en personne, et je suis bien aise que vous me reconnaissiez, mon cher monsieur Caderousse ; cela prouve que nous avons bonne mémoire, car si je ne me trompe, voilà tantôt dix ans que nous ne nous sommes vus.

Ce calme, cette ironie, cette puissance frappèrent l'esprit de Caderousse d'une terreur vertigineuse.

– Nous voulons donc voler le comte de Monte-Cristo ? continua le prétendu abbé.

– Monsieur l'abbé, murmura Caderousse cherchant à gagner la fenêtre que lui interceptait impitoyablement le comte, monsieur l'abbé, je ne sais... je vous prie de croire... je vous jure...

– Un carreau coupé, continua le comte, une lanterne torche, un trousseau de rossignols, un secrétaire à demi forcé, c'est clair cependant.

– Monsieur l'abbé, je cède à un entraînement...

– Tous les criminels disent cela.

– Pardon, monsieur l'abbé, dit Caderousse ; vous m'avez déjà sauvé une fois, sauvez-moi encore une seconde.

– Cela ne m'encourage pas.

– Êtes-vous seul, monsieur l'abbé ? demanda Caderousse en joignant les mains, ou bien avez-vous là des gendarmes tout prêts à me prendre ?

– Je suis tout seul.

– Troun-de-l'air, s'écria Caderousse en tirant un couteau tout ouvert de son gilet, et en frappant le comte au milieu de la poitrine.

Au grand étonnement de Caderousse, le poignard, au lieu de pénétrer dans la poitrine du comte, rebroussa émoussé.

En même temps le comte saisit le poignet de l'assassin, et le tordit avec une telle force que le couteau tomba et que Caderousse poussa un cri de douleur.

Mais le comte, sans s'arrêter à ce cri, continua de tordre le poignet du bandit jusqu'à ce que, le bras disloqué, il tombât d'abord à genoux, puis ensuite la face contre terre

Le comte appuya son pied sur sa tête et dit :

– Je ne sais qui me retient de te briser le crâne, scélérat !

– Ah ! grâce ! grâce ! cria Caderousse.

Le comte retira son pied.

– Relève-toi ! dit-il.

Caderousse se releva.

– Tudieu ! quel poignet vous avez, monsieur l'abbé ! dit

Caderousse, caressant son bras tout meurtri par les tenailles de chair qui l'avaient étreint; tudieu! quel poignet!

– Silence. Dieu me donne la force de dompter une bête féroce comme toi; c'est au nom de ce Dieu que j'agis; souviens-toi de cela, misérable, et t'épargner en ce moment, c'est encore servir les desseins de Dieu.

– Ouf! fit Caderousse tout endolori.

– Maintenant, va-t'en.

– Par où?

– Par où tu es venu.

– Vous voulez que je sorte par cette fenêtre?

– Tu y es bien entré.

Caderousse enjamba la fenêtre et mit le pied sur l'échelle.

– Maintenant descends, dit l'abbé en se croisant les bras.

Caderousse commença de comprendre qu'il n'avait rien à craindre de ce côté, et descendit.

Monte-Cristo rentra dans sa chambre, et jetant un coup d'œil rapide du jardin à la rue, il vit d'abord Caderousse qui, après être descendu, faisait un détour dans le jardin et allait planter son échelle à l'extrémité de la muraille, afin de sortir à une autre place que celle par laquelle il était entré.

Puis, passant du jardin à la rue, il vit l'homme qui semblait attendre, courir parallèlement dans la rue et se placer derrière l'angle même près duquel Caderousse allait descendre.

Caderousse monta lentement sur l'échelle, et, arrivé aux derniers échelons, passa sa tête par-dessus le chaperon pour s'assurer que la rue était bien solitaire.

On ne voyait personne, on n'entendait aucun bruit.

Une heure sonna aux Invalides.

Alors Caderousse se mit à cheval sur le chaperon, et tirant à lui son échelle, la passa par-dessus le mur, puis il se mit en devoir de descendre, ou plutôt de se laisser glisser le long des deux montants, manœuvre qu'il opéra avec une adresse qui prouva l'habitude qu'il avait de cet exercice.

Mais, une fois lancé sur la pente, il ne put s'arrêter. Vainement il vit un homme s'élancer dans l'ombre au moment où il était à moitié chemin ; vainement il vit un bras se lever au moment où il touchait la terre ; avant qu'il n'eût pu se mettre en défense, ce bras le frappa si furieusement dans le dos, qu'il lâcha l'échelle en criant :

– Au secours !

Un second coup lui arriva presque aussitôt dans le flanc, et il tomba en criant :

– Au meurtre !

Enfin, comme il se roulait sur la terre, son adversaire le saisit aux cheveux et lui porta un troisième coup dans la poitrine.

Cette fois Caderousse voulut crier encore, mais il ne put pousser qu'un gémissement et laissa couler en gémissant les trois ruisseaux de sang qui sortaient de ses trois blessures.

L'assassin, voyant qu'il ne criait plus, lui souleva la tête par les cheveux ; Caderousse avait les yeux fermés et la bouche tordue. L'assassin laissa retomber la tête et disparut.

Alors Caderousse, le sentant s'éloigner, se redressa sur son coude, et d'une voix mourante cria dans un suprême effort :

– À l'assassin ! je meurs ! à moi, monsieur l'abbé, à moi !

Ce lugubre appel perça l'ombre de la nuit. La porte de l'escalier dérobé s'ouvrit, puis la petite porte du jardin, et Ali et son maître accoururent avec des lumières.

La main de Dieu

Ali et son maître prirent le blessé et le transportèrent dans une chambre. Là, Monte-Cristo fit signe à Ali de le déshabiller, et il reconnut les trois blessures terribles dont il était atteint. Ali regarda son maître comme pour lui demander ce qu'il y avait à faire.

– Va chercher M. le procureur du roi Villefort, qui demeure faubourg Saint-Honoré, et amène-le ici. En passant, tu réveilleras le concierge, et tu lui diras d'aller chercher un médecin.

Ali obéit et laissa le faux abbé seul avec Caderousse toujours évanoui.

Lorsque le malheureux rouvrit les yeux, le comte, assis à quelques pas de lui, le regardait avec une sombre expression de pitié, et ses lèvres qui s'agitaient semblaient murmurer une prière.

– Un chirurgien, monsieur l'abbé, un chirurgien! dit Caderousse.

– On en est allé chercher un, répondit l'abbé.

– Je sais bien que c'est inutile, quant à la vie, mais il pourra me donner des forces peut-être, et je veux avoir le temps de faire ma déclaration.

– Sur quoi?

– Sur mon assassin.

– Vous le connaissez donc?

– Oh! qu'il vienne donc quelqu'un à qui je puisse dénoncer le misérable.

– Voulez-vous que j'écrive votre déposition? vous la signerez.

– Oui... oui... dit Caderousse, dont les yeux brillaient à l'idée de cette vengeance posthume.

Monte-Cristo écrivit:

«Je meurs assassiné par le Corse Benedetto.»

– Dépêchez-vous! dépêchez-vous! dit Caderousse, je ne pourrais plus signer.

Monte-Cristo présenta la plume à Caderousse, qui rassembla ses forces, signa et retomba sur son lit en disant:

– Vous raconterez le reste, monsieur l'abbé; vous direz qu'il se fait appeler Andrea Cavalcanti, qu'il loge à l'hôtel des Princes, que... Ah! ah! mon Dieu! mon Dieu! voilà que je meurs!

Et Caderousse, fermant les yeux, tomba renversé en arrière, avec un dernier cri et avec un dernier soupir.

– Un ! dit mystérieusement le comte, les yeux fixés sur le cadavre déjà défiguré par cette terrible mort.

Dix minutes après, le médecin et le procureur du roi arrivèrent, amenés, l'un par le concierge, l'autre par Ali, et furent reçus par l'abbé Busoni, qui priait près du mort.

Beauchamp

Pendant quinze jours il ne fut bruit dans Paris que de cette tentative de vol faite si audacieusement chez le comte. Le mourant avait signé une déclaration qui indiquait Benedetto comme son assassin. La police fut invitée à lancer tous ses agents sur les traces du meurtrier.

Le couteau de Caderousse, la lanterne sourde, le trousseau de clés et les habits, moins le gilet qui ne put se retrouver, furent déposés au greffe ; le corps fut emporté à la morgue.

À tout le monde le comte répondit que cette aventure s'était passée tandis qu'il était à sa maison d'Auteuil, et qu'il n'en savait par conséquent que ce que lui en avait dit l'abbé Busoni, qui, ce soir-là, par le plus grand hasard, lui avait demandé à passer la nuit chez lui pour faire des recherches dans quelques livres précieux que contenait sa bibliothèque.

Villefort, appelé à constater le crime, avait réclamé l'affaire et conduisait l'instruction avec cette ardeur qu'il mettait aux causes criminelles où il était appelé à porter la parole.

Mais trois semaines s'étaient déjà passées sans que les recherches les plus actives eussent amené aucun résultat, et l'on commençait à oublier dans le monde la tentative de vol chez le comte et l'assassinat du voleur par son complice, pour s'occuper du prochain mariage de Mlle Danglars avec le comte Andrea Cavalcanti.

Un matin, Albert fut éveillé par son valet de chambre, qui lui annonça Beauchamp.

Albert se frotta les yeux, ordonna que l'on fît attendre Beauchamp dans le petit salon-fumoir du rez-de-chaussée, s'habilla vivement, et descendit.

Il trouva Beauchamp se promenant de long en large ; en l'apercevant, Beauchamp s'arrêta.

– Albert, dit Beauchamp avec une tristesse qui frappa le jeune homme de stupeur, asseyons-nous d'abord, et causons.

– Eh bien ! eh bien ! demanda Morcerf avec impatience ; que veut dire cela ?

– Cela veut dire que j'arrive de Janina.

– Impossible !

– Mon cher Albert, voici mon passeport ; voyez les visas : Genève, Milan, Venise, Trieste, Delvino, Janina. En croyez-vous la police d'une république, d'un royaume et d'un empire ?

– Mon Dieu, mon Dieu ! que de circonlocutions, Beauchamp, et que vous tardez à me dire ce que j'attends de vous !

– C'est qu'en vérité, Albert...

Albert pâlit affreusement ; il essaya de parler, mais la parole expira sur ses lèvres.

– Mon ami, dit Beauchamp du ton le plus affectueux, croyez que je serais heureux de vous faire mes excuses, et que ces excuses, je vous les ferais de tout mon cœur ; mais hélas !...

– Mais quoi ?

– La note avait raison, mon ami.

– Comment ! cet officier français...

– Pardonnez-moi de vous dire ce que je vous dis, mon ami : cet homme, c'est votre père !

Albert fit un mouvement furieux pour s'élancer sur Beauchamp ; mais celui-ci le retint bien plus encore avec un doux regard qu'avec sa main étendue.

– Tenez, mon ami, dit-il en tirant un papier de sa poche, voici la preuve.

Albert ouvrit le papier ; c'était une attestation de quatre habitants notables de Janina, constatant que le colonel Fernand Mondego, colonel instructeur au service du vizir Ali-Tebelin, avait livré le château de Janina moyennant deux mille bourses. Les signatures étaient légalisées par le consul.

Albert chancela et tomba écrasé sur un fauteuil.

Il n'y avait point à en douter cette fois, le nom de famille y était en toutes lettres.

Aussi, après un mouvement de silence muet et douloureux, son cœur se gonfla, les veines de son cou s'enflèrent, un torrent de larmes jaillit de ses yeux.

Beauchamp, qui avait regardé avec une profonde pitié le jeune homme cédant au paroxysme de la douleur, s'approcha de lui.

– Albert, lui dit-il, vous me comprenez maintenant, n'est-ce pas ? J'ai voulu tout voir, tout juger par moi-même, espérant que l'explication serait favorable à votre père, et que je pourrais lui rendre toute justice. Mais au contraire les renseignements pris constatent que cet officier instructeur, que ce Fernand Mondego, élevé par Ali-Pacha au titre de général gouverneur, n'est autre que le comte Fernand de Morcerf : alors je suis revenu me rappelant l'honneur que vous m'aviez fait de m'admettre à votre amitié, et je suis accouru à vous.

Albert s'élança au cou de Beauchamp.

– Ah ! noble cœur ! s'écria-t-il.

– Tenez, dit Beauchamp en présentant les papiers.

Albert alla à la bougie toujours allumée pour les cigares, et en consuma jusqu'au dernier fragment.

– Que tout cela s'oublie comme un mauvais rêve, dit Beauchamp.

– Oui, oui, dit Albert, et qu'il n'en reste que l'éternelle

amitié que je voue à mon sauveur, amitié que mes enfants transmettront aux vôtres, amitié qui me rappellera toujours que le sang de mes veines, la vie de mon corps, l'honneur de mon nom, je vous les dois ; car si une pareille chose eût été connue, oh ! Beauchamp, je vous le déclare, je me brûlais la cervelle.

– Cher Albert ! dit Beauchamp.

Puis, voyant que le jeune homme allait retomber dans sa mélancolie :

– Tenez, dit Beauchamp, allons un peu voir M. de Monte-Cristo, il vous distraira.

– Soit, dit Albert, allons chez lui, je l'aime.

Le voyage

Monte-Cristo poussa un cri de joie en voyant les deux jeunes gens ensemble.

– Ah ! ah ! dit-il. Eh bien, j'espère que tout est fini, éclairci, arrangé ?

– Oui, dit Beauchamp. Des bruits absurdes, qui sont tombés d'eux-mêmes, et qui maintenant, s'ils se renouvelaient, m'auraient pour premier antagoniste. Ainsi donc, ne parlons plus de cela.

– Que faites-vous ? dit Albert ; vous mettez de l'ordre dans vos papiers, ce me semble ?

– Dans mes papiers, Dieu merci non ! mais dans les papiers de M. Cavalcanti.

– De M. Cavalcanti ? demanda Beauchamp.

– Eh oui ! ne savez-vous pas que c'est un jeune homme que lance le comte ? dit Morcerf. Et qui va épouser Mlle Danglars en mon lieu et place ; ce qui, continua Albert en essayant de sourire, comme vous pouvez bien vous en douter, mon cher Beauchamp, m'affecte cruellement.

– Eh bien ! mon cher vicomte, dit Monte-Cristo, j'ai en ce cas un remède infaillible à vous proposer.

– Lequel ? demanda le jeune homme.

– Le déplacement.

– Oui, mais où cela ?

– À la mer, vicomte, à la mer.

– J'accepte.

– Eh bien ! vicomte, il y aura ce soir dans ma cour un briska de voyage, dans lequel on peut s'étendre comme dans son lit ; ce briska sera attelé de quatre chevaux de poste. Monsieur Beauchamp, on y tient quatre très facilement. Voulez-vous venir avec nous, je vous emmène.

– Merci, je viens de la mer.

– Comment ! vous venez de la mer ?

– Oui, ou à peu près. Je viens de faire un petit voyage aux îles Borromées.

Albert et Beauchamp se séparèrent : leur dernière poignée de main renfermait tout le sens que leurs lèvres ne pouvaient exprimer devant un étranger.

– Excellent garçon que ce Beauchamp ! dit Monte-Cristo après le départ du journaliste ; n'est-ce pas, Albert ?

– Oh ! oui, un homme de cœur, je vous en réponds ; aussi je l'aime de toute mon âme. Mais, maintenant que nous voilà seuls, où allons-nous ?

– En Normandie, si vous voulez bien.

Monte-Cristo alla au timbre et frappa deux coups.

Bertuccio entra.

– Maître Bertuccio, je pars pour la Normandie ; d'ici à cinq heures, c'est plus de temps qu'il ne vous en faut ; vous ferez prévenir les palefreniers du premier relais ; M. de Morcerf m'accompagne. Allez.

Bertuccio obéit, et six heures après, tous les relais disposés sur la route étaient prévenus.

Albert fut exact. Le voyage, sombre à son commencement, s'éclaircit bientôt par l'effet physique de la rapidité. Morcerf n'avait pas idée d'une pareille vitesse.

On arriva au milieu de la nuit à la porte d'un beau parc. Le concierge était debout et tenait la grille ouverte. Il avait été prévenu par le palefrenier du dernier relais.

Albert prit son bain, soupa et se coucha. Toute la nuit, il fut bercé par le bruit mélancolique de la houle. En se levant, il alla droit à sa fenêtre, l'ouvrit et se trouva sur une petite terrasse, où l'on avait devant soi la mer, c'est-à-dire l'immensité, et derrière soi un joli parc donnant sur une petite forêt.

Albert trouva dans son antichambre deux fusils et tous les ustensiles nécessaires à un chasseur; une pièce plus haute, et placée au rez-de-chaussée, était consacrée à toutes les ingénieuses machines que les Anglais n'ont pas encore pu faire adopter aux routiniers pêcheurs de France.

Toute la journée se passa à ces exercices divers, auxquels, d'ailleurs, Monte-Cristo excellait; on tua une douzaine de faisans dans le parc, on pêcha autant de truites dans les ruisseaux, on dîna dans un kiosque donnant sur la mer.

Vers le soir du troisième jour, Albert dormait sur un fauteuil près la fenêtre, tandis que le comte faisait avec son architecte le plan d'une serre, lorsque le bruit d'un cheval fit lever la tête au jeune homme; il regarda par la fenêtre, et, avec une surprise des plus désagréables, aperçut dans la cour son valet de chambre, dont il n'avait pas voulu se faire suivre pour moins embarrasser Monte-Cristo.

– Florentin ici! s'écria-t-il en bondissant sur son fauteuil; est-ce que ma mère est malade?

Et il se précipita vers la porte de la chambre.

Monte-Cristo le suivit des yeux, et le vit aborder le valet qui, tout essoufflé encore, tira de sa poche un petit paquet cacheté. Le petit paquet contenait un journal et une lettre.

– De qui cette lettre ? demanda vivement Albert.

– De M. Beauchamp, répondit Florentin.

Albert ouvrit la lettre. Aux premières lignes, il poussa un cri, et saisit le journal. Et il reprit le chemin de la chambre où il avait laissé Monte-Cristo.

Ce n'était plus le même homme.

– Comte, dit-il, merci de votre bonne hospitalité, mais il faut que je retourne à Paris.

– Qu'est-il donc arrivé ?

– Un grand malheur. Pas de question, comte, je vous en supplie, mais un cheval !

– Ali, un cheval pour M. de Morcerf ! Qu'on se hâte, il est pressé !

Ces paroles rendirent la vie à Albert ; il s'élança hors de la chambre, le comte le suivit.

– Vous trouverez peut-être mon départ étrange, dit le jeune homme ; eh bien ! lisez ceci, mais quand je serai parti seulement, afin que vous ne voyiez pas ma rougeur.

Le comte suivit des yeux avec un sentiment de compassion infinie le jeune homme, et ce ne fut que lorsqu'il eut complètement disparu que, reportant ses regards sur le journal, il lut ce qui suit :

« Cet officier au service d'Ali, pacha de Janina, dont parlait il y a trois semaines le journal *L'Impartial*, et qui non seulement livra les châteaux de Janina, mais encore vendit son bienfaiteur aux Turcs, s'appelait en effet à cette époque Fernand, comme l'a dit notre honorable confrère ; mais, depuis, il a ajouté à son nom de baptême un titre de noblesse et un nom de terre.

« Il s'appelle aujourd'hui M. le comte de Morcerf, et fait partie de la Chambre des pairs. »

Ainsi donc, ce secret terrible que Beauchamp avait enseveli avec tant de générosité reparaissait comme un fantôme armé, et un autre journal, cruellement renseigné, avait publié, le surlendemain du départ d'Albert pour la Normandie, les lignes qui avaient failli rendre fou le jeune homme.

Le jugement

Le même jour, à la Chambre des pairs, une grande agitation s'était manifestée. C'étaient des lectures à voix basse de l'article, des commentaires et des échanges de souvenirs qui précisaient encore mieux les faits. Seul le comte de Morcerf ne savait rien. Il ne recevait pas le journal où se trouvait la nouvelle diffamatoire, et avait passé la matinée à écrire des lettres et à essayer un cheval.

Il arriva donc à son heure accoutumée, la tête haute, et entra dans la salle, sans remarquer les hésitations des huissiers et les demi-saluts de ses collègues. La séance était ouverte depuis plus d'une demi-heure. Il était évident que la Chambre tout entière brûlait d'entamer le débat.

On voyait le journal accusateur aux mains de tout le monde; mais chacun hésitait à prendre sur lui la responsabilité de l'attaque. Enfin, un des honorables pairs, ennemi déclaré du comte de Morcerf, monta à la tribune.

Il se fit un effrayant silence; Morcerf seul ignorait la cause de l'attention que l'on prêtait à un orateur qu'on n'avait pas toujours l'habitude d'écouter si complaisamment.

Le comte laissa passer le préambule par lequel l'orateur établissait qu'il allait parler d'une chose tellement grave pour la Chambre qu'il réclamait toute l'attention de ses collègues.

Aux premiers mots de Janina et du colonel Fernand, le comte de Morcerf pâlit si horriblement, qu'il n'y eut qu'un frémissement dans cette assemblée.

La lecture de l'article achevée au milieu de ce même silence, l'accusateur conclut en demandant qu'une enquête fût ordonnée, assez rapide pour confondre, avant qu'elle eût le temps de grandir, la calomnie, et pour rétablir M. de Morcerf, en le vengeant, dans la position que l'opinion publique lui avait faite depuis longtemps.

Le président mit l'enquête aux voix; on vota par assis et levé, et il fut décidé que l'enquête aurait lieu.

On demanda au comte combien il lui fallait de temps pour préparer sa justification.

Le courage était revenu à Morcerf dès qu'il s'était senti vivant encore après cet horrible coup.

– Je me mets dès aujourd'hui à la disposition de la Chambre, répondit le comte.

On nomma une commission de douze membres pour examiner les pièces à fournir par Morcerf. L'heure de la première séance de cette commission fut fixée à huit heures du soir, dans les bureaux de la Chambre.

À huit heures précises tout le monde était arrivé.

M. de Morcerf entra sur le dernier coup de huit heures. Il tenait à la main quelques papiers, et sa contenance semblait calme.

– Vous avez la parole, monsieur de Morcerf, dit le président tout en décachetant une lettre.

Le comte produisit des pièces qui prouvaient que le vizir de Janina l'avait, jusqu'à sa dernière heure, honoré de toute sa confiance, puisqu'il l'avait chargé d'une négociation de vie et de mort avec l'Empereur lui-même. Il montra l'anneau, signe de commandement, et avec lequel Ali-Pacha cachetait d'ordinaire ses lettres, et que celui-ci lui avait donné pour qu'il pût à son retour, à quelque heure du jour ou de la nuit que ce fût, et fût-il dans son harem, pénétrer jusqu'à lui. Malheureusement, dit-il, sa négociation avait échoué, et quand il était revenu pour défendre son bienfaiteur, il était déjà mort. Mais, dit le comte, en mourant, Ali-Pacha, tant était grande sa confiance, lui avait confié sa maîtresse favorite et sa fille.

Cependant le président jeta négligemment les yeux sur la lettre qu'on venait de lui apporter; aux premières lignes son attention s'éveilla; il la lut, la relut encore, et fixant les yeux sur M. de Morcerf:

– Monsieur le comte, dit-il, vous venez de nous dire que le vizir de Janina vous avait confié sa femme et sa fille.

– Oui, monsieur, répondit Morcerf; mais en cela comme dans tout le reste, le malheur me poursuivait. À mon retour, Vasiliki et sa fille Haydée avaient disparu.

– Avez-vous quelque idée de ce qu'elles sont devenues?

– Oui, monsieur. J'ai entendu dire qu'elles avaient succombé à leur chagrin et peut-être à leur misère. Je n'étais pas riche, ma vie courait de grands dangers, je ne pus me mettre à leur recherche, à mon grand regret.

Un murmure d'approbation courut dans l'assemblée.

Il ne restait plus qu'à aller aux voix, lorsque le président prit la parole :

– Messieurs, dit-il, et vous monsieur le comte, vous ne seriez point fâchés, je présume, d'entendre un témoin très important, à ce qu'il assure, et qui vient de se produire de lui-même ; ce témoin, nous n'en doutons pas, d'après tout ce que nous a dit le comte, est appelé à prouver la parfaite innocence de notre collègue. Voici la lettre que je viens de recevoir à cet égard ; désirez-vous qu'elle vous soit lue, ou décidez-vous qu'il sera passé outre ?

M. de Morcerf pâlit et crispa ses mains sur les papiers qu'il tenait, et qui crièrent entre ses doigts.

La réponse de la commission fut pour la lecture.

Le président lut en conséquence la lettre suivante :

« Monsieur le Président,

« Je puis fournir à la commission d'enquête chargée d'examiner la conduite en Épire et en Macédoine de M. le lieutenant général comte de Morcerf, les renseignements les plus positifs.

« J'étais sur les lieux à la mort d'Ali-Pacha ; j'assistai à ses derniers moments ; je sais ce que devinrent Vasiliki et Haydée ; je me tiens à la disposition de la commission, et réclame même l'honneur de me faire entendre. Je serai dans le vestibule de la Chambre au moment où l'on vous remettra ce billet. »

– Et quel est ce témoin ? demanda le comte d'une voix dans laquelle il était facile de remarquer une altération.

– Une femme accompagnée d'un serviteur.

Chacun se regarda.

– Faites entrer cette femme, dit le président.

Cinq minutes après, l'huissier reparut.

Derrière l'huissier marchait une femme enveloppée d'un grand voile qui la cachait tout entière.

Le président offrit de la main un siège à la jeune femme; mais elle fit signe de la tête qu'elle resterait debout. Quant au comte, il était retombé sur son fauteuil, et il était évident que ses jambes refusaient de le porter.

– Madame, dit le président, vous avez écrit à la commission pour lui donner des renseignements sur l'affaire de Janina, et vous avez avancé que vous aviez été témoin oculaire des événements.

– Et je le fus en effet, répondit l'inconnue avec une voix pleine d'une tristesse charmante, et empreinte de cette sonorité particulière aux voix orientales.

– Cependant, reprit le président, permettez-moi de vous dire que vous étiez bien jeune alors.

– J'avais quatre ans; mais comme les événements avaient pour moi une suprême importance, pas un détail n'a échappé à ma mémoire.

– Mais quelle importance avaient donc pour vous ces événements, et qui êtes-vous pour que cette grande catastrophe ait produit sur vous une si profonde impression?

– Il s'agissait de la vie ou de la mort de mon père, répondit la jeune fille, et je m'appelle Haydée, fille d'Ali-Tebelin, pacha de Janina, et de Vasiliki, sa femme bien-aimée.

La rougeur qui empourpra les joues de la jeune femme, le feu de son regard et la majesté de sa révélation produisirent sur l'assemblée un effet inexprimable.

Quant au comte, il n'eût pas été plus anéanti, si la foudre, en tombant, eût ouvert un abîme à ses pieds.

– Madame, reprit le président, après s'être incliné avec respect, permettez-moi une simple question qui n'est pas un doute, et cette question sera la dernière: pouvez-vous justifier de l'authenticité de ce que vous dites?

– Je le puis! monsieur, dit Haydée en tirant de dessous son voile un sachet de satin parfumé, car voici l'acte de ma naissance, rédigé par mon père et signé par ses principaux officiers ; car voici, avec l'acte de ma naissance, l'acte de mon baptême, mon père ayant consenti à ce que je fusse élevée dans la religion de ma mère, acte que le grand primat de Macédoine et d'Épire a revêtu de son sceau ; voici enfin (et ceci est le plus important sans doute) l'acte de la vente qui fut faite de ma personne et de celle de ma mère au marchand arménien El-Kobbir, par l'officier franc qui, dans son infâme marché avec la Porte, s'était réservé, pour sa part de butin, la fille et la femme de son bienfaiteur, qu'il vendit pour la somme de mille bourses.

Une pâleur verdâtre envahit les joues du comte de Morcerf, et ses yeux s'injectèrent de sang à l'énoncé de ces imputations terribles qui furent accueillies de l'assemblée avec un lugubre silence.

– Madame, dit le président, ne peut-on interroger le comte de Monte-Cristo, lequel est à Paris près de vous, à ce que je crois ?

– Monsieur, répondit Haydée, le comte de Monte-Cristo, mon autre père, est en Normandie depuis trois jours.

– Ainsi, demanda le président, M. le comte de Monte-Cristo n'est pour rien dans votre démarche ?

– Il l'ignore complètement, monsieur, et même je n'ai qu'une crainte, c'est qu'il la désapprouve quand il l'apprendra.

– Monsieur de Morcerf, dit le président, reconnaissez-vous madame pour la fille d'Ali-Tebelin, pacha de Janina ?

– Non, dit Morcerf en faisant un effort pour se lever, et c'est une trame ourdie par mes ennemis.

Haydée poussa un cri terrible :

– Tu ne me reconnais pas, dit-elle ; eh bien ! moi heureusement je te reconnais ! tu es Fernand Mondego, l'officier franc qui instruisait les troupes de mon noble père. C'est toi qui as livré les châteaux de Janina ! c'est toi qui, envoyé par lui à Constantinople pour traiter directement avec l'Empereur de la vie ou de la mort de ton bienfaiteur, as rapporté un faux firman qui accordait grâce entière! c'est toi qui, avec ce firman, as obtenu la bague du pacha qui devait te faire obéir par Sélim, le gardien du feu; c'est toi qui as poignardé Sélim! c'est toi qui nous as vendues, ma mère et moi, au marchand El-Kobbir! Assassin! assassin! assassin! tu as encore au front le sang de ton maître! regardez tous.

Chaque mot tombait comme un coutelas sur Morcerf et retranchait une parcelle de son énergie; aux derniers mots, il retomba sur son fauteuil, abîmé dans un morne désespoir.

– Eh bien! lui demanda le président; que décidez-vous?

– Rien! dit en se levant le comte avec une voix sourde.

– Messieurs, dit le président, quand le silence fut rétabli, M. le comte de Morcerf est-il convaincu de félonie, de trahison et d'indignité?

– Oui! répondirent d'une voix unanime tous les membres de la commission d'enquête.

Haydée entendit prononcer la sentence sans qu'un seul des traits de son visage exprimât ou la joie ou la pitié.

Alors, ramenant son voile sur son visage, elle salua majestueusement les conseillers, et sortit.

La provocation

Albert releva son visage, rouge de honte et baigné de larmes, et saisissant le bras de Beauchamp:

– Ami, lui dit-il, ma vie est finie: il me reste à chercher quel homme me poursuit de son inimitié; puis, quand je le reconnaîtrai, je tuerai cet homme, ou cet homme me tuera; or, je compte sur votre amitié pour m'aider, aidez-moi à retrouver la main qui a porté le coup.

– Eh bien! je vais vous raconter ce que je n'ai pas voulu vous dire en revenant de Janina.

– Parlez.

– Voilà ce qui s'est passé, Albert; j'ai été tout naturellement chez le premier banquier de la ville pour prendre des informations: au premier mot que j'ai dit de l'affaire, avant même que le nom de votre père eût été prononcé:

«– Ah! dit-il, très bien, je devine ce qui vous amène.

«– Comment cela, et pourquoi?

«– Parce qu'il y a quinze jours à peine j'ai été interrogé sur le même sujet.

«– Par qui?

«– Par un banquier de Paris, mon correspondant.

«– Que vous nommez?

«– M. Danglars.»

– Lui! s'écria Albert; en effet, c'est bien lui qui depuis si longtemps poursuit mon pauvre père de sa haine jalouse; lui, l'homme prétendu populaire, qui ne peut pardonner au comte de Morcerf d'être pair de France. Et, tenez, cette rupture de mariage sans raison donnée, oui, c'est bien cela.

– Informez-vous, Albert, et si la chose est vraie... Albert, agissez prudemment.

– Oh! n'ayez pas peur; d'ailleurs, vous m'accompagnerez, Beauchamp, les choses solennelles doivent être traitées devant témoin. Avant la fin de cette journée, si M. Danglars est le coupable, M. Danglars aura cessé de vivre ou je serai mort.

On envoya chercher un cabriolet de place. En entrant dans l'hôtel du banquier, on aperçut le phaéton et le domestique de M. Cavalcanti à la porte.

– Ah! parbleu! voilà qui va bien! dit Albert avec une voix sombre. Si M. Danglars ne veut pas se battre avec moi, je lui tuerai son gendre. Cela doit se battre, un Cavalcanti!

On annonça le jeune homme au banquier qui, au nom d'Albert, sachant ce qui s'était passé la veille, fit défendre sa porte. Mais il était trop tard, il avait suivi le laquais; il entendit l'ordre donné, força la porte et pénétra, suivi de Beauchamp, jusque dans le cabinet du banquier.

– Mais, monsieur, s'écria celui-ci, n'est-on plus maître de recevoir chez soi qui l'on veut, ou qui l'on ne veut pas?

– Non, monsieur, dit froidement Albert; il y a des circonstances où il faut, sauf lâcheté, être chez soi pour certaines personnes du moins.

– Alors, que me voulez-vous donc, monsieur?

– Je veux vous proposer un rendez-vous dans un coin écarté, où personne ne vous dérangera pendant dix minutes, je ne vous en demande pas davantage.

Danglars pâlit, Cavalcanti fit un mouvement. Albert se retourna vers le jeune homme.

– Oh! dit-il, venez si vous voulez, monsieur le comte, vous avez le droit d'y être, vous êtes de la famille.

Cavalcanti regarda d'un air stupéfait Danglars, lequel, faisant un effort, se leva et s'avança entre les deux jeunes gens. L'attaque d'Albert à Andrea venait de le placer sur un autre terrain; et il espérait que la visite d'Albert avait une autre cause que celle qu'il lui avait supposée d'abord.

– Ah! çà! monsieur, dit-il à Albert, si vous venez ici chercher querelle à monsieur, parce que je l'ai préféré à vous, je ferai de cela une affaire de procureur du roi.

– Vous vous trompez, monsieur, dit Morcerf avec un sombre sourire, je ne parle pas mariage le moins du monde, et je ne m'adresse à M. Cavalcanti que parce qu'il m'a semblé avoir eu un instant l'intention d'intervenir dans notre discussion. Et puis, tenez, au reste, vous avez raison, dit-il, je cherche aujourd'hui querelle à tout le monde; mais soyez tranquille, monsieur Danglars, la priorité vous appartient.

– Monsieur, répondit Danglars, pâle de colère et de peur, je vous avertis que lorsque j'ai le malheur de rencontrer sur mon chemin un dogue enragé, je le tue. Tiens! est-ce ma faute, à moi, si votre père est déshonoré?

– Oui, misérable! s'écria Morcerf, c'est ta faute! Qui a écrit à Janina?

– À Janina?

– Oui. Qui a écrit pour demander des renseignements sur mon père?

– J'ai écrit, sans doute; il me semble que lorsqu'on marie sa fille à un jeune homme, on peut prendre des renseignements sur la famille de ce jeune homme.

– Vous avez écrit, monsieur, dit Albert, sachant parfaitement la réponse qui vous viendrait.

– Moi? Ah! je vous jure bien que jamais je n'eusse pensé à écrire à Janina. Est-ce que je connaissais la catastrophe d'Ali-Pacha, moi?

– Alors quelqu'un vous a donc poussé à écrire?

– Certainement.

– On vous a poussé?

– Oui.

– Qui cêla?... achevez... dites...

– Pardieu! rien de plus simple; je parlais du passé de votre père, je disais que la source de sa fortune était toujours restée obscure. La personne m'a demandé où votre père avait fait cette fortune. J'ai répondu: En Grèce. Alors elle m'a dit: Eh bien, écrivez à Janina.

– Et qui vous a donné ce conseil?

– Parbleu! le comte de Monte-Cristo, votre ami.

– Le comte de Monte-Cristo vous a dit d'écrire à Janina?

– Oui, et j'ai écrit. Voulez-vous voir ma correspondance? je vous la montrerai.

L'insulte

À la porte du banquier, Beauchamp arrêta Morcerf.

– Vous êtes bien décidé, Albert?

– Oui.

– Allez donc! Mais croyez-vous que nous le trouvions?

– Il devait revenir quelques heures après moi, et certainement il sera revenu.

Ils se firent conduire avenue des Champs-Élysées, n° 30. Albert ne fit qu'un bond de la loge du concierge au perron. Ce fut Baptistin qui le reçut.

Le comte venait d'arriver effectivement, mais il était au bain, et avait défendu de recevoir qui que ce fût au monde.

– Mais, après le bain ? demanda Morcerf.

– Monsieur dînera.

– Ensuite ?

– Ensuite il ira à l'Opéra.

– Fort bien, répliqua Albert ; voilà tout ce que je voulais savoir.

Puis, se retournant vers Beauchamp :

– Si vous avez quelque chose à faire, Beauchamp, faites-le tout de suite ; si vous aviez rendez-vous ce soir, remettez-le à demain. Vous comprenez que je compte sur vous pour aller à l'Opéra. Si vous le pouvez, amenez-moi Château-Renaud.

Rentré chez lui, Albert prévint Franz, Debray et Morrel du désir qu'il avait de les voir le soir même à l'Opéra.

Puis, il alla visiter sa mère, qui, depuis les événements de la veille, avait fait défendre sa porte. Il la trouva au lit, écrasée par la douleur de cette humiliation publique.

– Vous veniez me demander comment j'allais, dit-elle, je vous répondrai franchement, mon ami, que je ne me sens pas bien. Vous devriez vous installer ici, Albert, vous me tiendriez compagnie ; j'ai bien besoin de n'être pas seule.

– Ma mère, dit le jeune homme, je serais à vos ordres, et vous savez avec quel bonheur, si une affaire pressée et importante ne me forçait à vous quitter toute la soirée.

– Ah ! répondit Mercédès avec un soupir ; allez, Albert, je ne veux point vous rendre esclave de votre piété filiale.

Albert fit semblant de ne point entendre, salua sa mère et sortit.

À peine le jeune homme eut-il refermé la porte, que Mercédès fit appeler un domestique de confiance et lui ordonna de suivre Albert partout où il irait dans la soirée, et de lui en venir rendre compte à l'instant même.

Puis elle sonna sa femme de chambre, et si faible qu'elle fût, se fit habiller pour être prête à tout événement.

La mission donnée au laquais n'était pas difficile à exécuter. Albert rentra chez lui et s'habilla avec une sorte de recherche sévère. À huit heures moins dix minutes Beauchamp arriva. il avait vu Château-Renaud, lequel avait promis de se trouver à l'orchestre avant le lever du rideau.

Tous deux montèrent dans le coupé d'Albert qui, n'ayant aucune raison de cacher où il allait, dit tout haut :

– À l'Opéra.

Debray n'était pas encore arrivé, mais Albert savait qu'il manquait rarement une représentation de l'Opéra. Albert erra dans le théâtre jusqu'au lever du rideau. Il espérait rencontrer Monte-Cristo, soit dans le couloir, soit dans l'escalier. La sonnette l'appela à sa place, et il vint s'asseoir à l'orchestre, entre Château-Renaud et Beauchamp.

Mais ses yeux ne quittaient pas cette loge d'entre-colonnes qui, pendant tout le premier acte, semblait s'obstiner à rester fermée.

Enfin, comme Albert, pour la centième fois, interrogeait sa montre, au commencement du deuxième acte, la porte de la loge s'ouvrit, et Monte-Cristo, vêtu de noir, entra et s'appuya à la rampe pour regarder dans la salle ; Morrel le suivait.

Le comte, en jetant son coup d'œil circulaire dans la salle, aperçut une tête pâle et des yeux étincelants qui semblaient attirer avidement ses regards ; il reconnut bien Albert ; mais l'expression qu'il remarqua sur ce visage bouleversé lui conseilla sans doute de ne point l'avoir remarqué. Sans faire donc aucun mouvement qui décelât sa pensée, il s'assit, tira son binocle de son étui, et lorgna d'un autre côté.

Mais sans paraître voir Albert, le comte ne le perdait pas de vue, et, lorsque la toile tomba sur la fin du second acte, son coup d'œil infaillible et sûr suivit le jeune homme sortant de l'orchestre et accompagné de ses deux amis.

Puis, la même tête reparut aux carreaux d'une première loge, en face de la sienne. Le comte sentait venir à lui la tempête, et lorsqu'il entendit la clé tourner dans la serrure de sa loge, quoiqu'il parlât en ce moment même à Morrel avec son visage le plus riant, le comte savait à quoi s'en tenir, et il s'était préparé à tout.

La porte s'ouvrit.

Seulement alors, Monte-Cristo se retourna et aperçut Albert livide et tremblant; derrière lui étaient Beauchamp et Château-Renaud.

– Tiens, s'écria-t-il, voilà mon cavalier arrivé au but. Bonsoir, monsieur de Morcerf.

– Nous ne venons point ici pour échanger d'hypocrites politesses ou de faux semblants d'amitié, dit le jeune homme; nous venons vous demander une explication, monsieur le comte.

Et en prononçant ces paroles, Albert avait élevé la voix.

Aussi les personnes des loges se retournèrent-elles, et celles du couloir s'arrêtèrent derrière Beauchamp et Château-Renaud au bruit de cette altercation.

– Monsieur, je ne vous comprends point, répliqua Monte-Cristo, et quand même je vous comprendrais, vous n'en parleriez encore que trop haut. Je suis ici chez moi, monsieur, et moi seul ai le droit d'y élever la voix au-dessus des autres. Sortez, monsieur!

Et Monte-Cristo montra la porte à Albert.

– Ah! je vous en ferai bien sortir de chez vous! reprit Albert en froissant dans ses mains convulsives son gant, que le comte ne perdait pas de vue.

– Bien, bien! dit flegmatiquement Monte-Cristo, vous me cherchez querelle, monsieur, je vois cela; mais un conseil, vicomte, et retenez-le bien: c'est une coutume mauvaise que de faire du bruit en provoquant. Le bruit ne va pas à tout le monde, monsieur de Morcerf.

À ce nom, un murmure d'étonnement passa comme un frisson parmi les auditeurs de cette scène. Depuis la veille le nom de Morcerf était dans toutes les bouches.

Albert, mieux que tous, comprit l'allusion, et fit un geste

pour lancer son gant au visage du comte; mais Monte-Cristo, sans se lever, en inclinant sa chaise, étendit la main seulement, et saisissant entre les doigts crispés du jeune homme le gant humide et écrasé:

– Monsieur, dit-il avec un accent terrible, je tiens votre gant pour jeté, et je vous l'enverrai roulé autour d'une balle. Maintenant sortez de chez moi, ou j'appelle mes domestiques, et je vous fais jeter à la porte.

Ivre, effaré, les yeux sanglants, Albert fit deux pas en arrière. Morrel en profita pour refermer la porte. Monte-Cristo reprit sa jumelle et se mit à lorgner, comme si rien d'extraordinaire ne venait de se passer.

Morrel se pencha à son oreille:

– Que lui avez-vous fait? dit-il.

– Moi? rien, personnellement du moins, dit Monte-Cristo.

– Cependant cette scène étrange doit avoir une cause?

– L'aventure du comte de Morcerf exaspère le malheureux jeune homme.

– Mais que ferez-vous de lui?

– De qui?

– D'Albert.

– D'Albert? reprit Monte-Cristo. Aussi vrai que vous êtes ici et que je vous serre la main, je le tuerai demain avant dix heures du matin. Voilà ce que j'en ferai.

La toile, qui s'était levée à la fin de la scène d'Albert, retomba presque aussitôt. On frappa à la porte.

– Entrez, dit Monte-Cristo sans que sa voix décelât la moindre émotion.

Beauchamp parut.

– Bonsoir, monsieur Beauchamp, dit Monte-Cristo, comme s'il voyait le journaliste pour la première fois de la soirée; asseyez-vous donc.

Beauchamp salua, entra et s'assit.

– Monsieur, dit-il à Monte-Cristo, j'accompagnais tout à l'heure, comme vous avez pu le voir, M. de Morcerf.

– Ce qui veut dire, reprit Monte-Cristo en riant, que vous venez probablement de dîner ensemble. Je suis heureux de voir, monsieur Beauchamp, que vous êtes plus sobre que lui.

– Il ne me reste donc, dit Beauchamp, qu'à fixer les arrangements du combat.

– Dites à votre client que quoique insulté, pour être excentrique jusqu'au bout, je lui laisse le choix des armes : je suis sûr de gagner.

– Au pistolet, à huit heures du matin, au bois de Vincennes, dit Beauchamp, décontenancé, ne sachant pas s'il avait affaire à un fanfaron outrecuidant ou à un être surnaturel.

– C'est bien, monsieur, dit Monte-Cristo. Maintenant que tout est réglé, laissez-moi entendre le spectacle, je vous prie, et dites à votre ami Albert de ne pas revenir ce soir : il se ferait tort avec toutes ses brutalités de mauvais goût.

Beauchamp sortit tout étonné.

– Maintenant, dit Monte-Cristo en se retournant vers Morrel, je compte sur vous, n'est-ce pas ?

– Certainement, dit Morrel, vous pouvez disposer de moi, comte ; cependant...

– Quoi ?

– Il serait important, comte, que je connusse la véritable cause...

– La véritable cause ? Ce jeune homme lui-même ne la connaît pas. La véritable cause, elle n'est connue que de moi et de Dieu ; mais je vous donne ma parole d'honneur, Morrel, que Dieu, qui la connaît, sera pour nous.

– Cela suffit, comte, dit Morrel. Quel est votre second témoin ?

– Je ne connais personne à Paris à qui je veuille faire cet

honneur, que vous, Morrel, et votre frère Emmanuel. Croyez-vous qu'Emmanuel veuille me rendre ce service ?
– Je vous réponds de lui comme de moi, comte.

La nuit

M. de Monte-Cristo attendit, selon son habitude, que Duprez eût chanté son fameux *Suivez-moi* ! et alors seulement il se leva et sortit. À la porte, Morrel le quitta en renouvelant la promesse d'être chez lui avec Emmanuel le lendemain matin à sept heures précises.

Puis il monta dans son coupé, toujours calme et souriant.

Cinq minutes après il était chez lui.

Seulement il eût fallu ne pas connaître le comte pour se laisser tromper à l'expression avec laquelle il dit en entrant à Ali :

– Ali, mes pistolets à crosse d'ivoire !

Ali apporta la boîte à son maître, et celui-ci se mit à examiner ces armes avec une sollicitude bien naturelle à un homme qui va confier sa vie à un peu de fer et de plomb.

Il en était à emboîter l'arme dans sa main, et à chercher le point de mire sur une petite plaque de tôle qui lui servait d· cible, lorsque la porte de son cabinet s'ouvrit et que Baptistin entra.

Mais avant même qu'il eût ouvert la bouche, le comte aperçut dans la porte demeurée ouverte une femme voilée, debout, dans la pénombre de la pièce voisine, et qui avait suivi Baptistin.

Elle avait aperçu le comte le pistolet à la main, elle voyait deux épées sur une table, elle s'élança.

Le comte fit un signe, Baptistin sortit, et referma la porte derrière lui.

– Qui êtes-vous, madame ? dit le comte à la femme voilée.

L'inconnue jeta un regard autour d'elle pour s'assurer

qu'elle était bien seule, puis joignant les mains avec l'accent du désespoir :

– Edmond, dit-elle, vous ne tuerez pas mon fils !

Le comte fit un pas en arrière, jeta un faible cri et laissa tomber l'arme qu'il tenait.

– Quel nom avez-vous prononcé là, madame de Morcerf ? dit-il.

– Le vôtre, s'écria-t-elle en rejetant son voile, le vôtre que seule peut-être je n'ai pas oublié. Edmond, ce n'est point Mme de Morcerf qui vient à vous, c'est Mercédès.

– Mercédès est morte, madame, dit Monte-Cristo, et je ne connais plus personne de ce nom.

– Mercédès vit, monsieur, et Mercédès se souvient, car elle seule vous a reconnu lorsqu'elle vous a vu, et même sans vous voir, à votre voix, Edmond, au seul accent de votre voix, et depuis ce temps elle vous surveille, elle vous redoute, et elle n'a pas eu besoin, elle, de chercher la main d'où partait le coup qui frappait M. de Morcerf.

– Fernand, voulez-vous dire, madame, reprit Monte-Cristo avec une ironie amère.

Et Monte-Cristo avait prononcé ce nom de Fernand avec une telle expression de haine, que Mercédès sentit le frisson de l'effroi courir par tout son corps.

– Vous voyez bien, Edmond, que je ne me suis pas trompée, s'écria Mercédès, et que j'ai raison de vous dire : Épargnez mon fils !

– Et qui vous a dit, madame, que j'en voulais à votre fils ?

– Ah ! monsieur ! s'écria la comtesse, quelle terrible vengeance pour une faute que la fatalité m'a fait commettre ? Car la coupable, c'est moi, Edmond, et si vous avez à vous venger de quelqu'un, c'est de moi, qui ai manqué de force contre votre absence et mon isolement.

– Mais, s'écria Monte-Cristo, pourquoi étais-je absent ? pourquoi étiez-vous isolée ?

– Parce qu'on vous a arrêté, Edmond, parce que vous étiez prisonnier.

– Et pourquoi étais-je arrêté ? pourquoi étais-je prisonnier ?

– Je l'ignore, dit Mercédès.

– Oui, vous l'ignorez, madame, je l'espère du moins. Eh bien ! je vais vous le dire, moi. J'étais arrêté, j'étais prisonnier, parce que sous la tonnelle de la Réserve, la veille même du jour où je devais vous épouser, un homme, nommé Danglars, avait écrit une lettre que le pêcheur Fernand se chargea lui-même de mettre à la poste.

– Et le résultat de cette lettre ?

– Vous le savez, madame, a été mon arrestation ; mais ce que vous ne savez pas, madame, c'est le temps qu'elle a duré, cette arrestation. Ce que vous ne savez pas, c'est que je suis resté quatorze ans à un quart de lieue de vous, dans un cachot du château d'If. Ce que vous ne savez pas, c'est que chaque jour de ces quatorze ans j'ai renouvelé le vœu de vengeance que j'avais fait le premier jour, et cependant j'ignorais que vous aviez épousé Fernand, mon dénonciateur, et que mon père était mort, et mort de faim !

– Juste Dieu ! s'écria Mercédès chancelante.

– Mais voilà ce que j'ai su en sortant de prison, quatorze ans après y être entré, et voilà ce qui fait que sur Mercédès vivante et sur mon père mort, j'ai juré de me venger de Fernand, et… et je me venge.

La pauvre femme laissa retomber sa tête et ses mains ; ses jambes plièrent sous elle, et elle tomba à genoux.

– Pardonnez, Edmond, dit-elle, pardonnez pour moi qui vous aime encore !

Mercédès prononça ces paroles avec une douleur si puissante, avec un accent si désespéré, qu'à ces paroles et à cet accent un sanglot déchira la gorge du comte.

Le lion était dompté ; le vengeur était vaincu.

– Que demandez-vous? dit-il; que votre fils vive? eh bien! il vivra!

Mercédès jeta un cri.

– Oh! merci, merci, Edmond! te voilà bien tel que je t'ai toujours rêvé, tel que je t'ai toujours aimé. Oh! maintenant je puis le dire.

– D'autant mieux, répondit Monte-Cristo, que le pauvre Edmond n'aura pas longtemps à être aimé par vous. Le mort va rentrer dans la tombe, le fantôme va rentrer dans la nuit.

– Que dites-vous, Edmond?

– Je dis que puisque vous l'ordonnez, Mercédès, il faut mourir.

– Mais ce duel n'aura pas lieu, Edmond, puisque vous pardonnez.

– Il aura lieu, madame, dit solennellement Monte-Cristo; seulement au lieu du sang de votre fils que devait boire la terre, ce sera le mien qui coulera.

Mercédès poussa un grand cri et s'élança vers Monte-Cristo, mais tout à coup elle s'arrêta.

– Edmond, dit-elle, il y a un Dieu au-dessus de nous, puisque vous vivez, puisque je vous ai revu, et je me fie à lui du plus profond de mon cœur. En attendant son appui, je me repose sur votre parole. Vous avez dit que mon fils vivrait: il vivra, n'est-ce pas?

– Il vivra, oui, madame, dit Monte-Cristo, étonné que sans autre exclamation, sans autre surprise, Mercédès eût accepté l'héroïque sacrifice qu'il lui faisait.

– Edmond, dit Mercédès, je n'ai plus qu'un mot à vous dire. Adieu, Edmond... adieu et merci!

Une heure sonnait à l'horloge des Invalides quand la voiture qui emportait Mme de Morcerf, en roulant sur le pavé des Champs-Élysées, fit relever la tête au comte de Monte-Cristo.

– Insensé, dit-il, le jour où j'avais résolu de me venger, de ne pas m'être arraché le cœur!

Il était cinq heures du matin.

Le bruit d'un cabriolet entrant dans la cour se fit entendre. Monte-Cristo s'approcha de la fenêtre et vit descendre Maximilien et Emmanuel.

Et il cacheta son testament d'un triple cachet.

Un instant après, il entendit un bruit de pas dans le salon, et alla ouvrir lui-même. Morrel parut sur le seuil. Il avait devancé l'heure de près de vingt minutes. Monte-Cristo ne put tenir à cette preuve d'affection, et ce ne fut point la main qu'il tendit au jeune homme mais ses deux bras qu'il lui ouvrit.

– Morrel, lui dit-il d'une voix émue, c'est un beau jour pour moi que celui où je me sens aimé d'un homme comme vous. Bonjour, monsieur Emmanuel.

Une voiture attendait tout attelée; Monte-Cristo y monta avec ses deux témoins.

À huit heures sonnant on était au rendez-vous.

– Nous voici arrivés, dit Morrel en passant la tête par la portière, et nous sommes les premiers.

– Monsieur m'excusera, dit Baptistin, qui avait suivi son maître avec une terreur indicible, mais je crois apercevoir là-bas une voiture sous les arbres.

Monte-Cristo sauta légèrement en bas de sa calèche et donna la main à Emmanuel et à Maximilien pour les aider à descendre.

Morrel s'avança vers Beauchamp et Château-Renaud. Ceux-ci, voyant le mouvement de Maximilien, firent quelques pas au-devant de lui.

Les trois jeunes gens se saluèrent, sinon avec affabilité, du moins avec courtoisie.

– Pardon, messieurs, dit Morrel, mais je n'aperçois pas M. de Morcerf?

– Ce matin, répondit Château-Renaud, il nous a fait prévenir qu'il nous rejoindrait sur le terrain seulement.

– Messieurs, dit Morrel, sans doute que vous vous êtes munis de pistolets. M. de Monte-Cristo déclare renoncer au droit qu'il avait de se servir des siens.

– Nous avons prévu cette délicatesse de la part du comte, monsieur Morrel, répondit Beauchamp, et j'ai apporté des armes, que j'ai achetées il y a huit ou dix jours, croyant que j'en aurais besoin pour une affaire pareille. Elles sont parfaitement neuves et n'ont encore servi à personne. Voulez-vous les visiter ?

– Oh ! monsieur Beauchamp, dit Morrel en s'inclinant, lorsque vous m'assurez que M. de Morcerf ne connaît point ces armes, vous pensez bien, n'est-ce pas, que votre parole me suffit ?

– Mais, avec tout cela, murmura Château-Renaud, Albert ne vient pas, il est en retard de dix minutes.

– Le voilà, dit Beauchamp, il est à cheval ; tenez, il vient ventre à terre suivi de son domestique.

Albert s'approcha. Il était pâle, ses yeux étaient rougis et gonflés. On voyait qu'il n'avait pas dormi une seconde de toute la nuit. Il avait, épandue sur toute sa physionomie, une nuance de gravité triste qui ne lui était pas habituelle.

– Merci, messieurs, dit-il, d'avoir bien voulu vous rendre à mon invitation ; croyez que je vous suis on ne peut plus reconnaissant de cette marque d'amitié.

– Monsieur Morrel, dit Château-Renaud, vous pouvez annoncer à M. le comte de Monte-Cristo que M. de Morcerf est arrivé, et que nous nous tenons à sa disposition.

Morrel fit un mouvement pour s'acquitter de sa commission. Beauchamp, en même temps, tirait la boîte de pistolets de la voiture.

– Attendez, messieurs, dit Albert, j'ai deux mots à dire à M. le comte de Monte-Cristo.

– En particulier? demanda Morrel.

– Non, monsieur, devant tout le monde.

Les témoins d'Albert se regardèrent tout surpris; Franz et Debray échangèrent quelques paroles à voix basse, et Morrel, joyeux de cet incident inattendu, alla chercher le comte qui se promenait dans une contre-allée avec Emmanuel.

Le comte s'avança, accompagné de Maximilien et d'Emmanuel; son visage calme et plein de sérénité faisait une étrange opposition avec le visage bouleversé d'Albert, qui s'approchait de son côté, suivi des quatre jeunes gens.

– Messieurs, dit Albert, approchez-vous; je désire que pas un mot de ce que je vais avoir l'honneur de dire à M. le comte de Monte-Cristo ne soit perdu; car ce que je vais avoir l'honneur de lui dire doit être répété par vous à qui voudra l'entendre, si étrange que mon discours vous paraisse.

– J'attends, monsieur, dit le comte.

– Monsieur, dit Albert d'une voix tremblante d'abord, mais qui s'assura de plus en plus; monsieur, je vous reprochais d'avoir divulgué la conduite de M. de Morcerf en Épire; car, si coupable que fût M. le comte de Morcerf, je ne croyais pas que ce fût vous qui eussiez le droit de le punir. Mais aujourd'hui, monsieur, je sais que ce droit vous est acquis. Ce n'est point la trahison de Fernand Mondego envers Ali-Pacha qui me rend si prompt à vous excuser, c'est la trahison du pêcheur Fernand envers vous, ce sont les malheurs inouïs qui ont été la suite de cette trahison. Aussi je le dis, aussi je le proclame tout haut: oui, monsieur, vous avez eu raison de vous venger de mon père, et moi, son fils, je vous remercie de n'avoir pas fait plus.

La foudre tombée au milieu des spectateurs de cette scène inattendue ne les eût pas plus étonnés que cette déclaration d'Albert.

Quant à Monte-Cristo, ses yeux s'étaient lentement levés au ciel avec une expression de reconnaissance infinie, et il ne pouvait assez admirer comment cette nature fougueuse d'Albert s'était tout à coup pliée à cette subite humiliation. Aussi reconnut-il l'influence de Mercédès et comprit-il comment ce noble cœur ne s'était pas opposé au sacrifice qu'elle savait d'avance devoir être inutile.

Monte-Cristo, l'œil humide, la poitrine haletante, tendit à Albert une main que celui-ci saisit et pressa avec un sentiment qui ressemblait à un respectueux effroi.

– Messieurs, dit-il, M. de Monte-Cristo veut bien agréer mes excuses. J'avais agi précipitamment envers lui. La précipitation est mauvaise conseillère: j'avais mal agi. Maintenant ma faute est réparée. J'espère bien que le monde ne me tiendra point pour lâche parce que j'ai fait ce que ma conscience m'a ordonné de faire. Mais, en tout cas, si l'on se trompait sur mon compte, ajouta le jeune homme en relevant la tête avec fierté et comme s'il adressait un défi et à ses amis et à ses ennemis, je tâcherais de redresser les opinions.

Le suicide

Tandis que Mercédès classait ses bijoux, fermait ses tiroirs, réunissait ses clés, afin de laisser toutes choses dans un ordre parfait, elle ne s'était pas aperçue qu'une tête pâle et sinistre était venue apparaître au vitrage d'une porte qui laissait entrer le jour dans le corridor; de là non seulement on pouvait voir mais on pouvait entendre. Celui qui regardait ainsi, selon toute probabilité, sans être vu ni entendu, vit donc et entendit donc tout ce qui se passait chez Mme de Morcerf.

De cette porte vitrée, l'homme au visage pâle se transporta dans la chambre à coucher du comte de Morcerf, et, arrivé là, souleva d'une main contractée le rideau d'une fenêtre donnant sur la cour.

Il resta là dix minutes immobile, muet, écoutant les battements de son propre cœur. Pour lui c'était bien long, dix minutes.

Ce fut alors qu'Albert, revenant de son rendez-vous, aperçut son père qui guettait son retour derrière un rideau, et détourna la tête.

L'œil du comte se dilata : il savait que l'insulte d'Albert à Monte-Cristo avait été terrible, qu'une pareille insulte, dans tous les pays du monde, entraînait un duel à mort. Or Albert rentrait sain et sauf, donc le comte était vengé.

Un éclair de joie indicible illumina ce visage lugubre.

Mais il attendit en vain que le jeune homme montât dans son appartement pour lui rendre compte de son triomphe. Que son fils, avant de combattre, n'ait pas voulu voir le père dont il allait venger l'honneur, cela se comprend ; mais, l'honneur du père vengé, pourquoi ce fils ne venait-il point se jeter dans ses bras ?

Ce fut alors que le comte, ne pouvant voir Albert, envoya chercher son domestique. On sait qu'Albert l'avait autorisé à ne rien cacher au comte.

Dix minutes après on vit apparaître sur le perron le général de Morcerf, vêtu d'une redingote noire, ayant un col militaire, un pantalon noir, des gants noirs.

Il avait donné, à ce qu'il paraît, des ordres antérieurs ; car à peine eut-il touché le dernier degré du perron, que sa voiture tout attelée sortit de la remise et vint s'arrêter devant lui.

Son valet de chambre vint alors jeter dans la voiture un caban militaire, raidi par les deux épées qu'il enveloppait ; puis, fermant la portière, il s'assit près du cocher.

Le cocher se pencha devant la calèche pour demander l'ordre.

– Aux Champs-Élysées, dit le général, chez le comte de Monte-Cristo. Vite !

Les chevaux bondirent sous le coup de fouet ; cinq minutes après, ils s'arrêtèrent devant la maison du comte.

M. de Morcerf ouvrit lui-même la portière, et, la voiture roulant encore, il sauta comme un jeune homme dans la contre-allée, sonna et disparut dans la porte béante avec son domestique.

Une seconde après, Baptistin annonçait à M. de Monte-Cristo le comte de Morcerf, et Monte-Cristo donna l'ordre qu'on fît entrer le comte de Morcerf dans le salon.

– Eh ! c'est M. de Morcerf, dit tranquillement Monte-Cristo ; je croyais avoir mal entendu.

– Oui, c'est moi-même, dit le comte avec une effroyable contraction des lèvres qui l'empêchait d'articuler nettement.

– Il ne me reste donc qu'à savoir maintenant, dit Monte-Cristo, la cause qui me procure le plaisir de voir M. le comte de Morcerf de si bonne heure.

– Vous avez eu ce matin une rencontre avec mon fils, monsieur ? dit le général.

– Vous savez cela, répondit le comte.

– Et je sais aussi que mon fils avait de bonnes raisons pour faire tout ce qu'il pouvait pour vous tuer.

– En effet, monsieur, il en avait de fort bonnes mais vous voyez que, malgré ces raisons-là, il ne m'a pas tué.

– Sans doute vous lui avez fait quelque excuse ou donné quelque explication ?

– Je ne lui ai donné aucune explication, et c'est lui qui m'a fait des excuses.

– Mais à quoi attribuez-vous cette conduite ?

– À la conviction probablement qu'il y avait dans tout ceci un homme plus coupable que moi.

– Et quel était cet homme ?

– Son père.

– Soit, dit le comte en pâlissant ; mais vous savez que le coupable n'aime pas à s'entendre convaincre de culpabilité.

– Je sais… Aussi je m'attendais à ce qui arrive en ce moment.

– Vous vous attendiez à ce que mon fils fût un lâche! s'écria le comte.

– Monsieur, répondit froidement Monte-Cristo, je ne présume pas que vous soyez venu me trouver pour me conter vos petites affaires de famille. Allez dire cela à M. Albert, peut-être saura-t-il que vous répondre.

– Oh! non! non! répliqua le général avec un sourire aussitôt disparu qu'éclos, non! vous avez raison, je ne suis pas venu pour cela! Je suis venu pour vous dire que moi aussi je vous regarde comme mon ennemi! Je suis venu pour vous dire que je vous hais d'instinct! Et qu'enfin, puisque les jeunes gens de ce siècle ne se battent plus, c'est à nous de nous battre... Est-ce votre avis, monsieur?

– Parfaitement.

– Tant mieux... Vos préparatifs sont faits alors?

– Ils le sont toujours, monsieur.

– Vous savez que nous nous battrons jusqu'à la mort de l'un de nous deux? dit le général, les dents serrées par la rage.

– Jusqu'à la mort de l'un de nous deux, répéta le comte de Monte-Cristo.

– Partons alors, nous n'avons pas besoin de témoins.

– En effet, dit Monte-Cristo, c'est inutile, nous nous connaissons si bien!

– Au contraire, dit le comte, c'est que nous ne nous connaissons pas.

Le comte de Monte-Cristo pâlit d'une façon terrible, son œil fauve s'embrasa d'un feu dévorant, il fit un bond vers le cabinet attenant à sa chambre, et en moins d'une seconde, arrachant sa cravate, sa redingote et son gilet, il endossa une petite veste de marin et se coiffa d'un chapeau de matelot, sous lequel se déroulèrent ses longs cheveux noirs.

Il revint ainsi, effrayant, implacable, marchant au-devant du général, qui recula d'un pas et ne s'arrêta qu'en trouvant sur une table un point d'appui pour sa main crispée.

– Fernand! lui cria-t-il, de mes cent noms, je n'aurais besoin de t'en dire qu'un seul pour te foudroyer; mais ce nom, tu le devines, n'est-ce pas? ou plutôt tu te le rappelles?

Le général, la tête renversée en arrière, les mains étendues, le regard fixe, dévora en silence ce terrible spectacle; puis, allant chercher la muraille comme point d'appui, il s'y glissa lentement jusqu'à la porte par laquelle il sortit à reculons, en laissant échapper ce seul cri lugubre, lamentable, déchirant:

– Edmond Dantès!

Puis, avec des soupirs qui n'avaient rien d'humain, il se traîna jusqu'au péristyle de la maison, traversa la cour en homme ivre, et tomba dans les bras de son valet de chambre en murmurant seulement d'une voix inintelligible :

– À l'hôtel ! à l'hôtel !

En chemin, l'air frais et la honte que lui causait l'attention des gens le remirent en état d'assembler ses idées ; mais le trajet fut court, et à mesure qu'il se rapprochait de chez lui, le comte sentait se renouveler toutes ses douleurs.

À quelques pas de la maison le comte fit arrêter et descendit. La porte était grande ouverte ; un fiacre, tout surpris d'être appelé dans cette magnifique demeure, stationnait au milieu de la cour ; le comte regarda ce fiacre avec effroi et s'élança dans son appartement.

Deux personnes descendaient l'escalier ; il n'eut que le temps de se jeter dans un cabinet pour les éviter.

C'était Mercédès appuyée au bras de son fils, qui tous deux quittaient l'hôtel.

Ils passèrent à deux lignes du malheureux, qui, caché derrière la portière de damas, fut effleuré en quelque sorte par la robe de soie de Mercédès, et qui sentit à son visage la tiède haleine de ces paroles prononcées par son fils :

– Du courage, ma mère ! Venez, venez, nous ne sommes plus ici chez nous.

Les paroles s'éteignirent, les pas s'éloignèrent. Le général se redressa, suspendu par ses mains crispées au rideau de damas…

Bientôt il entendit claquer la portière en fer du fiacre, puis la voix du cocher, puis le roulement de la lourde machine ébranla les vitres ; alors il s'élança dans sa chambre à coucher.

Aussi, au moment même où les roues du fiacre ébranlaient le pavé de la voûte, un coup de feu retentit, et une fumée sombre sortit par une des vitres de la chambre à coucher, brisée par la force de l'explosion.

Valentine

Morrel, en quittant Monte-Cristo, s'achemina lentement vers la maison de Villefort.

Il arriva, Valentine l'attendait. Inquiète, elle lui saisit la main et l'amena devant son grand-père.

– Vous savez, Maximilien, que bon-papa a l'idée de quitter la maison, et de prendre un appartement hors de l'hôtel de M. de Villefort.

– Bravo ! dit Maximilien.

– Et savez-vous, dit Valentine, quelle raison donne bon-papa pour quitter la maison ?

Noirtier regardait sa petite-fille pour lui imposer silence de l'œil ; mais Valentine ne regardait point Noirtier ; ses yeux, son regard, son sourire, tout était pour Morrel.

– Oh ! quelle que soit la raison que donne M. Noirtier, s'écria Morrel, je déclare qu'elle est bonne.

– Il prétend que l'air du faubourg Saint-Honoré ne vaut rien pour moi.

– M. Noirtier pourrait bien avoir raison ; depuis quinze jours, je trouve que votre santé s'altère.

– Oui, un peu, c'est vrai, répondit Valentine ; aussi bon-papa s'est constitué mon médecin, et comme bon-papa sait tout, j'ai la plus grande confiance en lui.

– Mais enfin il est donc vrai que vous souffrez, Valentine ? demanda vivement Morrel.

– Oh ! mon Dieu, cela ne s'appelle pas souffrir : je ressens un malaise général, voilà tout ; j'ai perdu l'appétit, et il me semble que mon estomac soutient une lutte.

Noirtier ne perdait pas une des paroles de Valentine.

– Et quel est le traitement que vous suivez ?

– Oh ! bien simple, dit Valentine, j'avale tous les matins une cuillerée de la potion qu'on apporte pour mon grand-père ; quand je dis une cuillerée, j'ai commencé par une, et maintenant j'en suis à quatre. Mon grand-père prétend que c'est une panacée.

Valentine souriait; mais il y avait quelque chose de triste et de souffrant dans son sourire.

De Valentine, le jeune homme porta les yeux sur Noirtier; celui-ci considérait avec cette étrange et profonde intelligence la jeune fille, absorbée dans son amour; mais lui aussi, comme Morrel, suivait ces traces d'une sourde souffrance, si peu visible d'ailleurs qu'elle avait échappé à l'œil de tous, excepté à celui du grand-père et de l'amant.

– Mais, dit Morrel, cette potion dont vous êtes arrivée jusqu'à quatre cuillerées, je la croyais médicamentée pour M. Noirtier?

– Je sais que c'est fort amer, dit Valentine, si amer que tout ce que je bois après cela me semble avoir le même goût.

Noirtier regarda sa petite-fille d'un ton interrogateur.

– Oui, bon-papa, dit Valentine, c'est comme cela. Tout à l'heure, avant de descendre chez vous, j'ai bu un verre d'eau sucrée; eh bien! j'en ai laissé la moitié, tant cette eau m'a paru amère.

Noirtier pâlit, et fit signe qu'il voulait parler.

Valentine se leva pour aller chercher le dictionnaire.

Noirtier la suivait des yeux avec une angoisse visible.

En effet, le sang montait à la tête de la jeune fille, ses joues se colorèrent.

– Tiens! s'écria-t-elle, sans rien perdre de sa gaieté, c'est singulier: un éblouissement! Est-ce donc le soleil qui m'a frappé dans les yeux?...

Et elle s'appuya à l'espagnolette de la fenêtre.

– Il n'y a pas de soleil, dit Morrel encore plus inquiet de l'expression du visage de Noirtier que de l'indisposition de Valentine.

Et il courut à Valentine.

La jeune fille sourit.

– Rassure-toi, bon père, dit-elle à Noirtier; rassurez vous, Maximilien, ce n'est rien, et la chose est déjà passée: mais, écoutez donc! n'est-ce pas le bruit d'une voiture que j'entends dans la cour?

Elle ouvrit la porte de Noirtier, courut à une fenêtre du corridor, et revint précipitamment.

– Oui, dit-elle, c'est Mme Danglars et sa fille qui viennent nous faire une visite. Adieu, je me sauve, car on me viendrait chercher ici; ou plutôt, au revoir, restez près de bon-papa, monsieur Maximilien, je vous promets de ne pas les retenir.

Morrel la suivit des yeux, la vit refermer la porte, et l'entendit monter le petit escalier qui conduisait à la fois chez Mme de Villefort et chez elle.

Dès qu'elle eut disparu, Noirtier fit signe à Morrel de prendre le dictionnaire.

Morrel obéit; il s'était, guidé par Valentine, promptement habitué à comprendre le vieillard.

« Cherchez le verre d'eau et la carafe qui sont dans la chambre de Valentine. »

Morrel sonna aussitôt le domestique qui avait remplacé Barrois, et au nom de Noirtier lui donna cet ordre.

Le domestique revint un instant après.

La carafe et le verre étaient entièrement vides.

Noirtier fit signe qu'il voulait parler.

– Pourquoi le verre et la carafe sont-ils vidés? demanda-t-il. Valentine a dit qu'elle n'avait bu que la moitié du verre.

La traduction de cette nouvelle demande prit encore cinq minutes.

– Je ne sais, dit le domestique; mais la femme de chambre est dans l'appartement de Mlle Valentine; c'est peut-être elle qui l'a vidé.

– Demandez-le-lui, dit Morrel, traduisant cette fois la pensée de Noirtier par le regard.

Le domestique sortit, et presque aussitôt rentra.

– Mlle Valentine a passé par sa chambre pour se rendre dans celle de Mme de Villefort, dit-il; et, en passant, comme elle avait soif, elle a bu ce qui restait dans le verre; quant à la carafe, M. Édouard l'a vidée pour faire un étang à ses canards.

Noirtier leva les yeux au ciel, comme fait un joueur qui joue sur un coup tout ce qu'il possède.

Dès lors, les yeux du vieillard se fixèrent sur la porte, et ne quittèrent plus cette direction.

Cependant Valentine, dans une espèce d'exaltation dont elle ne se rendait pas compte, avait traversé la chambre d'Édouard sans répondre à je ne sais quelle méchanceté de l'enfant, et par chez elle avait atteint le petit escalier. Elle en avait franchi tous les degrés, moins les trois derniers, lorsque tout à coup un nuage passa devant ses yeux, son pied raidi manqua la marche, ses mains n'eurent plus de force pour la retenir à la rampe, et, froissant la cloison, elle roula du haut des trois derniers degrés plutôt qu'elle ne les descendit.

Morrel ne fit qu'un bond; il ouvrit la porte et trouva Valentine étendue sur le palier.

Rapide comme l'éclair, il l'enleva entre ses bras et l'assit dans un fauteuil.

Valentine regarda autour d'elle: elle vit le plus profond effroi peint dans les yeux de Noirtier.

– Rassure-toi, bon père, dit-elle en essayant de sourire; ce n'est rien, ce n'est rien... la tête m'a tourné, voilà tout.

– Encore un étourdissement! dit Morrel joignant les mains. Oh! faites-y attention, Valentine, je vous supplie.

– Oh! répondit Valentine avec un mouvement convulsif, oh! en vérité, Maximilien, vous êtes trop craintif pour un officier, pour un soldat qui, dit-on, n'a jamais connu la peur. Ah! ah! ah!

Et elle éclata d'un rire strident et douloureux, ses bras se raidirent et se tournèrent, sa tête se renversa sur son fauteuil, et elle demeura sans mouvement.

Le cri de terreur que Dieu enchaînait aux lèvres de Noirtier jaillit de son regard.

Morrel comprit ; il s'agissait d'appeler du secours.

Le jeune homme se pendit à la sonnette ; la femme de chambre qui était dans l'appartement de Valentine et le domestique qui avait remplacé Barrois accoururent simultanément.

Valentine était si pâle, si froide, si inanimée, que, sans écouter ce qu'on leur disait, la peur qui veillait sans cesse dans cette maison maudite les prit, et qu'ils s'élancèrent par les corridors en criant au secours.

L'aveu

Au même instant, on entendit la voix de M. de Villefort, qui de son cabinet criait :

– Qu'y a-t-il ?

Villefort se précipita dans la chambre, courut à Valentine et la prit entre ses bras.

– Un médecin ! un médecin !... M. d'Avrigny ! cria Villefort, ou plutôt j'y vais moi-même.

Et il s'élança hors de l'appartement.

Par l'autre porte s'élançait Morrel.

Plus rapide que la pensée, il s'élança du faubourg Saint-Honoré dans la rue Matignon, et de la rue Matignon dans l'avenue des Champs-Élysées.

Pendant ce temps, M. de Villefort arrivait dans un cabriolet de place à la porte de M. d'Avrigny ; il sonna avec tant de violence, que le concierge vint lui ouvrir d'un air effrayé. Villefort s'élança dans l'escalier sans avoir la force de rien dire. Le concierge le connaissait et le laissa passer en criant seulement :

– Dans son cabinet ! M. le procureur du roi, dans son cabinet !

Villefort en poussait déjà ou plutôt en enfonçait la porte.

– Ah ! dit le docteur, c'est vous.

Un sanglot douloureux jaillit du cœur de Villefort, il s'approcha du médecin, et lui saisissant le bras :

– Valentine ! dit-il, c'est le tour de Valentine !

– Votre fille ! s'écria d'Avrigny, saisi de douleur et de surprise.

– Vous voyez que vous vous trompiez, murmura le magistrat ; venez la voir, et sur son lit de douleur demandez-lui pardon de l'avoir soupçonnée.

Et le cabriolet qui avait amené Villefort le ramena au grand trot, accompagné de d'Avrigny, au moment même où, de son côté, Morrel frappait à la porte de Monte-Cristo.

En entendant annoncer Morrel, qui le quittait il y avait deux heures à peine, le comte releva la tête.

– Qu'y a-t-il donc, Maximilien ? lui demanda-t-il ; vous êtes pâle, et votre front ruisselle de sueur.

– J'aime éperdument, j'aime en insensé, j'aime en homme qui donnerait tout son sang pour lui épargner une larme, j'aime Valentine de Villefort, qu'on assassine en ce moment, entendez-vous bien ! Je l'aime et je demande à Dieu et à vous comment je puis la sauver !

Monte-Cristo poussa un cri sauvage.

– Malheureux ! tu aimes Valentine ! tu aimes cette fille d'une race maudite !

Jamais Morrel n'avait vu semblable expression ; jamais œil si terrible n'avait flamboyé devant son visage. Il recula épouvanté.

Quant à Monte-Cristo, après cet éclat et ce bruit, il ferma un moment les yeux, comme ébloui par des éclairs intérieurs ; pendant ce moment, il se recueillit avec tant de puissance, que l'on voyait peu à peu s'apaiser le mouvement onduleux de sa poitrine.

Ce silence, ce recueillement, cette lutte durèrent vingt secondes à peu près. Puis le comte releva son front pâli.

– Maximilien, dit-il, retournez tranquillement chez vous ; je vous commande de ne pas faire un pas, de ne pas tenter une démarche, de ne pas laisser flotter sur votre visage l'ombre d'une préoccupation, je vous donnerai des nouvelles ; allez.

– Mon Dieu ! mon Dieu ! dit Morrel, vous m'épouvantez, comte, avec ce sang-froid. Pouvez-vous donc quelque chose contre la mort ? Êtes-vous plus qu'un homme ? Êtes-vous un ange ? Êtes-vous un Dieu ?

– Je peux beaucoup, mon ami, répondit le comte. Allez, j'ai besoin d'être seul.

Morrel, subjugué par ce prodigieux ascendant qu'exerçait Monte-Cristo sur tout ce qui l'entourait, n'essaya pas même de s'y soustraire. Il serra la main du comte et sortit.

Cependant Villefort et d'Avrigny avaient fait diligence. À leur retour, Valentine était encore évanouie, et le médecin avait examiné la malade. Villefort, suspendu à son regard et à ses lèvres, attendait le résultat de l'examen. Noirtier, plus pâle que la jeune fille, plus avide d'une solution que Villefort lui-même, attendait aussi, et tout en lui se faisait intelligence et sensibilité.

Enfin, d'Avrigny laissa échapper lentement :

– Elle vit encore.

– Mais elle est sauvée ? demanda le père.

– Oui, puisqu'elle vit.

En ce moment le regard de d'Avrigny rencontra l'œil de Noirtier. Il étincelait d'une joie si extraordinaire, d'une pensée tellement riche et féconde, que le médecin en fut frappé.

– Monsieur, dit alors d'Avrigny à Villefort, appelez la femme de chambre de Mlle Valentine, s'il vous plaît.

Villefort quitta la tête de sa fille qu'il soutenait, et courut lui-même appeler la femme de chambre.

Aussitôt que Villefort eut refermé la porte, d'Avrigny s'approcha de Noirtier.

– Voyons, dit-il, vous savez quelque chose sur cette maladie de votre petite-fille ?

– Oui, fit le vieillard.

– Avez-vous prévu l'accident qui est arrivé aujourd'hui ?

– Oui.

D'Avrigny réfléchit un instant ; puis se rapprochant de Noirtier :

– Maintenant pensez-vous que ce soit la même main qui a frappé Barrois, en voulant frapper un autre, qui frappe aujourd'hui Valentine ?

– Oui.

– Elle va donc succomber aussi ? demanda d'Avrigny en fixant son regard profond sur Noirtier.

Et il attendit l'effet de cette phrase sur le vieillard.

– Non ! répondit-il avec un air de triomphe, qui eût pu dérouter toutes les conjectures du plus habile devin.

– Ah ! ah ! dit d'Avrigny, frappé d'une idée subite, auriez-vous eu l'idée…

Noirtier ne le laissa point achever.

– Oui, fit-il.

– De la prémunir contre le poison…

– Oui.

– En l'habituant peu à peu…

– Oui, oui, oui, fit Noirtier, enchanté d'être compris.

– En effet, vous m'avez entendu dire qu'il entrait de la brucine dans les potions que je vous donne ? Et en l'accoutumant à ce poison, vous avez voulu neutraliser les effets d'un poison ?

Une joie surhumaine épanouissait les yeux du vieillard, levés au ciel avec une expression de reconnaissance infinie.

Le contrat

Trois jours après la scène que nous venons de raconter, vers les cinq heures de l'après-midi du jour fixé pour la signature du contrat de Mlle Eugénie Danglars et d'Andrea Cavalcanti, comme une brise fraîche faisait frissonner toutes les feuilles du petit jardin situé en avant de la maison du comte de Monte-Cristo, au moment où celui-ci se préparait à sortir, et tandis que ses chevaux l'attendaient en frappant du pied, maintenus par la main du cocher assis déjà depuis un quart d'heure sur le siège, l'élégant phaéton vint tourner rapidement l'angle de la porte d'entrée, et lança plutôt qu'il ne déposa sur les degrés du perron M. Andrea Cavalcanti, aussi doré, aussi rayonnant que si lui, de son côté, eût été sur le point d'épouser une princesse.

Il s'informa de la santé du comte avec cette familiarité qui lui était habituelle, et escaladant légèrement le premier étage, le rencontra lui-même au haut de l'escalier.

À la vue du jeune homme, le comte s'arrêta. Quant à Andrea Cavalcanti, il était lancé, et quand il était lancé, rien ne l'arrêtait.

– Eh! bonjour, cher monsieur de Monte-Cristo, dit-il au comte.

– Ah! monsieur Andrea! fit celui-ci avec sa voix demi-railleuse, comment vous portez-vous?

Andrea prit son air le plus riant.

– Vous savez, cher comte, dit-il, que la cérémonie a lieu ce soir; à neuf heures on signe le contrat chez le beau-père.

– Eh bien! dit Monte-Cristo, vous voilà heureux, monsieur Cavalcanti: c'est une alliance des plus sortables que vous contractez là; et puis, Mlle Danglars est jolie.

– Mais, oui, répondit Cavalcanti, avec un accent plein de modestie.

– Elle est surtout fort riche.

– Fort riche, vous croyez ? répéta le jeune homme.

– Sans doute ; on dit que M. Danglars cache pour le moins la moitié de sa fortune.

– Et il avoue quinze ou vingt millions, dit Andrea avec un regard étincelant de joie.

– Sans compter, reprit Monte-Cristo, que toute cette fortune vous reviendra, et que c'est justice, Mlle Danglars est fille unique. D'ailleurs, votre fortune à vous, votre père me l'a dit du moins, est presque égale à celle de votre fiancée. Mais laissons là un peu les affaires d'argent. Savez-vous, monsieur Andrea, que vous avez un peu lestement et habilement mené toute cette affaire ?

Andrea ne put s'empêcher de rêver un moment.

– Alors, dit-il en sortant de sa rêverie, il me reste,

monsieur, à vous adresser une demande, et celle-là vous la comprendrez, même quand elle devrait vous être désagréable.

– Parlez, dit Monte-Cristo.

– C'est une main puissante qui doit me conduire à l'autel ; or mon père ne vient point à Paris, n'est-ce pas ?

– Il est vieux, couvert de blessures, et il souffre, dit-il, à en mourir, chaque fois qu'il voyage.

– Je comprends. Eh bien ! je viens vous faire une demande.

– Et laquelle ? mon Dieu !

– Eh bien ! c'est de le remplacer.

– Ah ! mon cher monsieur ! quoi ! après les nombreuses relations que j'ai eu le bonheur d'avoir avec vous, vous me connaissez si mal que de me faire une pareille demande ?

– Ainsi, vous me refusez ?

– Net ; et fussiez-vous mon fils, fussiez-vous mon frère, je vous refuserais de même.

– Ah, par exemple, s'écria Andrea désappointé, mais comment faire alors ?

– Vous avez cent amis, vous l'avez dit vous-même.

– D'accord, mais c'est vous qui m'avez présenté chez M. Danglars.

– Point ! Rétablissons les faits dans toute la vérité : c'est moi qui vous ai fait dîner avec lui à Auteuil, et c'est vous qui vous êtes présenté vous-même ; diable ! c'est tout différent.

– Allons donc, dit Andrea, tout va bien, sauf votre refus, toutefois, qui me perce le cœur.

Et malgré une légère résistance de Monte-Cristo, dont les lèvres pâlirent, mais qui cependant conserva son sourire de cérémonie, Andrea saisit la main du comte, la serra, sauta dans son phaéton et disparut.

À huit heures et demie du soir, le grand salon de Danglars et les trois autres salons de l'étage étaient pleins d'une foule qu'attirait fort peu la sympathie, mais beaucoup cet irrésistible besoin d'être là où l'on sait qu'il y a du nouveau.

Mlle Eugénie était vêtue avec la simplicité la plus élégante : une robe de soie blanche brochée de blanc, une rose blanche à moitié perdue dans ses cheveux d'un noir de jais, composaient toute sa parure, que ne venait pas enrichir le plus petit bijou.

M. Danglars, entouré de députés, d'hommes de finance, expliquait une théorie de contributions nouvelles qu'il comptait mettre en exercice quand la force des choses aurait contraint le gouvernement à l'appeler au ministère.

Andrea, tenant sous son bras un des plus fringants dandys de l'Opéra, lui expliquait assez impertinemment ses projets de vie à venir, et les progrès de luxe qu'il comptait faire faire avec ses cent soixante-quinze mille livres de rente au fashion parisien.

Au moment où l'aiguille de la pendule massive marquait neuf heures sur un cadran d'or, et où le timbre retentissait neuf fois, le nom du comte de Monte-Cristo retentit à son tour, toute l'assemblée se tourna vers la porte.

Les notaires firent leur entrée en ce moment, et vinrent installer leurs pancartes griffonnées sur le velours brodé d'or qui couvrait la table préparée pour la signature.

Un des notaires s'assit, l'autre resta debout.

On allait procéder à la lecture du contrat que la moitié de Paris, présente à cette solennité, devait signer.

Le contrat fut lu au milieu d'un profond silence. Mais aussitôt la lecture achevée, la rumeur recommença dans les salons, double de ce qu'elle était auparavant : ces sommes brillantes, ces millions venant compléter l'exposition qu'on avait faite, dans une chambre exclusivement consacrée à cet objet, du trousseau de la mariée et des diamants de la jeune femme, avaient retenti avec tout leur prestige dans la jalouse assemblée.

Le notaire prit solennellement la plume, l'éleva au-dessus de sa tête et dit:

– Messieurs, on va signer le contrat.

Le baron prit la plume et signa, puis le chargé de pouvoirs.

La baronne s'approcha au bras de Mme de Villefort.

– Mon amie, dit-elle en prenant la plume, n'est-ce pas une chose désespérante? Un incident inattendu, arrivé dans cette affaire d'assassinat et de vol dont M. le comte de Monte-Cristo a failli être victime, nous prive d'avoir M. de Villefort.

– Mon Dieu! dit Monte-Cristo en s'approchant, j'ai bien peur d'être la cause involontaire de cette absence.

On écouta avidement: Monte-Cristo, qui desserrait si rarement les lèvres, allait parler.

– Vous vous rappelez, dit le comte au milieu du plus profond silence, que c'est chez moi qu'est mort ce malheureux qui était venu pour me voler, et qui, en sortant de chez moi, a été tué, à ce que l'on croit, par son complice?

– Oui, dit Danglars.

– Eh bien! pour lui porter secours, on l'avait déshabillé et l'on avait jeté ses habits dans un coin où la justice les a ramassés; mais la justice, en prenant l'habit et le pantalon pour les déposer au greffe, avait oublié le gilet.

Andrea pâlit visiblement et tira tout doucement du côté de la porte; il voyait paraître un nuage à l'horizon, et ce nuage lui semblait renfermer la tempête dans ses flancs.

– Eh bien! ce malheureux gilet, on l'a retrouvé aujourd'hui tout couvert de sang et troué à l'endroit du cœur.

Les dames poussèrent un cri, et deux ou trois se préparèrent à s'évanouir.

– On me l'a apporté. Personne ne pouvait deviner d'où venait cette guenille; moi seul songeai que c'était probablement le gilet de la victime. Tout à coup mon valet de chambre, en fouillant cette relique, a senti un papier dans la poche : c'était une lettre adressée à qui ? à vous, baron.

– À moi ? s'écria Danglars.

– Oh ! mon Dieu ! oui, à vous ; je suis parvenu à lire votre nom sous le sang dont le billet était maculé, répondit Monte-Cristo au milieu des éclats de la surprise générale.

– Mais, demanda Mme Danglars, regardant son mari avec inquiétude, comment cela empêche-t-il M. de Villefort ?

– C'est tout simple, madame, répondit Monte-Cristo ; ce gilet et cette lettre étaient ce qu'on appelle des pièces à conviction ; lettre et gilet, j'ai tout envoyé à M. le procureur du roi.

Andrea regarda fixement Monte-Cristo et disparut dans le deuxième salon.

– C'est possible, dit Danglars ; cet homme assassiné n'était-il point un ancien forçat ?

– Oui, répondit le comte, un ancien forçat nommé Caderousse.

Danglars pâlit légèrement ; Andrea quitta le second salon et gagna l'antichambre.

– Mais signez donc, signez donc, dit Monte-Cristo ; je m'aperçois que mon récit a mis tout le monde en émoi ; et j'en demande bien humblement pardon à vous, madame la baronne, et à Mlle Danglars.

Mais au même instant la foule des assistants reflua, terrifiée, dans le salon principal.

Il y avait en effet de quoi reculer, s'effrayer, crier.

Un officier de gendarmerie plaçait deux gendarmes à la porte de chaque salon, et s'avançait vers Danglars, précédé d'un commissaire de police ceint de son écharpe.

Mme Danglars poussa un cri et s'évanouit.

Danglars, qui se croyait menacé (certaines consciences ne sont jamais calmes), Danglars offrit aux yeux de ses conviés un visage décomposé par la terreur.

– Qu'y a-t-il donc, monsieur? demanda Monte-Cristo s'avançant au-devant du commissaire.

– Lequel de vous, messieurs, demanda le magistrat sans répondre au comte, s'appelle Andrea Cavalcanti?

Un cri de stupeur partit de tous les coins du salon.

– Mais quel est donc cet Andrea Cavalcanti? demanda Danglars presque égaré.

– Un ancien forçat échappé du bagne de Toulon.

– Et quel crime a-t-il commis?

– Il est prévenu, dit le commissaire de sa voix impassible, d'avoir assassiné le nommé Caderousse, son ancien compagnon de chaîne, au moment où il sortait de chez le comte de Monte-Cristo.

Monte-Cristo jeta un regard rapide autour de lui.

Andrea avait disparu.

La loi

Mme Danglars regrettait infiniment que le mariage d'Eugénie fût manqué, non point parce que ce mariage était convenable, bien assorti et devait faire le bonheur de sa fille, mais parce que ce mariage lui rendait sa liberté.

À onze heures quarante minutes, elle écouta à la porte d'Eugénie, puis, n'entendant aucun bruit, elle essaya d'entrer; mais les verrous étaient mis.

Elle appela la femme de chambre et l'interrogea.

– Mlle Eugénie, répondit la femme de chambre, est rentrée dans son appartement avec Mlle d'Armilly; puis elles ont pris le thé ensemble; après quoi elles m'ont congédiée, en me disant qu'elles n'avaient plus besoin de moi.

Mme Danglars se coucha donc sans l'ombre d'un soupçon; mais son esprit se reporta sur l'événement.

Cet Andrea était un misérable, un voleur, un assassin; et

cependant cet Andrea possédait des façons qui indiquaient une demi-éducation, sinon une éducation complète ; cet Andrea s'était présenté dans le monde avec l'apparence d'une grande fortune, avec l'appui de noms honorables.

Comment voir clair dans ce dédale ? À qui s'adresser pour sortir de cette position cruelle ?

La baronne pensa alors à M. de Villefort.

C'était M. de Villefort qui avait voulu faire arrêter Cavalcanti ; c'était M. de Villefort qui, sans pitié, avait porté le trouble au milieu de sa famille comme si c'eût été une famille étrangère.

Le lendemain, à neuf heures, elle se leva, et, vêtue avec la même simplicité que la veille, elle descendit l'escalier, sortit de l'hôtel, monta dans un fiacre et se fit conduire à la maison de M. de Villefort.

– D'abord, madame, qui êtes-vous ? demanda le concierge.

– Qui je suis ? mais vous me connaissez bien.

– Nous ne connaissons plus personne, madame.

– Oh ! que vous êtes étrange ! et je me plaindrai à M. de Villefort de l'impertinence de ses gens.

– Madame, ce n'est pas de l'impertinence, c'est de la précaution : personne n'entre ici sans un mot de M. d'Avrigny, ou sans avoir parlé à M. le procureur du roi.

– Eh bien, c'est justement à M. le procureur du roi que j'ai affaire.

– Affaire pressante ?

– Vous devez bien le voir, puisque je ne suis pas encore remontée dans ma voiture. Mais finissons : voici ma carte, portez-la à votre maître.

Si préoccupée que fût Mme Danglars du motif qui l'amenait, la réception qui lui était faite lui avait paru si indigne, qu'elle commença par se plaindre.

Mais Villefort souleva sa tête appesantie par la douleur et la regarda avec un si triste sourire, que les plaintes expirèrent sur ses lèvres.

– Excusez mes serviteurs d'une terreur dont je ne puis leur faire un crime ; soupçonnés, ils sont devenus soupçonneux Vous venez me parler de ce qui vous arrive, n'est-ce pas ?

– Oui, monsieur, un affreux malheur.

– Hélas ! madame, répondit le procureur du roi avec son calme imperturbable, j'en suis arrivé à n'appeler malheur que les choses irréparables.

– Eh ! monsieur, croyez-vous qu'on oubliera ?

– Tout s'oublie, madame, dit Villefort ; le mariage de votre fille se fera demain, s'il ne se fait pas aujourd'hui, dans huit jours s'il ne se fait pas demain. Et quant à regretter le futur de Mlle Eugénie, je ne crois pas que telle soit votre idée.

– Je viens savoir de vous, mon ami, reprit la baronne, où en est l'affaire de cet imposteur.

– Imposteur ! répéta Villefort ; décidément, madame, c'est un parti pris chez vous d'atténuer certaines choses et d'en exagérer d'autres ; imposteur, M. Andrea Cavalcanti, ou plutôt M. Benedetto ! Vous vous trompez, madame, M. Benedetto est bel et bien un assassin.

– Monsieur, je ne nie pas la justesse de votre rectification, mais plus vous vous armerez sévèrement contre ce malheureux, plus vous frapperez notre famille. Voyons, oubliez-le pour un moment ; au lieu de le poursuivre, laissez-le fuir.

– Vous venez trop tard, madame, les ordres sont déjà donnés.

– Eh ! monsieur, reprit Mme Danglars, êtes-vous sûr qu'il soit aussi coupable qu'on le dit ?

– Écoutez, voici son dossier : Benedetto, condamné d'abord à cinq ans de galères pour faux, à seize ans ; le jeune homme promettait, comme vous voyez ; puis évadé, puis assassin.

La baronne joignit les mains.

– Villefort ! dit-elle, avec sa plus douce et sa plus caressante intonation.

– Pour Dieu ! madame, répondit le procureur du roi avec une fermeté qui n'était pas exempte de sécheresse, pour Dieu ! ne me demandez donc jamais grâce pour un coupable.

Villefort prononça ces dernières paroles avec une rage fiévreuse qui donnait à son langage une féroce éloquence.

– Mais, reprit Mme Danglars essayant de tenter un dernier effort, vous dites que ce jeune homme est vagabond, orphelin, abandonné de tous ?

– Tant pis, tant pis, ou plutôt tant mieux ; la Providence l'a fait ainsi pour que personne n'eût à pleurer sur lui.

– C'est s'acharner sur le faible, monsieur.

– Le faible qui assassine !

– Son déshonneur rejaillirait sur ma maison.

– N'ai-je pas, moi, la mort dans la mienne ?

– Oh ! monsieur, s'écria la baronne, vous êtes sans pitié pour les autres. Eh bien ! c'est moi qui vous le dis, on sera sans pitié pour vous.

– Soit ! dit Villefort, en levant avec un geste de menace son bras au ciel.

– Monsieur, il s'est enfui ; laissez-le fuir, l'inertie est une clémence facile.

– Mais je vous ai dit qu'il était trop tard ; au point du jour le télégraphe a joué, et à cette heure…

– Monsieur, dit le valet de chambre en entrant, un dragon apporte cette dépêche du ministère de l'Intérieur.

Villefort saisit la lettre et la détacha vivement.

Mme Danglars frémit de terreur, Villefort tressaillit de joie.

– Arrêté ! s'écria Villefort ; on l'a arrêté à Compiègne ; c'est fini.

Mme Danglars se leva froide et pâle.

– Adieu, monsieur, dit-elle.

– Adieu, madame, répondit le procureur du roi, presque joyeux en la reconduisant jusqu'à la porte.

Valentine n'était point encore remise.

Brisée par la fatigue, elle gardait en effet le lit, et ce fut dans sa chambre et de la bouche de Mme de Villefort, qu'elle apprit les événements que nous venons de raconter.

Le soir qui suivit, une scène inattendue se passait dans cette chambre si soigneusement fermée.

Il y avait déjà dix minutes à peu après que la garde s'était retirée. De la mèche de la veilleuse s'élançaient mille et mille rayonnements tous empreints de significations étranges, quand tout à coup, à son reflet tremblant, Valentine crut voir sa bibliothèque, placée à côté de la cheminée dans un renfoncement du mur, s'ouvrir lentement.

Derrière parut une figure humaine.

Valentine était, grâce à sa fièvre, trop familiarisée avec ces sortes d'apparitions pour s'épouvanter ; elle ouvrit seulement de grands yeux, espérant reconnaître Morrel.

La figure continua de s'avancer vers son lit, puis elle s'arrêta, et parut écouter avec une attention profonde.

En ce moment, un reflet de la veilleuse se joua sur le visage du nocturne visiteur.

– Ce n'est pas lui ! murmura-t-elle.

Valentine étendit la main afin de prendre son verre sur la coupe de cristal où il reposait ; mais tandis qu'elle allongeait hors du lit son bras frissonnant, l'apparition fit encore, et plus vivement que jamais, deux pas vers le lit, et arriva si près de la jeune fille qu'elle entendit son souffle et qu'elle crut sentir la pression de sa main.

La pression que Valentine avait ressentie avait pour but de lui arrêter le bras.

Valentine le retira lentement à elle.

Alors cette figure, dont le regard ne pouvait se détacher, et qui d'ailleurs paraissait plutôt protectrice que menaçante, cette figure prit le verre, s'approcha de la veilleuse et regarda le breuvage, comme si elle eût voulu en juger la transparence et la limpidité.

Mais cette première épreuve ne suffit pas.

Cet homme, ou plutôt ce fantôme, car il marchait si doucement que le tapis étouffait le bruit de ses pas, cet homme puisa dans le verre une cuillerée du breuvage et l'avala.

– Maintenant, dit-il, buvez !...

Valentine tressaillit.

C'était la première fois qu'une de ses visions lui parlait avec ce timbre vivant.

Elle ouvrit la bouche pour pousser un cri.

L'homme posa un doigt sur ses lèvres.

– M. le comte de Monte-Cristo ! murmura-t-elle.

Le comte étendit la main dans la direction de la bibliothèque.

– J'étais caché derrière cette porte, dit-il, cette porte donne dans la maison voisine que j'ai louée.

Valentine, par un mouvement de fierté pudique, détourna les yeux, et avec une souveraine terreur :

– Monsieur, dit-elle, ce que vous avez fait est d'une démence sans exemple, et ressemble fort à une insulte.

– Valentine, dit-il, pendant cette longue veille, voici les seules choses que j'aie vues : quels gens venaient chez vous, quels aliments on vous préparait, quelles boissons on vous a servies ; puis, quand ces boissons me paraissaient dangereuses, j'entrais comme je viens d'entrer, je vidais votre verre, et je substituais au poison un breuvage bienfaisant, qui, au lieu de la mort qui vous était préparée, faisait circuler la vie dans vos veines.

– Le poison ! La mort ! s'écria Valentine, se croyant de nouveau sous l'empire de quelque fiévreuse hallucination ; que dites-vous donc là, monsieur ?

– Chut ! mon enfant, dit Monte-Cristo en portant de

nouveau son doigt à ses lèvres, j'ai dit le poison; oui, j'ai dit la mort, et je répète la mort, mais buvez d'abord ceci.

Le comte tira de sa poche un flacon contenant une liqueur rouge dont il versa quelques gouttes dans le verre.

– Ce que vous me dites est horrible, monsieur, ce que vous voulez me faire croire a quelque chose d'infernal.

– Êtes-vous donc la première que cette main frappe, Valentine! N'avez-vous pas vu tomber autour de vous. M. de Saint-Méran, Mme de Saint-Méran, Barrois? N'auriez-vous pas vu tomber M. Noirtier, si le traitement qu'il suit depuis près de trois ans ne l'avait protégé en combattant le poison par l'habitude du poison?

– Mais quel est donc l'assassin, le meurtrier?

– Ainsi, vous ne connaissez pas la personne qui en veut à votre vie?

– Non, dit Valentine, pourquoi quelqu'un désirerait-il ma mort?

– Vous allez la connaître alors, dit Monte-Cristo en prêtant l'oreille.

– Comment cela? demanda Valentine en regardant avec terreur autour d'elle.

– Parce que ce soir vous n'avez plus ni fièvre ni délire, parce que ce soir vous êtes bien éveillée, parce que voilà minuit qui sonne et que c'est l'heure des assassins.

Puis, avec un sourire si triste et si paternel que le cœur de la jeune fille en fut pénétré de reconnaissance, il regagna sur la pointe du pied la porte de la bibliothèque.

Mais, se retournant avant que de la refermer sur lui:

– Pas un geste, dit-il, pas un mot; qu'on vous croie endormie; sans quoi peut-être vous tuerait-on avant que j'eusse le temps d'accourir.

Et, sur cette effrayante injonction, le comte disparut derrière la porte, qui se referma silencieusement sur lui.

Valentine resta seule ; deux pendules sonnèrent encore minuit à des distances différentes. Puis, à part le bruissement de quelques voitures lointaines, tout retomba dans le silence.

Alors toute l'attention de Valentine se concentra sur la pendule de sa chambre, dont le balancier marquait les secondes.

Une seule idée, une idée terrible tenait son esprit tendu : c'est qu'il existait une personne au monde qui avait tenté de l'assassiner, et qui allait le tenter encore.

Vingt minutes, vingt éternités s'écoulèrent ainsi, puis dix autres minutes encore ; enfin la pendule, criant une seconde à l'avance, finit par frapper un coup sur le timbre sonore.

En ce moment même un grattement imperceptible de l'ongle contre le bois de la bibliothèque apprit à Valentine que le comte veillait et lui recommandait de veiller.

En effet, du côté opposé, c'est-à-dire vers la chambre d'Édouard, il sembla à Valentine qu'elle entendait crier le parquet ; elle prêta l'oreille, retenant sa respiration, le bouton de la serrure grinça, et la porte tourna sur ses gonds.

Valentine s'était soulevée sur son coude, elle n'eut que le temps de se laisser retomber sur son lit et de cacher ses yeux sous son bras.

Puis, tremblante, agitée, le cœur serré d'un indicible effroi, elle attendit.

Quelqu'un s'approcha du lit et effleura les rideaux.

Valentine rassembla toutes ses forces et laissa entendre ce murmure régulier de la respiration qui annonce un sommeil tranquille.

– Valentine ! dit tout bas une voix.

La jeune fille frissonna jusqu'au fond du cœur, mais ne répondit point.

– Valentine ! répéta la même voix.

Même silence: Valentine avait promis de ne point se réveiller.

Puis tout demeura immobile.

Seulement Valentine entendit le bruit presque insensible d'une liqueur tombant dans le verre qu'elle venait de vider.

Alors elle osa, sous le rempart de son bras étendu, entrouvrir sa paupière.

Elle vit alors une femme en peignoir blanc qui vidait dans son verre une liqueur préparée d'avance dans une fiole.

Pendant ce court instant, Valentine retint peut-être sa respiration, ou fit sans doute quelque mouvement, car la femme, inquiète, s'arrêta et se pencha sur son lit pour mieux voir si elle dormait réellement: c'était Mme de Villefort.

Valentine, en reconnaissant sa belle-mère, fut saisie d'un frisson aigu qui imprima un mouvement à son lit.

Mme de Villefort s'effaça aussitôt le long du mur, et là, abritée derrière le rideau du lit, muette, attentive, elle épia jusqu'au moindre mouvement de Valentine.

Cependant, assurée par le silence, dans lequel avait recommencé à se faire entendre le bruit égal de la respiration de Valentine, que celle-ci dormait, Mme de Villefort étendit de nouveau le bras, et en demeurant à demi dissimulée par les rideaux rassemblés au chevet du lit, elle acheva de vider dans le verre de Valentine le contenu de sa fiole.

Puis elle se retira, sans que le moindre bruit avertît Valentine qu'elle était partie.

Elle avait vu disparaître le bras, voilà tout: ce bras frais et arrondi d'une femme de vingt-cinq ans, jeune et belle, et qui versait la mort.

Il est impossible d'exprimer ce que Valentine avait éprouvé pendant cette minute et demie que Mme de Villefort était restée dans sa chambre.

Le grattement de l'ongle sur la bibliothèque tira la jeune fille de cet état de torpeur dans lequel elle était ensevelie, et qui ressemblait à de l'engourdissement.

Elle souleva la tête avec effort.

La porte, toujours silencieuse, roula une seconde fois sur ses gonds, et le comte de Monte-Cristo reparut.

– Eh bien ! demanda le comte, doutez-vous encore ?

– Oh ! mon Dieu ! murmura la jeune fille.

– Vous avez vu ?

– Hélas !

– Vous avez reconnu ?

Valentine poussa un gémissement.

– Mais, mon Dieu ! s'écria la jeune fille, pourquoi donc me poursuit-elle ainsi ?

– Mais vous êtes riche, Valentine, mais vous avez deux cent mille livres de rente, et ces deux cent mille francs de rente, vous les enlevez à son fils.

– Édouard ! pauvre enfant, et c'est pour lui qu'on commet tous ces crimes !

– Ah ! vous comprenez, enfin.

– Oh ! monsieur, s'écria la douce jeune fille en fondant en larmes, je vois bien que je suis condamnée à mourir.

– Non, Valentine, non, car j'ai prévu tous les complots ; non, car notre ennemie est vaincue, puisqu'elle est devinée ; non, vous vivrez, Valentine, vous vivrez pour aimer et être aimée ; vous vivrez pour être heureuse et rendre un noble cœur heureux ; mais pour vivre, Valentine, il faut avoir toute confiance en moi.

– Ordonnez, monsieur, que faut-il faire ?

– Il faut prendre aveuglément ce que je vous donnerai.

– Monsieur, dit Valentine, je ferai tout pour vivre, car il existe deux êtres au monde qui m'aiment à en mourir si je mourais : mon grand-père et Maximilien.

– Je veillerai sur eux comme j'ai veillé sur vous.

– Eh bien ! monsieur, disposez de moi, dit Valentine. Puis, à voix basse : Oh ! mon Dieu ! mon Dieu ! dit-elle, que va-t-il m'arriver ?

– Quelque chose qui vous arrive, Valentine, ne vous épouvantez point ; si vous souffrez, si vous perdez la vue, l'ouïe, le tact, ne craignez rien ; si vous vous réveillez sans savoir où vous êtes, n'ayez pas peur, dussiez-vous, en vous réveillant, vous trouver dans quelque caveau sépulcral ou clouée dans quelque bière ; rappelez soudain votre esprit, et dites-vous : « En ce moment, un ami, un père, un homme qui veut mon bonheur et celui de Maximilien, cet homme veille sur moi. »

Alors le comte tira de la poche de son gilet un drageoir en émeraude, souleva son couvercle d'or, et versa dans la main droite de Valentine une petite pastille ronde de la grosseur d'un pois.

Valentine porta la pastille à sa bouche et l'avala.

– Et maintenant au revoir, mon enfant, dit-il, je vais essayer de dormir, car vous êtes sauvée.

– Allez, dit Valentine, quelque chose qui m'arrive, je vous promets de n'avoir pas peur.

Monte-Cristo tint longtemps ses yeux fixés sur la jeune fille qui s'endormait peu à peu, vaincue par la puissance du narcotique que le comte venait de lui donner.

Alors il prit le verre, le vida aux trois quarts dans la cheminée, pour que l'on pût croire que Valentine avait bu ce qu'il en manquait, le reposa sur la table de nuit ; puis, regagnant la porte de la bibliothèque, il disparut, après avoir jeté un dernier regard vers Valentine, qui s'endormait avec la confiance et la candeur d'un ange couché aux pieds du Seigneur.

La veilleuse continuait de brûler sur la cheminée de Valentine. Tous les bruits de la rue étaient éteints pour cette fois, et le silence intérieur était effrayant.

La porte de la chambre d'Édouard s'ouvrit alors, et une tête parut dans la glace opposée à la porte : c'était Mme de Villefort qui rentrait pour voir l'effet du breuvage.

Elle s'arrêta sur le seuil, écouta le pétillement de la lampe, seul bruit perceptible dans cette chambre qu'on eût crue déserte, puis elle s'avança doucement vers la table de nuit pour voir si le verre de Valentine était vide.

Il était encore plein au quart, comme nous l'avons dit.

Mme de Villefort le prit et alla le vider dans les cendres, qu'elle remua pour faciliter l'absorption de la liqueur, puis elle rinça soigneusement le cristal, l'essuya avec son propre mouchoir, et le replaça sur la table de nuit.

Enfin elle s'enhardit, écarta le rideau, s'appuya au chevet du lit, et regarda Valentine.

La jeune fille ne respirait plus, ses dents à demi desserrées ne laissaient échapper aucun atome de ce souffle qui décèle la vie ; ses lèvres blanchissantes avaient cessé de frémir ; ses yeux, noyés dans une vapeur violette qui semblait avoir filtré sous la peau, formaient une saillie plus blanche à l'endroit où le globe enflait la paupière, et ses longs cils noirs rayaient une peau déjà mate comme la cire.

Mme de Villefort s'enhardit alors, et, soulevant la couverture, elle appuya sa main sur le cœur de la jeune fille.

Il était muet et glacé.

Pour Mme de Villefort, il n'y avait plus de doute : tout était fini, l'œuvre terrible, la dernière qu'elle eût à accomplir, était enfin consommée.

Au même instant la veilleuse s'éteignit, et la chambre fut plongée dans une effrayante obscurité.

Au milieu de cette obscurité, la pendule s'éveilla et sonna quatre heures et demie.

L'empoisonneuse, épouvantée de ces commotions successives, regagna en tâtonnant la porte, et rentra chez elle la sueur de l'angoisse au front.

L'obscurité continua encore deux heures.

Puis, peu à peu, un jour blafard envahit l'appartement, filtrant aux lames des persiennes ; puis, peu à peu encore, il se fit grand, et vint rendre une couleur et une forme aux objets et aux corps.

C'est à ce moment que la toux de la garde-malade retentit sur l'escalier, et que cette femme entra chez Valentine, une tasse à la main.

Elle voulut ramener le bras près du corps, mais le bras n'obéit qu'avec cette raideur effrayante à laquelle ne pouvait pas se tromper une garde-malade.

– Au secours ! cria-t-elle, au secours !

– Comment ! au secours ! répondit du bas de l'escalier la voix de M. d'Avrigny.

C'était l'heure où le docteur avait l'habitude de venir.

– Comment ! au secours ! s'écria la voix de Villefort sortant alors précipitamment de son cabinet ; docteur, n'avez-vous pas entendu crier au secours ?

– Oui, oui ; montons, répondit d'Avrigny, montons vite, c'est chez Valentine.

Mais avant que le médecin et le père ne fussent entrés, les domestiques qui se trouvaient au même étage, dans les chambres ou dans les corridors, étaient entrés, et, voyant Valentine pâle et immobile sur son lit, levaient les mains au ciel et chancelaient comme frappés de vertige.

– Appelez Mme de Villefort ! réveillez Mme de Villefort ! cria le procureur du roi, de la porte de la chambre dans laquelle il semblait n'oser entrer.

Mais les domestiques, au lieu de répondre, regardaient M. d'Avrigny qui était entré, lui, qui avait couru à Valentine, et qui la soulevait dans ses bras.

M. de Villefort s'abattit comme si ses jambes étaient brisées, et tomba la tête sur le lit de Valentine.

En ce moment, Mme de Villefort, le bras à moitié passé dans son peignoir du matin, souleva la tapisserie ; un instant elle demeura sur le seuil, ayant l'air d'interroger les assistants et appelant à son aide quelques larmes rebelles.

Tout à coup, elle fit un pas, ou plutôt un bond en avant, les bras étendus vers la table.

Elle venait de voir d'Avrigny se pencher curieusement sur cette table, et y prendre le verre qu'elle était certaine d'avoir vidé pendant la nuit.

Le verre se trouvait au quart plein, juste comme il était quand elle en avait jeté le contenu dans les cendres.

Le spectre de Valentine dressé devant l'empoisonneuse eût produit moins d'effet sur elle.

Mme de Villefort tourna un instant sur elle-même ; ses yeux lancèrent des flammes, puis s'éteignirent ; elle chercha, chancelante, la porte de la main, et disparut.

Un instant après, on entendit le bruit éloigné d'un corps qui tombait sur le parquet.

Mais personne n'y fit attention. La garde était occupée à regarder l'analyse chimique, Villefort était toujours anéanti.

M. d'Avrigny seul avait suivi des yeux Mme de Villefort et avait remarqué sa sortie précipitée.

Il souleva la tapisserie de la chambre de Valentine, et son regard, à travers celle d'Édouard, put plonger dans l'appartement de Mme de Villefort, qu'il vit étendue sans mouvement sur le parquet.

– Allez secourir Mme de Villefort, dit-il à la garde ; Mme de Villefort se trouve mal !

– Mais Mlle Valentine ?

– Mlle Valentine n'a plus besoin de secours, dit d'Avrigny, puisque Mlle Valentine est morte.

– Morte ! morte ! soupira Villefort dans le paroxysme d'une douleur d'autant plus déchirante qu'elle était nouvelle, inconnue, inouïe pour ce cœur de bronze.

– Morte ! dites-vous, s'écria une troisième voix ; qui a dit que Valentine était morte ?

Les deux hommes se retournèrent, et sur la porte aperçurent Morrel debout, pâle, bouleversé, terrible.

Maximilien

Villefort se releva presque honteux d'avoir été surpris dans l'accès de cette douleur.

Son regard, un instant égaré, se fixa sur Morrel.

– Qui êtes-vous, monsieur, dit-il, vous qui oubliez qu'on n'entre pas ainsi dans une maison qu'habite la mort ? Sortez ! monsieur ! sortez !

Mais Morrel demeurait immobile; il ne pouvait détacher ses yeux du spectacle effrayant de ce lit en désordre et de la pâle figure qui était couchée dessus.

– Sortez! entendez-vous! cria Villefort, tandis que d'Avrigny s'avançait de côté pour faire sortir Morrel.

Celui-ci regarda d'un air égaré ce cadavre, ces deux hommes, toute la chambre, sembla hésiter un instant, ouvrit la bouche; puis enfin, il rebroussa chemin en enfonçant ses mains dans ses cheveux, de telle sorte que Villefort et d'Avrigny, un instant distraits de leurs préoccupations, échangèrent, après l'avoir suivi des yeux, un regard qui voulait dire:

– Il est fou.

Mais avant que cinq minutes se fussent écoulées, l'on vit Morrel qui, avec une force surhumaine, soulevant le fauteuil de Noirtier entre ses bras, apportait le vieillard au premier étage de la maison.

– Voyez ce qu'ils en ont fait! cria Morrel une main encore appuyée au dossier du fauteuil qu'il venait de pousser jusqu'au lit, et l'autre étendue vers Valentine; voyez, mon père, voyez!

Et la voix du jeune homme s'éteignit dans les sanglots.

Quant au vieillard, sa respiration haletante secouait sa poitrine. On eût dit qu'il était en proie à ces agitations qui précèdent l'agonie.

Enfin Villefort prit la parole.

– Monsieur, dit-il à Maximilien, vous aimiez Valentine; j'ignorais cet amour, j'ignorais cet engagement; et cependant, moi, son père, je vous le pardonne; car je le vois, votre douleur est grande, réelle et vraie. Mais, vous le voyez, l'ange que vous espériez a quitté la terre; faites donc vos adieux, monsieur, à la triste dépouille qu'elle a oubliée parmi nous; prenez une dernière fois sa main que vous attendiez, et séparez-vous d'elle à jamais; Valentine n'a plus besoin que du prêtre qui doit la bénir.

– Vous vous trompez, monsieur, s'écria Morrel en se relevant sur un genou, Valentine, morte comme elle est morte, a non seulement besoin d'un prêtre, mais encore d'un vengeur ! Monsieur de Villefort, envoyez chercher le prêtre, moi je serai le vengeur.

– Que voulez-vous dire, monsieur ?

– Je veux dire qu'il y a deux hommes en vous, monsieur. Le père a assez pleuré ; que le procureur du roi commence son office. Valentine est morte assassinée !

– Monsieur, répliqua Villefort, vous vous trompez, il ne se commet pas de crimes chez moi ; la fatalité me frappe, Dieu m'éprouve ; mais on n'assassine personne !

Morrel releva la tête et, lisant dans les yeux du vieillard, qui lançaient une flamme surnaturelle :

– Tenez, dit-il, tenez, M. Noirtier veut parler.

Noirtier adressa au malheureux Morrel un sourire mélancolique, puis, ayant rivé pour ainsi dire les yeux de son interlocuteur aux siens, il les détourna vers la porte.

– Vous voulez que je sorte, monsieur ? s'écria douloureusement Morrel.

– Oui, fit Noirtier.

– Pourrais-je revenir, au moins ? demanda Morrel.

– Oui.

– Vous voulez rester seul avec M. de Villefort ?

– Oui.

Mais pourra-t-il vous comprendre, lui ?

– Oh ! dit Villefort presque joyeux de ce que l'enquête allait se faire en tête à tête, oh ! soyez tranquille, je comprends très bien mon père.

D'Avrigny prit le bras de Morrel et entraîna le jeune homme dans la chambre voisine.

Il se fit alors dans toute cette maison un silence plus profond que celui de la mort.

Enfin, au bout d'un quart d'heure, un pas chancelant se fit

entendre, et Villefort parut sur le seuil du salon où se tenait d'Avrigny et Morrel, l'un absorbé, l'autre suffoquant.

– Venez, dit-il.

Et il les ramena près du fauteuil de Noirtier.

Morrel, alors, regarda attentivement Villefort.

La figure du procureur du roi était livide ; de larges taches couleur de rouille sillonnaient son front ; entre ses doigts, une plume tordue de mille façons criait en se déchiquetant en lambeaux.

– Messieurs, dit-il d'une voix étranglée à d'Avrigny et à Morrel, messieurs, votre parole d'honneur que l'horrible secret demeurera enseveli entre nous ! Mon père m'a révélé le nom du coupable ; mon père a soif de vengeance comme vous, et cependant mon père vous conjure, comme moi, de garder le secret du crime. N'est-ce pas, mon père ?

– Oui, fit résolument Noirtier.

Morrel laissa échapper un mouvement d'horreur et d'incrédulité.

– Oh ! s'écria Villefort, en arrêtant Maximilien par le bras, oh ! monsieur, si mon père, l'homme inflexible que vous connaissez, vous fait cette demande, c'est qu'il sait que Valentine sera terriblement vengée. N'est-ce pas mon père ?

Le vieillard fit signe que oui.

Villefort continua.

– Il me connaît, lui, et c'est à lui que j'ai engagé ma parole. Rassurez-vous donc, messieurs ; trois jours, je vous demande trois jours, c est moins que ne vous demanderait la justice ; et dans trois jours la vengeance que j'aurai tirée du meurtre de mon enfant fera frissonner jusqu'au fond de leur cœur les plus indifférents des hommes. N'est-ce pas mon père ?

Et en disant ces paroles, il grinçait des dents et secouait la main engourdie du vieillard.

La signature Danglars

Le jour du lendemain se leva triste et nuageux.

À onze heures, les voitures funèbres roulèrent sur le pavé de la cour, et la rue du Faubourg-Saint-Honoré s'emplit des murmures de la foule également avide des joies ou du deuil des riches.

Ceux qui se connaissaient s'appelaient du regard et se réunissaient en groupes. Un de ces groupes était composé de Debray, de Château-Renaud et de Beauchamp.

– Mais qui cherchez-vous donc, Debray ?

– Je cherche M. de Monte-Cristo, répondit le jeune homme.

– Je l'ai rencontré sur le boulevard en venant ici. Je le crois sur son départ, il allait chez son banquier, dit Beauchamp.

Beauchamp avait dit vrai ; en se rendant à l'invitation mortuaire, il avait rencontré Monte-Cristo, qui, de son côté, se dirigeait vers l'hôtel de Danglars, rue de la Chaussée-d'Antin.

Le banquier avait, de sa fenêtre, aperçu la voiture du comte entrant dans la cour, et il était venu au-devant de lui avec un visage attristé, mais affable.

– Eh bien, comte, dit-il en tendant la main à Monte-Cristo, vous venez me faire vos compliments de condoléances. Les gens de notre génération ne sont point heureux cette année : Villefort, perdant toute sa famille d'une façon étrange ; Morcerf déshonoré et tué ; moi, couvert de ridicule par la scélératesse de ce Benedetto…

– Que voulez-vous, mon cher baron, dit Monte-Cristo, chagrins de famille, chagrins qui seraient écrasants pour un pauvre diable dont l'enfant serait toute la fortune, mais supportables pour un millionnaire.

Danglars lança un coup d'œil oblique au comte, pour voir s'il raillait ou s'il parlait sérieusement.

– Cela me rappelle, dit-il, que lorsque vous êtes entré, j'étais en train de faire cinq petits bons; j'en avais déjà signé deux; voulez-vous me permettre de faire les trois autres?

– Des bons d'Espagne, dit Monte-Cristo, des bons d'Haïti, des bons de Naples?

– Non, dit Danglars en riant, des bons au porteur des bons sur la banque de France. Tenez, ajouta-t-il, monsieur le comte, vous qui êtes l'empereur de la finance, comme j'en suis le roi, avez-vous vu beaucoup de chiffons de papier de cette grandeur-là valoir chacun un million?

Monte-Cristo prit dans sa main, comme pour les peser, les cinq chiffons de papier que lui présentait orgueilleusement Danglars, et lut:

«Plaise à M. le régent de la banque de faire payer à mon ordre, et sur les fonds déposés par moi, la somme d'un million, valeur en compte.

«Baron Danglars.»

– Un, deux, trois, quatre, cinq, fit Monte-Cristo; cinq millions! peste comme vous y allez, seigneur Crésus!

– Voilà comme je fais les affaires, moi! dit Danglars.

– C'est merveilleux, cette somme est payée comptant.

– Vous en doutez?

– Non.

– Vous dites cela avec un accent… Tenez, donnez-vous-en le plaisir: conduisez mon commis à la banque, et vous l'en verrez sortir avec des bons sur le Trésor pour la même somme.

– Non, dit Monte-Cristo pliant les cinq billets, ma foi non, la chose est trop curieuse, et j'en ferai l'expérience moi-même. Mon crédit chez vous était de six millions, j'ai pris neuf cent mille francs, c'est cinq millions cent mille francs que vous restez me devoir. Je prends vos cinq chiffons de papier que je tiens pour bons à la seule vue de votre signature, et voici un reçu général de six millions qui régularise notre compte. Je l'avais préparé d'avance, car il faut vous dire que j'ai fort besoin d'argent aujourd'hui.

Et d'une main Monte-Cristo mit les cinq billets dans sa poche, tandis que de l'autre il tendait son reçu au banquier.

La foudre tombant aux pieds de Danglars ne l'eût pas écrasé d'une terreur plus grande.

– Quoi ! balbutia-t-il, quoi ! monsieur le comte, vous prenez cet argent ? Mais, pardon, c'est de l'argent que je dois aux hospices, un dépôt, et j'avais promis de payer ce matin.

Tout à coup il se ravisa, fit un effort violent et se contint.

Puis, on le vit sourire, arrondir peu à peu les traits de son visage bouleversé.

– Au fait, dit-il, votre reçu, c'est de l'argent.

– Oh ! mon Dieu, oui ! et si vous étiez à Rome, sur mon reçu, la maison Thomson et French ne ferait pas plus de difficulté de vous payer que vous n'en avez fait vous-même.

– Pardon, monsieur le comte, pardon !

– Je puis donc garder cet argent ?

– Oui, dit Danglars en essuyant la sueur qui perlait à la racine de ses cheveux, gardez, gardez.

Monte-Cristo remit les cinq billets dans sa poche et il s'achemina vers la porte, juste au moment où le valet de chambre annonçait :

– M. de Boville, receveur général des hospices.

– Ma foi, dit Monte-Cristo, il paraît que je suis arrivé à temps pour jouir de vos signatures, on se les dispute.

Mais il ne fut pas plutôt dehors, que Danglars s'écria :

– Imbécile !!!

Et serrant la quittance de Monte-Cristo dans un petit portefeuille :

– À midi, je serai loin.

Puis il s'enferma à double tour, vida tous les tiroirs de sa caisse, réunit une cinquantaine de mille francs en billets de banque, brûla différents papiers, en mit d'autres en évidence, et commença d'écrire une lettre qu'il cacheta, et sur laquelle il mit pour suscription : « À madame la baronne Danglars. »

– Ce soir, murmura-t-il, je la placerai sur sa toilette.

Puis, tirant un passeport de son tiroir :

– Bon, dit-il, il est encore valable pour deux mois.

Le cimetière du Père Lachaise

C'était vers le Père-Lachaise que s'acheminait le pompeux cortège parti du faubourg Saint-Honoré. On traversa tout Paris, on prit le faubourg du Temple, puis les boulevards extérieurs jusqu'au cimetière. Plus de cinquante voitures de maîtres suivaient vingt voitures de deuil, et cinq cents personnes marchaient à pied.

À la sortie de Paris, on vit arriver un rapide attelage de quatre chevaux : c'était M. de Monte-Cristo. Le comte descendit de sa calèche, et vint se mêler à la foule qui suivait à pied le char funéraire.

Enfin on arriva au cimetière.

L'œil perçant de Monte-Cristo sonda tout d'un coup les bosquets d'ifs et de pins, et bientôt il perdit toute inquiétude : une ombre avait glissé sous les noires charmilles.

Cette ombre, quand le cortège s'arrêta, fut reconnue pour être Morrel, qui, avec sa redingote noire boutonnée jusqu'en haut, son front livide, ses joues creusées, son chapeau froissé par ses mains convulsives, s'était adossé à un arbre situé sur un tertre dominant le mausolée, de manière à ne perdre aucun des détails de la funèbre cérémonie qui allait s'accomplir.

Monte-Cristo n'écoutait rien, ne voyait rien, ou plutôt il ne voyait que Morrel, dont le calme et l'immobilité formaient un spectacle effrayant pour celui qui seul pouvait lire ce qui se passait au fond du cœur du jeune officier.

– Tiens, dit tout à coup Beauchamp à Debray, voilà Morrel ! Où diable s'est-il fourré là !

Et ils le firent remarquer à Château-Renaud.

– Comme il est pâle ! dit celui-ci en tressaillant.

– Bah ! dit Debray, à peine s'il connaissait Mlle de Villefort.

– C'est vrai. Cependant je me rappelle qu'à ce bal chez Mme de Morcerf, il a dansé trois fois avec elle.

La fête mortuaire terminée, les assistants reprirent le chemin de Paris.

Monte-Cristo s'était jeté dans un taillis, et, caché derrière une large tombe, il guettait jusqu'au moindre mouvement de Morrel, qui peu à peu s'était approché du mausolée abandonné des curieux, puis des ouvriers.

Le jeune homme s'agenouilla.

Le comte ne perdait pas un seul geste de Morrel, qui enfin se releva, essuya ses genoux blanchis par la pierre, et reprit le chemin de Paris sans tourner une seule fois la tête. Il descendit lentement la rue de la Roquette. Le comte, renvoyant sa voiture qui stationnait au Père-Lachaise, le suivit à cent pas.

Maximilien traversa le canal, et rentra chez lui rue Meslay par les boulevards.

Cinq minutes après que la porte se fut refermée pour Morrel, elle se rouvrit pour Monte-Cristo.

Monte-Cristo eut bientôt franchi les deux étages qui séparaient le rez-de-chaussée de l'appartement de Maximilien ; parvenu sur le palier, il écouta : nul bruit ne se faisait entendre.

Comme dans la plupart des anciennes maisons habitées par un seul maître, le palier n'était fermé que par une porte vitrée. Seulement, à cette porte vitrée, il n'y avait point de clé.

Monte-Cristo frappa un coup de coude dans un des carreaux de la porte vitrée qui vola en éclats ; puis il souleva le rideau et vit Morrel qui, devant son bureau, une plume à la main, venait de bondir sur sa chaise, au fracas de la vitre brisée.

– Vous écriviez? Vos pistolets à côté de l'écritoire? dit Monte-Cristo en montrant du doigt à Morrel les armes posées sur son bureau.

Et s'approchant du bureau, il souleva la feuille blanche que le jeune homme avait jetée sur une lettre commencée, et prit la lettre. Morrel s'élança pour la lui arracher des mains. Mais Monte-Cristo prévoyait ce mouvement, et le prévint en saisissant Maximilien par le poignet.

– Vous vouliez vous tuer, Morrel, dit le comte, c'est écrit!

– Eh bien! s'écria Morrel, passant sans transition de l'apparence du calme à l'expression de la violence; eh bien! quand cela serait, qui m'en empêcherait?

– Moi!

– Mais qui êtes-vous donc, à la fin, pour vous arroger ce droit tyrannique sur des créatures libres et pensantes? s'écria Maximilien.

– Qui je suis? répéta Monte-Cristo. Je suis le seul homme au monde qui ait le droit de vous dire: Morrel, je ne veux pas que le fils de ton père meure aujourd'hui!

Et Monte-Cristo, majestueux, transfiguré, sublime, s'avança les deux bras croisés vers le jeune homme palpitant, qui vaincu malgré lui par la presque divinité de cet homme, recula d'un pas.

– Pourquoi parlez-vous de mon père? balbutia-t-il.

– Parce que je suis Edmond Dantès qui te fit jouer, enfant, sur ses genoux!

Morrel fit encore un pas en arrière, chancelant, suffoqué, haletant, écrasé; puis tout à coup ses forces l'abandonnèrent, et avec un grand cri il tomba prosterné aux pieds de Monte-Cristo.

- Ayez pitié de moi, comte.

– J'ai tellement pitié de toi, Maximilien, écoute-moi, tellement pitié, que si je ne te guéris pas dans un mois, jour pour jour, heure pour heure, retiens bien mes paroles, Morrel, je te placerai moi-même en face de ces pistolets tout chargés et d'une coupe du plus sûr poison d'Italie, d'un poison plus sûr, crois-moi, que celui qui a tué Valentine.

– Oh! bien sûr, vous me promettez cela, comte? s'écria Maximilien enivré.

– Je ne te le promets pas, je te le jure, dit Monte-Cristo en étendant la main.

– Dans un mois, sur votre honneur, si je ne suis pas consolé, vous me laissez libre de ma vie, et quelque chose que j'en fasse, vous ne m'appellerez pas ingrat?

– Dans un mois, jour pour jour, Maximilien; dans un mois, heure pour heure, tu auras, sur la table où nous serons assis l'un et l'autre, de bonnes armes et une douce mort; mais en revanche, tu me promets d'attendre jusque-là et de vivre?

– Oh! à mon tour, s'écria Morrel, je vous le jure!

Monte-Cristo attira le jeune homme sur son cœur, et l'y retint longtemps.

Le juge

Tout dans Noirtier annonçait une grande résignation, un calme bien surprenant pour tous ceux qui se rappelaient l'affection profonde portée par lui à Valentine.

M. de Villefort n'avait point revu le vieillard depuis le matin de cette mort. D'ailleurs les assises s'ouvraient, et Villefort, enfermé dans son cabinet, poursuivait avec une fiévreuse activité la procédure entamée contre l'assassin de Caderousse.

Et si peu de temps s'était écoulé depuis que la pauvre

Valentine avait été déposée dans la tombe, la douleur de la maison était encore si récente que personne ne s'étonnait de voir le père aussi sévèrement absorbé dans son devoir, c'est-à-dire dans l'unique distraction qu'il pouvait trouver à son chagrin.

L'heure du déjeuner arrivée, M. de Villefort ne parut point à table.

Le valet de chambre entra dans le cabinet.

– Madame fait prévenir Monsieur, dit-il, que onze heures viennent de sonner et que l'audience est pour midi.

– Eh bien ! fit Villefort, après ?

– Madame a fait sa toilette : elle est toute prête, et demande si elle accompagnera Monsieur.

– Dites à Madame, répondit-il, que je désire lui parler, et que je la prie de m'attendre chez elle.

Et Villefort, les dossiers sous le bras, son chapeau à la main, se dirigea vers l'appartement de sa femme. À la porte, il s'arrêta un instant, et essuya avec son mouchoir la sueur qui collait sur son front livide. Puis il poussa la porte.

– Oh ! mon Dieu ! fit la jeune femme en regardant son mari, et en ébauchant un sourire que glaça l'impassibilité de Villefort, qu'y a-t-il donc ?

– Madame, où mettez-vous le poison dont vous vous servez d'habitude ? articula nettement le magistrat.

Un son rauque, brisé, s'échappa de la poitrine de Mme de Villefort, qui pâlit jusqu'à la lividité.

– Ah ! monsieur ! murmura-t-elle, ah ! monsieur !... et ce fut tout.

– Vous ne répondez pas, madame ! s'écria le terrible interrogateur. Puis il ajouta, avec un sourire plus effrayant encore que sa colère : Il est vrai que vous ne niez pas !

Mme de Villefort tordit ses mains et tomba à genoux.

– Je sais bien... je sais bien, dit-il, l'aveu fait quand on ne peut plus nier, cet aveu ne diminue en rien le châtiment !

– Le châtiment! s'écria Mme de Villefort, le châtiment! monsieur?

– Oh! ne craignez pas l'échafaud, madame, dit le magistrat, je ne veux pas vous déshonorer, car ce serait me déshonorer moi-même; vous ne pouvez mourir sur l'échafaud.

– Non, je n'ai pas compris; que voulez-vous dire? balbutia la malheureuse femme complètement atterrée.

– Je veux dire que la femme du premier magistrat de la capitale ne chargera pas de son infamie un nom demeuré sans tache, et ne déshonorera pas du même coup son mari et son enfant.

– Non ! oh ! non !

– Eh bien ! madame, ce sera une bonne action de votre part, et de cette bonne action je vous remercie.

– Vous me remerciez, eh ! de quoi ?

Et elle se leva les cheveux épars, les lèvres écumantes.

– Songez que je suis votre femme !

– Vous êtes une empoisonneuse !

– Au nom du ciel…

– Non.

– Au nom de l'amour que vous avez eu pour moi !…

Et un rire affreux, un rire de démon, un rire de folle acheva la phrase et se perdit dans un râle sanglant.

Mme de Villefort était tombée aux pieds de son mari.

Villefort s'approcha d'elle.

– Songez-y, madame, dit-il, si à mon retour justice n'est pas faite, je vous dénonce de ma propre bouche et je vous arrête de mes propres mains.

Mme de Villefort poussa un soupir, ses nerfs se détendirent, elle s'affaissa brisée sur le tapis.

Le procureur du roi parut éprouver un mouvement de pitié, il la regarda moins sévèrement, et s'inclinant légèrement devant elle :

– Adieu, madame, dit-il lentement ; adieu !

Cet adieu tomba comme le couteau mortel sur Mme de Villefort. Elle s'évanouit.

Le procureur du roi sortit, et, en sortant, ferma la porte à double tour.

Les assises

L'affaire Benedetto, comme on disait alors au Palais et dans le monde, avait produit une énorme sensation. Habitué du Café de Paris, du boulevard de Gand et du bois de Boulogne, le faux Cavalcanti, pendant qu'il était resté à Paris, et pendant les deux ou trois mois qu'avait duré sa splendeur, avait fait une foule de connaissances. Les journaux avaient raconté les diverses stations du prévenu dans sa vie élégante et dans sa vie du bagne ; il en résultait la plus vive curiosité chez ceux-là surtout qui avaient personnellement connu le prince Andrea Cavalcanti ; aussi ceux-là surtout étaient-ils décidés à tout risquer pour aller voir sur le banc des accusés M. Benedetto, l'assassin de son camarade de chaîne.

Chacun accourut donc à la séance de la cour d'assises, les uns pour savourer le spectacle, les autres pour le commenter. Dès sept heures, on faisait queue à la grille, et une heure avant l'ouverture, la salle était déjà pleine.

Les juges prirent séance au milieu du plus profond silence ; les jurés s'assirent à leur place ; M. de Villefort, objet de l'attention générale, se plaça couvert dans son fauteuil, promenant un regard tranquille autour de lui.

– Gendarmes ! dit le président, amenez l'accusé.

À ces mots, l'attention du public devint plus active sur la porte par laquelle Benedetto devait entrer.

Bientôt cette porte s'ouvrit et l'accusé parut.

Ses traits ne portaient pas l'empreinte de cette émotion profonde qui refoule le sang au cœur et décolore le front.

Le président demanda la lecture de l'acte d'accusation, rédigé par la plume si habile et si implacable de Villefort.

Andrea ne prêta pas la moindre attention aux charges successives qui s'élevaient et retombaient sur lui : M. de Villefort ne put une seule fois lui faire baisser les yeux, quelles que fussent la fixité et la profondeur de son regard.

Enfin la lecture fut terminée.

– Accusé, dit le président, vos nom et prénoms ?

Andrea se leva.

– Pardonnez-moi, monsieur le président, dit-il d'une voix dont le timbre vibrait parfaitement pur, mais je vois que vous allez prendre un ordre de questions dans lequel je ne puis vous suivre. Veuillez donc, je vous prie, me permettre de répondre en suivant un ordre différent ; je n'en répondrai pas moins à tout.

Le président surpris regarda les jurés qui regardèrent le procureur du roi.

– Votre âge ? dit le président ; répondrez-vous à cette question ?

– J'ai vingt et un ans, ou plutôt je les aurai dans quelques jours, étant né dans la nuit du 27 au 28 septembre 1817.

M. de Villefort, qui était à prendre une note, leva la tête à cette date.

– Où êtes-vous né ? continua le président.

– À Auteuil, près Paris, répondit Benedetto.

M. de Villefort leva une seconde fois la tête, regarda Benedetto et devint livide.

– Votre profession ? demanda le président.

– D'abord j'étais faussaire, dit Andrea le plus tranquillement du monde ; ensuite je suis passé voleur, et tout récemment je me suis fait assassin.

Un murmure ou plutôt une tempête d'indignation et de surprise éclata dans la salle. M. de Villefort se leva, regardant autour de lui comme un homme égaré : l'air lui manquait.

– Cherchez-vous quelque chose, monsieur le procureur du roi ? demanda Benedetto avec son plus obligeant sourire.

M. de Villefort ne répondit rien, et se rassit ou plutôt retomba sur son fauteuil.

– Est-ce maintenant, prévenu, que vous consentez à dire votre nom ? demanda le président.

– Je ne puis vous dire mon nom, car je ne le sais pas ; mais je sais celui de mon père, et je peux vous le dire.

Un éblouissement douloureux aveugla Villefort : on vit tomber de ses joues des gouttes de sueur âcres et pressées sur les papiers qu'il remuait d'une main convulsive et éperdue.

– Dites alors le nom de votre père, reprit le président.

Pas un souffle, pas une haleine ne troublait le silence de cette immense assemblée ; tout le monde attendait.

– Mon père est procureur du roi, répondit tranquillement Andrea.

– Procureur du roi ! fit avec stupéfaction le président.

– Oui, et puisque vous voulez savoir son nom, je vais vous le dire : il se nomme de Villefort !

L'explosion, si longtemps contenue par le respect qu'en séance on porte à la justice, se fit jour, comme un tonnerre, du fond de toutes les poitrines. Les interjections, les injures adressées à Benedetto qui demeurait impassible, les gestes énergiques, le mouvement des gendarmes, tout cela dura cinq minutes avant que les magistrats et les huissiers eussent réussi à rétablir le silence.

Andrea, pendant tout ce tumulte, avait tourné sa figure souriante vers l'assemblée, s'appuyant d'une main sur la rampe de chêne de son banc ; et cela dans l'attitude la plus gracieuse.

– Messieurs, dit-il, à Dieu ne plaise que je cherche à insulter la cour et à faire, en présence de cette honorable assemblée, un scandale inutile. On me demande quel âge j'ai, je le dis ; on me demande où je suis né, je réponds ; on me demande mon nom, je ne puis le dire, puisque mes parents m'ont abandonné. Mais je puis bien dire celui de mon père : or, je le répète, mon père se nomme M. de Villefort, et je suis tout prêt à le prouver.

Il y avait dans l'accent du jeune homme une certitude, une conviction, une énergie qui réduisirent le tumulte au silence.

Les regards se portèrent un moment sur le procureur du roi, qui gardait sur son siège l'immobilité d'un homme que la foudre vient de changer en cadavre.

– Messieurs, continua Andrea en commandant le silence du geste et de la voix, je vous répète que je suis né à Auteuil, dans la nuit du 27 au 28 septembre 1817, et que je suis fils de M. le procureur du roi de Villefort. Maintenant, voulez-vous des détails ? je vais vous en donner. Je naquis au premier de la maison numéro 28, rue de la Fontaine, dans une chambre tendue de damas rouge. Mon père me prit dans ses bras en disant à ma mère que j'étais mort, m'enveloppa dans une serviette marquée d'un H et d'un N et m'emporta dans le jardin où il m'enterra vivant. Dans le jardin où mon père venait de m'ensevelir, s'était, cette nuit-là même, introduit un homme qui lui en voulait mortellement et qui le guettait depuis longtemps pour accomplir sur lui une vengeance corse. L'homme était caché dans un massif; il vit mon père enfermer un dépôt dans la terre, et le frappa d'un coup de couteau au milieu de cette opération ; puis, croyant que ce dépôt était quelque trésor, il ouvrit la fosse et me trouva vivant encore. Cet homme me porta à l'hospice des Enfants-Trouvés, où je fus inscrit sous le numéro 57. Trois mois après, sa sœur fit le voyage de Rogliano à Paris pour me venir chercher, me réclama comme son fils et m'emmena. Voilà comment, quoique né à Auteuil, je fus élevé en Corse.

Il y eut un instant de silence si profond qu'on eût cru la salle vide.

– Mais votre mère ? demanda le président.

– Ma mère me croyait mort ; ma mère n'est point coupable. Je n'ai pas voulu savoir le nom de ma mère ; je ne la connais pas.

En ce moment, un cri aigu retentit au milieu du groupe qui entourait une femme. Cette femme tomba dans une violente attaque de nerfs et fut enlevée du prétoire; tandis qu'on l'emportait, le voile épais qui cachait son visage s'écarta, et l'on reconnut Mme Danglars.

– Les preuves? les preuves? dit le président; prévenu, souvenez-vous que ce tissu d'horreurs a besoin d'être soutenu par les preuves les plus éclatantes.

– Les preuves? dit Benedetto en riant, les preuves, vous les voulez?

– Oui.

– Eh bien! regardez M. de Villefort, et demandez-moi encore les preuves.

Chacun se retourna vers le procureur du roi, qui, sous le poids de ces mille regards rivés sur lui, s'avança dans l'enceinte du tribunal, chancelant, les cheveux en désordre et le visage couperosé par la pression de ses ongles.

L'assemblée tout entière poussa un long murmure d'étonnement.

– On me demande les preuves, mon père, dit Benedetto, voulez-vous que je les donne?

– Non, non, balbutia M. de Villefort d'une voix étranglée, non, c'est inutile.

Et en prononçant ces mots d'une voix presque étouffée, M. de Villefort se dirigea en vacillant vers la porte que lui ouvrit d'un mouvement machinal l'huissier de service.

L'expiation

Villefort se traîna le long des corridors, arriva chancelant jusqu'à la cour Dauphine, aperçut sa voiture, réveilla le cocher en l'ouvrant lui-même, et se laissa tomber sur les coussins en montrant du doigt la direction du faubourg Saint-Honoré.

Le cocher partit.

La voiture roulait avec vitesse ; Villefort, en s'agitant sur ses coussins, sentit quelque chose qui le gênait.

Il porta la main à cet objet : c'était un éventail oublié par Mme de Villefort entre le coussin et le dossier de la voiture ; cet éventail éveilla un souvenir, et ce souvenir fut un éclair au milieu de la nuit.

– Vite, plus vite ! s'écria-t-il d'une voix qui fit bondir le cocher sur son siège.

Les chevaux volèrent jusqu'à la maison.

La voiture s'arrêta dans la cour de l'hôtel.

Villefort s'élança du marchepied sur le perron ; il vit les domestiques surpris de le voir revenir si vite. Il ne lut pas autre chose sur leur physionomie.

Il passa devant la chambre de Noirtier, et, par la porte entrouverte, il aperçut comme deux ombres mais il ne s'inquiéta point de la personne qui était avec son père, c'était ailleurs que son inquiétude le tirait.

Et il entra dans le petit salon où tous les soirs on dressait un lit pour Édouard.

– Personne, dit-il ; elle est dans sa chambre à coucher sans doute.

Il s'élança vers la porte

Là, le verrou était mis.

Il s'arrêta frissonnant.

– Héloïse ! cria-t-il.

Il lui sembla entendre remuer un meuble.

– Héloïse ! répéta-t-il.

– Qui est là ? demanda la voix de celle qu'il appelait.

Il lui sembla que cette voix était plus faible que de coutume.

– Ouvrez, ouvrez, s'écria Villefort, c'est moi !

Mais malgré cet ordre, malgré le ton d'angoisse avec lequel il était donné, on n'ouvrit pas.

Villefort enfonça la porte d'un coup de pied.

À l'entrée de la chambre qui donnait dans son boudoir Mme de Villefort était debout, pâle, les traits contractés, et le regardant avec des yeux d'une fixité effrayante.

– Héloïse! Héloïse! dit-il, qu'avez-vous? parlez!

La jeune femme étendit vers lui sa main raide et livide.

– C'est fait, monsieur, dit-elle avec un râlement qui sembla déchirer son gosier; que voulez-vous de plus?

Et elle tomba de sa hauteur sur le tapis.

Villefort courut à elle, lui saisit la main. Cette main serrait convulsivement un flacon de cristal à bouchon d'or.

Mme de Villefort était morte.

Villefort, ivre d'horreur, recula jusqu'au seuil de la chambre et regarda le cadavre.

– Mon fils! s'écria-t-il tout à coup; où est mon fils? Édouard! Édouard!

Le cadavre de Mme de Villefort était couché en travers de la porte du boudoir dans lequel se trouvait nécessairement Édouard; ce cadavre semblait veiller sur le seuil avec des yeux fixes et ouverts, avec une épouvantable et mystérieuse ironie sur les lèvres.

Derrière le cadavre, la portière relevée laissait voir une portion du boudoir, un piano droit et le bout d'un divan de satin bleu.

Villefort fit trois ou quatre pas en avant, et sur le canapé il aperçut son enfant couché.

Le malheureux eut un élan de joie indicible, un rayon de pure lumière descendit dans cet enfer où il se débattait.

Il enleva l'enfant dans ses bras, le serrant, le secouant, l'appelant; l'enfant ne répondit point. Il colla ses lèvres avides à ses joues, ses joues étaient livides et glacées; il palpa ses membres raidis; il appuya sa main sur son cœur, son cœur ne battait plus.

L'enfant était mort.

Un papier plié en quatre tomba de la poitrine d'Édouard.

Villefort, foudroyé, se laissa aller sur ses genoux; l'enfant s'échappa de ses bras inertes et roula du côté de sa mère.

Villefort ramassa le papier, reconnut l'écriture de sa femme et le parcourut avidement.

Voici ce qu'il contenait:

«Vous savez si j'étais bonne mère, puisque c'est pour mon fils que je me suis faite criminelle! Une bonne mère ne part pas sans son fils!»

Villefort courba sa tête sous le poids des douleurs, il se releva sur ses genoux, secoua ses cheveux humides de sueur, hérissés d'effroi, et celui-là qui n'avait jamais eu pitié de personne s'en alla trouver le vieillard, son père, pour avoir dans sa faiblesse quelqu'un à qui raconter son malheur, quelqu'un près de qui pleurer.

Il descendit l'escalier et entra chez Noirtier.

Quand Villefort entra, Noirtier paraissait attentif à écouter, aussi affectueusement que le permettait son immobilité, l'abbé Busoni, toujours aussi calme et aussi froid que de coutume.

Busoni se redressa; en voyant l'altération du visage du magistrat, l'éclat farouche de ses yeux, il comprit ou crut comprendre que la scène des assises était accomplie; il ignorait le reste.

– Je viens vous dire que vous m'avez assez payé votre dette, dit-il à Villefort. Et qu'à partir de ce moment, je vais prier Dieu qu'il se contente comme moi.

– Mon Dieu! fit Villefort en reculant, l'épouvante sur le front, cette voix, ce n'est pas celle de l'abbé Busoni!

– Non.

L'abbé arracha sa fausse tonsure, secoua la tête, et ses longs cheveux noirs retombèrent sur ses épaules.

– C'est le visage de M. de Monte-Cristo, s'écria Villefort les yeux hagards.

– Ce n'est pas encore cela, monsieur le procureur du roi, cherchez mieux et plus loin.

– Cette voix! cette voix! où l'ai-je entendue pour la première fois?

– Vous l'avez entendue pour la première fois à Marseille, il y a vingt-trois ans, le jour de votre mariage avec Mlle de Saint-Méran. Cherchez dans vos dossiers.

– Vous n'êtes pas Busoni? Vous n'êtes pas Monte-Cristo? Mon Dieu, vous êtes cet ennemi caché, implacable, mortel!

– Oui, tu as raison, c'est bien cela, dit le comte en croisant les bras sur sa large poitrine; cherche! cherche!

– Mais que t'ai-je donc fait? s'écria Villefort, dont l'esprit flottait déjà sur la limite où se confondent la raison et la démence; que t'ai-je fait? dis! parle!

– Vous m'avez condamné à une mort lente et hideuse, vous avez tué mon père, vous m'avez ôté l'amour avec la liberté, et la fortune avec l'amour!

– Qui êtes-vous? qui êtes-vous donc, mon Dieu!

– Je suis le spectre d'un malheureux que vous avez enseveli dans les cachots du château d'If. À ce spectre sorti enfin de sa tombe Dieu a mis le masque du comte de Monte-Cristo, et il l'a couvert de diamants et d'or pour que vous ne le reconnussiez qu'aujourd'hui.

– Ah! je te reconnais, je te reconnais! dit le procureur du roi; tu es…

– Je suis Edmond Dantès!

Le départ

Les événements qui venaient de se passer préoccupaient tout Paris. Emmanuel et sa femme se les racontaient avec une surprise bien naturelle, dans leur petit salon de la rue Meslay; ils rapprochaient ces trois catastrophes aussi soudaines qu'inattendues de Morcerf, de Danglars et de Villefort.

Maximilien, qui était venu leur faire une visite, les écoutait, ou plutôt assistait à leur conversation, plongé dans son insensibilité habituelle.

– Que de désastres ! disait Emmanuel.

Il achevait à peine de prononcer ces paroles que le bruit de la cloche retentit. C'était le signal donné par le concierge qu'une visite arrivait. Presque au même instant la porte du salon s'ouvrit, et le comte de Monte-Cristo parut sur le seuil.

Ce fut un double cri de joie de la part des deux jeunes gens. Maximilien releva la tête et la laissa retomber.

– Maximilien, dit le comte sans paraître remarquer les différentes impressions que sa présence produisait sur ses hôtes, je viens vous chercher.

Il attira derrière lui d'un signe Maximilien, passif, insensible et consterné comme il l'était depuis la mort de Valentine.

– Bien, il accepte, dit Monte-Cristo ; partons !

Il avait à peine laissé échapper ce mot, que déjà la voiture roulait et que les chevaux faisaient jaillir du pavé une poussière d'étincelles.

Ils firent dix lieues sans prononcer une seule parole. Morrel rêvait. Monte-Cristo le regardait rêver.

– Morrel, lui dit le comte, vous repentiriez-vous de m'avoir suivi ?

– Non, monsieur le comte ; mais quitter Paris...

– Si j'avais cru que le bonheur vous attendît à Paris, Morrel, je vous y eusse laissé.

– C'est à Paris que Valentine repose, et quitter Paris c'est la perdre une seconde fois.

– Maximilien, dit le comte, les amis que nous avons perdus ne reposent pas dans la terre, ils sont ensevelis dans notre cœur. Moi, j'ai deux amis qui m'accompagnent toujours ainsi ; l'un est celui qui m'a donné la vie, l'autre est celui qui m'a donné l'intelligence. Leur esprit à tous deux vit en moi et si j'ai fait quelque bien, c'est à leurs conseils que je le dois.

Consultez la voix de votre cœur, Morrel, et demandez-lui si vous devez continuer de me faire ce méchant visage.

Le voyage se fit avec cette merveilleuse rapidité qui était une des puissances du comte : les villes passaient comme des ombres sur leur route ; les arbres secoués par les premiers vents de l'automne semblaient venir au-devant d'eux comme des géants échevelés, et s'enfuyaient rapidement dès qu'ils les avaient rejoints. Le lendemain dans la matinée, ils arrivèrent à Châlon, où les attendait le bateau à vapeur du comte ; sans perdre un instant, la voiture fut transportée à bord ; les deux voyageurs étaient déjà embarqués.

Quant au comte, à mesure qu'il s'éloignait de Paris, une sérénité semblait l'envelopper.

Bientôt Marseille, blanche, tiède, vivante ; Marseille, la sœur cadette de Tyr et de Carthage, et qui leur a succédé à l'empire de la Méditerranée ; Marseille, toujours plus jeune à mesure qu'elle vieillit, apparut à leurs yeux. C'était pour tous deux des aspects féconds en souvenirs que cette tour ronde, ce fort Saint-Nicolas, cet hôtel de ville de Puget, ce port aux quais de brique où tous deux avaient joué enfants.

– Maximilien, dit le comte, vous m'avez demandé pendant le voyage à vous arrêter quelques jours à Marseille : est-ce toujours votre désir ?

– Je n'ai plus de désir, comte ; seulement il me semble que j'attendrai moins péniblement à Marseille qu'ailleurs.

– Tant mieux, Maximilien, car je vous quitte, et j'emporte votre parole, n'est-ce pas ?

Le jeune homme laissa tomber sa tête sur sa poitrine.

– Vous avez ma promesse, dit-il après un instant de silence, et en tendant la main à Monte-Cristo : seulement rappelez-vous…

– Le 5 octobre, Morrel, je vous attends à l'île de Monte-Cristo. Le 4, un yacht vous attendra dans le port de Bastia ; ce yacht s'appellera l'*Eurus* ; vous vous nommerez au patron, qui vous conduira près de moi. C'est dit, n'est-ce pas, Maximilien ?

– C'est dit, comte, et je ferai ce qui est dit; mais rappelez-vous que le 5 octobre...

– Enfant, qui ne sais pas encore ce que c'est que la promesse d'un homme... Je vous ai dit vingt fois que ce jour-là, si vous vouliez encore mourir, je vous y aiderais, Morrel. Adieu. J'ai affaire en Italie.

Peppino

Au moment même où le bateau à vapeur du comte disparaissait derrière le cap Morgiou, un homme, courant la poste sur la route de Florence à Rome, venait de dépasser la petite ville d'Aquapendente.

En présence de la Ville éternelle, c'est-à-dire en arrivant à la Storta, point d'où l'on aperçoit Rome, le voyageur n'éprouva point ce sentiment de curiosité enthousiaste qui pousse chaque étranger à s'élever du fond de sa chaise pour tâcher d'apercevoir le fameux dôme de Saint-Pierre.

Non, il tira seulement un portefeuille de sa poche, et de son portefeuille un papier plié en quatre et il se contenta de dire :

– Bon ! je l'ai toujours.

La voiture franchit la porte del Popolo, prit à gauche, et s'arrêta à l'hôtel d'Espagne.

Maître Pastrini, notre ancienne connaissance, reçut le voyageur sur le seuil de la porte et le chapeau à la main.

Le voyageur descendit, commanda un bon dîner, et s'informa de l'adresse de la maison Thomson et French, qui lui fut indiquée à l'instant même, cette maison étant une des plus connues de Rome.

Le Français était si pressé de faire sa visite à la maison Thomson et French qu'il n'avait pas pris le temps d'attendre que les chevaux fussent attelés ; la voiture devait le rejoindre en route ou l'attendre à la porte du banquier.

Il arriva sans que la voiture l'eût rejoint.

Le Français entra, laissant dans l'antichambre son guide.

En même temps que le Français, un homme entra aussi ; le Français sonna au guichet des bureaux et pénétra dans la première pièce ; son ombre en fit autant.

– MM. Thomson et French ? demanda l'étranger.

Une espèce de laquais se leva, sur le signe d'un commis de confiance, gardien solennel du premier bureau.

– Qui annoncerai-je ? demanda le laquais se préparant à marcher devant l'étranger.

– M. le baron Danglars, répondit le voyageur.

– Venez, dit le laquais.

Une porte s'ouvrit ; le laquais et le baron disparurent par cette porte.

L'homme qui était entré derrière Danglars s'assit sur un banc d'attente.

Le commis continua d'écrire pendant cinq minutes à peu près ; pendant ces cinq minutes, l'homme assis garda le plus profond silence et la plus stricte immobilité.

Puis la plume du commis cessa de crier, il leva la tête, regarda autour de lui, et après s'être assuré du tête-à-tête :

– Ah ! ah ! dit-il, te voilà, Peppino ?

– Oui ! répondit laconiquement celui-ci.

– Tu as flairé quelque chose de bon chez ce gros homme.

– Il n'y a pas grand mérite pour celui-ci, nous sommes prévenus.

– Tu sais donc ce qu'il vient faire ici, curieux ?

– Pardieu, il vient toucher ; seulement, reste à savoir quelle somme.

– On va te dire cela tout à l'heure, l'ami.

Peppino fit un signe affirmatif, et tirant un chapelet de sa poche, se mit à marmotter quelques prières, tandis que le commis disparaissait par la même porte qui avait donné passage au laquais et au baron.

Au bout de dix minutes environ, le commis reparut radieux.

– Eh bien ? demanda Peppino à son ami.

– Alerte ! alerte ! dit le commis, la somme est ronde.

– Cinq à six millions, n'est-ce pas ?

– Oui ; tu sais le chiffre ?

– Sur un reçu de Son Excellence le comte de Monte-Cristo.

– Tu connais le comte ?

– Et dont on l'a crédité sur Rome, Venise et Vienne.

– C'est cela, s'écria le commis ; comment es-tu si bien informé ?

– Je t'ai dit que nous avions été prévenus à l'avance.

– Alors pourquoi t'adresses-tu à moi ?

– Pour être sûr que c'est bien l'homme à qui nous avons affaire.

Le commis reprit sa plume, et Peppino son chapelet : l'un écrivait, l'autre priait quand la porte se rouvrit.

Danglars apparut radieux, accompagné par le banquier qui le reconduisit jusqu'à la porte.

Le lendemain Danglars s'éveilla tard, il déjeuna copieusement, et demanda ses chevaux de poste pour midi.

Les chevaux arrivèrent à deux heures seulement, et le cicérone ne rapporta le passeport visé qu'à trois.

– Quelle route ? demanda le postillon en italien.

– Route d'Ancône, répondit le baron.

Danglars voulait effectivement passer à Venise et y prendre une partie de sa fortune, puis de Venise aller à Vienne, où il réaliserait le reste.

À peine eut-il fait trois lieues dans la campagne de Rome, que la nuit commença de tomber.

– À la première poste, se dit Danglars, j'arrêterai.

Danglars songea dix minutes à sa femme, dix autres minutes à sa fille, dix autres minutes à ses créanciers et à la manière dont il emploierait leur argent; puis, n'ayant plus rien à quoi penser, il ferma les yeux et s'endormit.

La voiture s'arrêta; Danglars pensa qu'il touchait enfin au but tant désiré. Il rouvrit les yeux, regarda à travers la vitre, s'attendant à se trouver au milieu de quelque ville, ou tout au moins de quelque village; mais il ne vit rien qu'une espèce de masure isolée.

Danglars attendit un instant que le postillon qui avait achevé son relais vînt lui réclamer l'argent de la poste; il comptait profiter de l'occasion pour demander quelques renseignements à son nouveau conducteur; mais les chevaux furent dételés et remplacés sans que personne vînt demander d'argent au voyageur. Danglars ouvrit la portière; mais une main vigoureuse la repoussa, et la chaise roula.

Le baron stupéfait se réveilla entièrement.

– Hé, l'ami! où allons-nous donc? dit-il en passant sa tête par l'ouverture.

– *Dentro la testa!* cria une voix grave et impérieuse, accompagnée d'un geste de menace.

Danglars comprit que *dentro la testa* voulait dire: Rentrez la tête. Il vit un homme enveloppé d'un manteau qui galopait à la portière de droite.

– Quelque gendarme, dit-il. Aurais-je été signalé par les télégraphes français aux autorités pontificales?

Il résolut de sortir de cette anxiété.

– Où me menez-vous? demanda-t-il.

– *Dentro la testa!* répéta la même voix, avec le même accent de menace.

Danglars se retourna vers la portière de gauche.

Un autre homme à cheval galopait à la portière de gauche.

«Décidément, se dit Danglars la sueur au front, décidément je suis pris.»

La voiture continuait de courir. Une heure passa, terrible, car à chaque nouvel indice jeté sur son passage, le fugitif reconnaissait qu'on le ramenait sur ses pas. Enfin, il revit une masse sombre contre laquelle il lui sembla que la voiture allait se heurter. Mais la voiture se détourna, longeant cette masse sombre qui n'était autre que la ceinture de remparts qui enveloppe Rome.

– Oh! oh! murmura Danglars, nous ne rentrons pas dans la ville, donc ce n'est pas la justice qui m'arrête. Bon Dieu! autre idée, seraient-ce…

Ses cheveux se hérissèrent.

Il se rappela ces intéressantes histoires de bandits romains, si peu crues à Paris, et qu'Albert de Morcerf avait racontées à Mme Danglars et à Eugénie lorsqu'il était question pour le jeune vicomte de devenir le fils de l'une et le mari de l'autre.

– Des voleurs, peut-être! murmura-t-il.

Sur un mot de l'homme qui galopait à droite de la voiture, la voiture s'arrêta. En même temps la portière de gauche s'ouvrit.

– *Scindi!* commanda une voix.

Danglars descendit à l'instant même; il ne parlait pas encore l'italien, mais il l'entendait déjà.

Il voulut parler; sa langue s'embarrassa.

– *Avanti*, dit la même voix à l'accent bref et impératif.

Cette fois Danglars comprit doublement: il comprit par la parole et par le geste, car l'homme qui marchait derrière lui le poussa si rudement en avant qu'il alla heurter son guide.

Ce guide était notre ami Peppino, qui s'arrêta devant une roche surmontée d'un épais buisson; cette roche, entrouverte comme une paupière, livra passage.

Il n'y avait plus à en douter, le banqueroutier français avait affaire à des bandits romains.

Deux autres hommes descendirent derrière Danglars, formant l'arrière-garde ; et, poussant Danglars lorsque par hasard il s'arrêtait, le firent arriver par une pente douce au centre d'un carrefour de sinistre apparence.

– Qui vive ? fit la sentinelle.

– Ami ! ami ! dit Peppino. Où est le capitaine ?

– Là, dit la sentinelle, en montrant par-dessus son épaule une espèce de grande salle creusée dans le roc.

– Bonne proie, capitaine, dit Peppino en italien.

Et prenant Danglars par le collet de sa redingote, il le conduisit vers une ouverture ressemblant à une porte, et par laquelle on pénétrait dans la salle dont le capitaine paraissait avoir fait son logement.

– Est-ce l'homme ? demanda celui-ci qui lisait fort attentivement la vie d'Alexandre dans Plutarque.

– Lui-même, capitaine, lui-même.

– Très bien ; montrez-le-moi.

Sur cet ordre assez impertinent, Peppino approcha si brusquement sa torche du visage de Danglars, que celui-ci se recula vivement pour ne point avoir les sourcils brûlés.

Ce visage bouleversé offrait tous les symptômes d'une pâle et hideuse terreur.

– Cet homme est fatigué, dit le capitaine, qu'on le conduise à son lit.

Le banquier poussa un sourd gémissement et suivit son guide ; il heurta une marche, et comprenant qu'il avait un escalier devant lui, il se baissa instinctivement pour ne pas se briser le front, et se trouva dans une cellule taillée en plein roc. Un lit fait d'herbes sèches, recouvert de peaux de chèvres, était étendu dans un coin de cette cellule.

Un verrou grinça ; Danglars était prisonnier.

Danglars se réveilla.

– Oui, oui, murmura-t-il, je suis aux mains des bandits dont nous a parlé Albert de Morcerf.

Et il porta vivement ses mains à ses poches. Elles étaient intactes : les cent louis qu'il s'était réservés pour faire son voyage de Rome à Venise étaient bien dans la poche de son pantalon, et le portefeuille, dans lequel se trouvait la lettre de crédit de cinq millions cinquante mille francs, était bien dans la poche de sa redingote.

– Singuliers bandits ! se dit-il, qui m'ont laissé ma bourse et mon portefeuille !

Il attendit jusqu'à midi.

Pendant tout ce temps, une sentinelle avait veillé à sa porte. À midi, l'homme fut remplacé par un autre factionnaire. Danglars eut la curiosité de voir son nouveau gardien ; il s'approcha de nouveau de la jointure.

Celui-là était un athlétique bandit, un Goliath aux gros yeux, aux lèvres épaisses, au nez écrasé.

Quatre heures s'écoulèrent ; le géant fut remplacé par un autre bandit. Danglars, qui éprouvait d'affreux tiraillements d'estomac, se leva doucement, appliqua derechef son œil aux fentes de la porte, et reconnut son guide.

C'est en effet Peppino qui se préparait à monter la garde la plus douce possible en s'asseyant en face de la porte, et en posant entre ses deux jambes une casserole de terre, laquelle contenait, chauds et parfumés, des pois chiches fricassés au lard. Près de ces pois chiches Peppino posa encore un joli petit panier de raisins de Velletri et un fiasco de vin d'Orvietto.

En voyant ces préparatifs gastronomiques l'eau vint à la bouche de Danglars.

– Pardon, monsieur, dit-il, mais est-ce que l'on ne me donnera pas à dîner, à moi aussi ?

– À l'instant même, Excellence ; que désirez-vous ?

Et Peppino posa son écuelle à terre, de telle façon que la fumée en monta directement aux narines de Danglars.

– Vous avez donc des cuisines ici ? demanda le banquier.

– Comment ! si nous avons des cuisines ? des cuisines parfaites !

– Eh bien ! un poulet.

– Comme il plaira à Votre Excellence.

Peppino, se redressant, cria de tous ses poumons :

– Un poulet pour Son Excellence !

La voix de Peppino vibrait encore sous les voûtes, que déjà paraissait un jeune homme ; il apportait le poulet sur un plat d'argent.

– Voilà ! Excellence, dit Peppino en prenant le poulet des mains du jeune bandit, et en le posant sur une table vermoulue qui faisait avec un escabeau et le lit de peau de bouc la totalité de l'ameublement de la cellule.

Danglars prit le couteau d'une main, la fourchette de l'autre, et se mit en devoir de découper la volaille.

– Pardon, Excellence, dit Peppino en posant une main sur l'épaule du banquier ; ici on paie avant de manger.

– Ah ! ah ! fit Danglars, un poulet doit valoir douze sous à Rome, et il jeta un louis à Peppino.

Peppino ramassa le louis, Danglars approcha le couteau du poulet.

– Un moment, Excellence, dit Peppino en se relevant ; un moment, Votre Excellence me redoit encore quelque chose.

– Voyons, combien vous redoit-on ?

– Votre Excellence a donné un louis d'acompte. Ce n'est plus que quatre mille neuf cent quatre-vingt-dix-neuf louis que Votre Excellence me redoit.

Danglars ouvrit des yeux énormes.

– Ah ! très drôle, murmura-t-il, en vérité, très drôle !

– Nous ne rions jamais, Excellence, reprit Peppino, sérieux comme un quaker.

– Comment, cent mille francs ce poulet !

– Excellence, c'est incroyable comme on a de la peine à élever la volaille dans ces maudites grottes.

– Avec quoi payer, triple animal ? dit Danglars exaspéré. Est-ce que tu crois qu'on a cent mille francs dans sa poche ?

– Vous avez cinq millions cinquante mille francs dans la vôtre, Excellence, dit Peppino ; cela fait cinquante poulets à cent mille francs et un demi-poulet à cinquante mille.

Danglars frissonna, le bandeau lui tomba des yeux : c'était bien toujours une plaisanterie, mais il la comprenait enfin.

– Voyons, dit-il, voyons : en donnant ces cent mille francs, me tiendrez-vous quitte au moins, et pourrai-je manger tout à mon aise ?

– Sans doute, dit Peppino.

– Mais comment les donner ? fit Danglars, en respirant plus librement.

– Rien de plus facile ; vous avez un crédit ouvert chez MM. Thomson et French, via dei Banchi, à Rome ; donnez-moi un bon de quatre mille neuf cent quatre-vingt-dix-huit louis sur ces messieurs, notre banquier nous le prendra.

Danglars voulut au moins se donner le mérite de la bonne volonté ; il prit la plume et le papier que lui présentait Peppino, écrivit la cédule, et signa.

– Tenez, dit-il, voilà votre bon au porteur.

– Et vous, voici votre poulet.

Danglars découpa la volaille en soupirant : elle lui paraissait bien maigre pour une si grosse somme.

Quant à Peppino, il lut attentivement le papier, le mit dans sa poche, et continua de manger ses pois chiches.

Le pardon

Le lendemain Danglars eut encore faim ; l'air de cette caverne était on ne peut plus apéritif : le prisonnier crut que, pour ce jour-là, il n'aurait aucune dépense à faire ; en homme économe il avait caché la moitié de son poulet et un morceau de son pain dans le coin de sa cellule.

Mais il n'eut pas plutôt mangé qu'il eut soif : il n'avait pas compté là-dessus.

Il lutta contre la soif jusqu'au moment où il sentit sa langue desséchée s'attacher à son palais.

Alors, ne pouvant plus résister, il appela.

– Me voici, Excellence, dit Peppino en se présentant avec empressement, que désirez-vous ?

– À boire, dit le prisonnier.

– Excellence, dit Peppino, vous savez que le vin est hors de prix dans les environs de Rome.

– Donnez-moi de l'eau alors, dit Danglars cherchant à parer la botte.

– Oh ! Excellence, l'eau est plus rare que le vin ; il fait une si grande sécheresse !

– Allons, dit Danglars, nous allons recommencer, à ce qu'il paraît !

Et, tout en souriant pour avoir l'air de plaisanter, le malheureux sentait la sueur mouiller ses tempes.

– Voyons, mon ami, dit Danglars, je vous demande un verre de vin ; me le refuserez-vous ?

– Je vous ai déjà dit, Excellence, répondit gravement Peppino, que nous ne vendions pas au détail.

– Eh bien ! voyons alors, donnez-moi une bouteille.

– Duquel ?

– Du moins cher.

– Ils sont tous au même prix.

– Et quel prix ?

– Vingt-cinq mille francs la bouteille.

– Dites que vous voulez me dépouiller, ce sera plus tôt fait que de me dévorer ainsi lambeau par lambeau.

– Il est possible, dit Peppino, que ce soit là le projet du maître.

– Le maître, qui est-il donc ?

– Celui auquel on vous a conduit avant-hier.

– Faites que je le voie.

– C'est facile.

L'instant d'après, Luigi Vampa était devant Danglars.

– Vous m'appelez ? demanda-t-il au prisonnier.

– Que désirez-vous de moi pour rançon ? parlez.

– Mais tout simplement les cinq millions que vous portez sur vous.

Danglars sentit un effroyable spasme lui broyer le cœur

– Je n'ai que cela au monde, monsieur, et c'est le reste d'une immense fortune ; si vous me l'ôtez, ôtez-moi la vie.

– Il nous est défendu de verser votre sang, Excellence.

– Et par qui cela vous est-il défendu ?

– Par celui auquel nous obéissons.

– Vous obéissez donc à quelqu'un ?

– Oui, à un chef.

– Je croyais que vous-même étiez le chef ?

– Je suis le chef de ces hommes ; mais un autre homme est mon chef à moi.

– Et ce chef obéit-il à quelqu'un ?

– Oui.

– À qui ?

– À Dieu.

– Eh bien ! misérables ! s'écria Danglars, je déjouerai vos infâmes calculs ; mourir pour mourir, j'aime autant en finir tout de suite ; faites-moi souffrir, torturez-moi, tuez-moi, mais vous n'aurez plus ma signature.

– Comme il vous plaira, Excellence, dit Vampa.

Et il sortit de la cellule.

Danglars songea à une évasion.

Mais les murs étaient le roc lui-même, mais à la seule issue qui conduisait hors de la cellule un homme lisait, et derrière cet homme on voyait des ombres armées de fusils.

Sa résolution de ne pas signer dura deux jours, après quoi il demanda des aliments et offrit un million.

On lui servit un magnifique souper, et on prit son million.

Dès lors la vie du malheureux prisonnier fut une divagation perpétuelle. Il avait tant souffert qu'il ne voulait plus s'exposer à souffrir, et subissait toutes les exigences ; au bout de douze jours, un après-midi qu'il avait dîné comme en ses beaux temps de fortune, il fit ses comptes et s'aperçut qu'il avait tant donné de traites au porteur, qu'il ne lui restait plus que cinquante mille francs.

– Le chef! cria-t-il, le chef!

– Me voilà ! dit Vampa, paraissant tout à coup ; que désirez-vous encore ?

– Prenez mon dernier or, balbutia Danglars en tendant son portefeuille, et laissez-moi vivre ici, dans cette caverne, je ne demande plus la liberté, je ne demande qu'à vivre.

– Vous souffrez donc bien, demanda Vampa.

– Oh ! oui, je souffre, et cruellement !

– Vous repentez-vous, au moins ? dit une voix sombre et solennelle, qui fit dresser les cheveux sur la tête de Danglars.

Son regard affaibli essaya de distinguer les objets, et il vit derrière le bandit un homme enveloppé d'un manteau et perdu dans l'ombre d'un pilastre de pierre.

– De quoi faut-il que je me repente ? balbutia Danglars.

– Du mal que vous avez fait, dit la même voix.

– Oh ! oui, je me repens ! je me repens ! s'écria Danglars.

Et il frappa sa poitrine de son poing amaigri.

– Alors je vous pardonne, dit l'homme en jetant son manteau et en faisant un pas pour se placer dans la lumière.

– Le comte de Monte-Cristo! dit Danglars, plus pâle de terreur qu'il ne l'était de faim et de misère.

– Vous vous trompez; je ne suis pas le comte de Monte-Cristo.

– Et qui êtes-vous donc?

– Je suis celui que vous avez vendu, livré, déshonoré; je suis celui dont vous avez prostitué la fiancée; je suis celui sur lequel vous avez marché pour vous hausser jusqu'à la fortune; je suis celui dont vous avez fait mourir le père de faim, qui vous avait condamné à mourir de faim, et qui cependant vous pardonne, parce qu'il a besoin lui-même d'être pardonné, je suis Edmond Dantès!

Danglars ne poussa qu'un cri, et tomba prosterné.

– Relevez-vous, dit le comte, vous avez la vie sauve; pareille fortune n'est pas arrivée à vos deux autres complices: l'un est fou, l'autre est mort! Gardez les cinquante mille francs qui vous restent; quant à vos cinq millions volés aux hospices, ils leur sont déjà restitués par une main inconnue. Et maintenant, mangez et buvez; ce soir je vous fais mon hôte. Vampa, quand cet homme sera rassasié, il sera libre.

Danglars demeura prosterné tandis que le comte s'éloignait; lorsqu'il releva la tête, il ne vit plus qu'une espèce d'ombre qui disparaissait dans le corridor, et devant laquelle s'inclinaient les bandits.

Comme l'avait ordonné le comte, Danglars fut servi par Vampa qui lui fit apporter le meilleur vin et les plus beaux fruits de l'Italie, et qui, l'ayant fait monter dans sa chaise de poste, l'abandonna sur la route, adossé à un arbre.

Il y resta jusqu'au jour, ignorant où il était.

Au jour il s'aperçut qu'il était près d'un ruisseau: il avait soif, il se traîna jusqu'à lui.

En se baissant pour y boire, il s'aperçut que ses cheveux étaient devenus blancs

Il était six heures du soir à peu près ; un jour couleur d'opale, dans lequel un beau soleil d'automne infiltrait ses rayons d'or, tombait du ciel sur la mer bleuâtre.

Sur cet immense lac qui s'étend de Gibraltar aux Dardanelles et de Tunis à Venise, un léger yacht, pur et élégant de forme, glissait dans les premières vapeurs du soir.

Debout sur la proue, un homme de haute taille, au teint de bronze, à l'œil dilaté, voyait venir à lui la terre sous la forme d'une masse sombre disposée en cône, et sortant du milieu des flots comme un immense chapeau de Catalan.

– Est-ce là Monte-Cristo ? demanda le voyageur aux ordres duquel le petit yacht semblait être soumis.

Dix minutes après, on carguait les voiles, et l'on jetait l'ancre à cinq cents pas d'un petit port. Le canot était déjà à la mer avec quatre rameurs et le pilote ; le voyageur descendit, et au lieu de s'asseoir à la poupe, garnie pour lui d'un tapis bleu, se tint debout et les bras croisés.

Les huit rames retombèrent à la mer d'un seul coup et sans faire jaillir une goutte d'eau ; puis la barque, cédant à l'impulsion, glissa rapidement.

En un instant on fut dans une anse formée par une échancrure naturelle ; la barque toucha sur un fond de sable fin.

Le jeune homme se laissa glisser dans l'eau qui lui monta jusqu'à la ceinture. Au bout d'une trentaine de pas, on avait abordé ; le jeune homme secouait ses pieds sur un terrain sec, et cherchait des yeux autour de lui le chemin probable qu'on allait lui indiquer, car il faisait tout à fait nuit.

Au moment où il tournait la tête, une voix le fit tressaillir.

– Bonjour, Maximilien, vous êtes exact, merci !

– C'est vous, comte ! s'écria le jeune homme avec un mouvement qui ressemblait à de la joie, et en serrant de ses deux mains la main de Monte-Cristo.

– Vous n'êtes pas consolé ? demanda Monte-Cristo avec un regard étrange.

– Oh ! fit Morrel avec un regard plein d'amertume, avez-vous cru réellement que je pouvais l'être ?

Morrel prononça ces mots avec une explosion d'énergie qui fit tressaillir le comte.

– Mon ami, continua Morrel, voyant que le comte se taisait, vous m'avez désigné le 5 octobre comme le terme du sursis que vous me demandiez… mon ami, c'est aujourd'hui le 5 octobre…

– Soit ! répondit Monte-Cristo, venez.

Morrel suivit machinalement le comte, et ils étaient déjà dans la grotte que Maximilien ne s'en était pas encore aperçu.

Il s'assit, Monte-Cristo prit place en face de lui.

– Ne regrettez-vous rien ? demanda Monte-Cristo.

– Non ! répondit Morrel.

Monte-Cristo se leva et alla chercher dans une armoire un petit coffret d'argent merveilleusement sculpté et ciselé.

Puis, l'ouvrant, il en tira une petite boîte d'or dont le couvercle se levait par la pression d'un ressort secret.

Cette boîte contenait une substance onctueuse à demi solide, dont la couleur était indéfinissable, grâce au reflet de l'or poli, des rubis et des émeraudes qui garnissaient la boîte.

Le comte puisa une petite quantité de cette substance avec une cuillère de vermeil, et l'offrit à Morrel en attachant sur lui un long regard.

– Voilà ce que vous m'avez demandé, dit-il. Voilà ce que je vous ai promis.

Et lentement, sans aucune hésitation qu'une pression de la main gauche qu'il tendait au comte, Morrel avala ou plutôt savoura la mystérieuse substance offerte par Monte-Cristo.

Assis vis-à-vis de lui, Monte-Cristo le regardait du fond

de l'ombre, et Morrel ne voyait briller que les yeux du comte.

– Ami, dit-il, je sens que je meurs; merci.

Il fit un effort pour lui tendre une dernière fois la main, mais sa main sans force retomba près de lui.

Alors il lui sembla que Monte-Cristo souriait avec la bienveillante compassion que les pères ont pour leurs petits enfants qui déraisonnent.

Morrel abattu, dompté, se renversa sur son fauteuil: une torpeur veloutée s'insinua dans chacune de ses veines. Ses yeux chargés de langueur se fermèrent malgré lui; cependant derrière ses paupières s'agitait une image qu'il reconnut malgré cette obscurité dont il se croyait enveloppé.

C'était le comte qui venait d'ouvrir une porte.

Aussitôt, une clarté rayonnant dans une chambre voisine inonda la salle où Morrel se laissait aller à sa douce agonie.

Alors il vit venir au seuil de cette salle et sur la limite des deux chambres une femme d'une merveilleuse beauté.

Pâle et doucement souriante, elle semblait l'ange de la miséricorde conjurant l'ange des vengeances.

«Est-ce déjà le ciel qui s'ouvre pour moi? pensa le mourant; cet ange ressemble à celui que j'ai perdu.»

Monte-Cristo montra du doigt à la jeune femme le sofa où reposait Morrel. Elle s'avança vers lui le sourire sur les lèvres. Les lèvres de Morrel firent un mouvement.

– Il vous appelle, dit le comte; il vous appelle du fond de son sommeil, celui à qui vous aviez confié votre destinée; la mort a voulu vous séparer! mais j'étais là par bonheur, et j'ai vaincu la mort! Valentine, désormais vous ne devez plus vous séparer sur la terre; car pour vous retrouver, il se précipitait dans la tombe. Sans moi vous mouriez tous deux; je vous rends l'un à l'autre; puisse Dieu me tenir compte de ces deux existences que je sauve!

Valentine saisit la main de Monte-Cristo, et dans un élan de joie irrésistible, elle la porta à ses lèvres.

Une heure à peu près s'écoula pendant laquelle haletante, sans voix, les yeux fixes, Valentine demeura près de Morrel. Enfin elle sentit son cœur battre, un souffle imperceptible ouvrit ses lèvres, et ce léger frissonnement qui annonce le retour de la vie courut par tout le corps du jeune homme ; ses yeux se rouvrirent, puis la vue lui revint, précise, réelle : avec la vue le sentiment, avec le sentiment, la douleur.

– Oh ! s'écria-t-il avec l'accent du désespoir, je vis encore, le comte m'a trompé !

Et sa main s'étendit vers la table, et saisit un couteau.

– Ami, dit Valentine avec son adorable sourire, réveille-toi donc et regarde de mon côté.

Morrel poussa un grand cri, et, délirant, plein de doute, ébloui comme par une vision céleste, il tomba sur ses deux genoux...

Le lendemain, aux premiers rayons du jour, Morrel et Valentine se promenaient au bras l'un de l'autre sur le rivage, Valentine racontant à Morrel comment Monte-Cristo était apparu dans sa chambre, comment il lui avait fait toucher le crime du doigt, et enfin comment il l'avait sauvée de la mort, tout en laissant croire qu'elle était morte.

Ils avaient trouvé ouverte la porte de la grotte, et ils étaient sortis ; le ciel laissait luire dans son azur matinal les dernières étoiles de la nuit.

Alors Morrel aperçut dans la pénombre d'un groupe de rochers un homme, il montra cet homme à Valentine.

– Ah ! c'est Jacopo ! dit-elle, le capitaine du yacht.

Et d'un geste elle l'appela vers elle et vers Maximilien.

– Vous avez quelque chose à nous dire ? demanda Morrel.

– J'avais à vous remettre cette lettre de la part du comte.

Morrel ouvrit la lettre et lut:

«Mon cher Maximilien,

«Il y a une felouque pour vous à l'ancre; Jacopo vous conduira à Livourne, où M. Noirtier attend sa petite-fille qu'il veut bénir avant qu'elle vous suive à l'autel. Tout ce qui est dans cette grotte, mon ami, ma maison des Champs-Élysées et mon petit château du Tréport sont le présent de noces que fait Edmond Dantès au fils de son patron Morrel.

Mlle de Villefort voudra bien en prendre la moitié, car je la supplie de donner aux pauvres de Paris toute la fortune qui lui revient du côté de son père devenu fou, et du côté de son frère, décédé en septembre dernier avec sa belle-mère.

« Dites à l'ange qui va veiller sur votre vie, Morrel, de prier quelquefois pour un homme qui, pareil à Satan, s'est cru un instant l'égal de Dieu, et qui a reconnu, avec toute l'humilité d'un chrétien, qu'aux mains de Dieu seul est la suprême puissance et la sagesse infinie. Ces prières adouciront peut-être le remords qu'il emporte au fond de son cœur.

« Quant à vous, Morrel, voici tout le secret de ma conduite envers vous : Il n'y a ni bonheur ni malheur en ce monde, il y a la comparaison d'un état à un autre, voilà tout. Celui-là seul qui a éprouvé l'extrême infortune est apte à ressentir l'extrême félicité. Il faut avoir voulu mourir, Maximilien, pour savoir combien il est bon de vivre.

« Vivez donc et soyez heureux, enfants chéris de mon cœur, et n'oubliez jamais que toute la sagesse humaine sera dans ces deux mots : Attendre et espérer !

« Votre ami,

« Edmond Dantès, comte de Monte-Cristo. »

Pendant la lecture de cette lettre, qui lui apprenait la folie de son père et la mort de son frère, mort et folie qu'elle ignorait, Valentine pâlit, un douloureux soupir s'échappa de sa poitrine, et des larmes qui n'en étaient pas moins poignantes pour être silencieuses roulèrent sur ses joues ; son bonheur lui coûtait bien cher.

Morrel regarda autour de lui avec inquiétude.

– Où est le comte, mon ami ? conduisez-moi vers lui.

Jacopo étendit la main vers l'horizon.

– Quoi ! que voulez-vous dire ? demanda Valentine : où est le comte ?

– Regardez, dit Jacopo.

Les yeux des deux jeunes gens se fixèrent sur la ligne indiquée par le marin ; et sur la ligne d'un bleu foncé qui séparait à l'horizon le ciel de la Méditerranée, ils aperçurent une voile blanche grande comme l'aile d'un goéland.

– Parti ! s'écria Morrel ; parti ! Adieu, mon ami, mon père.

– Mon ami, dit Valentine, le comte ne vient-il pas de nous dire que l'humaine sagesse était tout entière dans ces deux mots : « Attendre et espérer ! »

Table